JUDENTUM

W0179163

Monika Grübel studierte Judaistik, Geschichte und Kunstgeschichte in Heidelberg und Köln. Sie vermittelt seit einigen Jahren auf Stadtspaziergängen durch das jüdische Köln und in der Erwachsenenbildung Wissen über das Judentum. Zur Zeit ist sie wissenschaftliche Mitarbeiterin in einem Ausstellungsprojekt.

JUDENTUM

Monika Grübel

Impressum

Umschlagvorderseite von links nach rechts und von oben nach unten:
An der Klagemauer in Jerusalem, © Richard Nowitz / Fassade des Herodianischen Tempels.
Modell im Holyland-Hotel, Jerusalem / Felix Nussbaum, Selbstbildnis mit Judenpaß, Gemälde
1943, Kulturgeschichtliches Museum, Osnabrück, © VG Bild-Kunst, Bonn 1996 / Modell der
Dresdner Synagoge von Gottfried Semper, 1840, Deutsches Architekturmuseum, Frankfurt am
Main / Jüdischer Hochzeitsring, Gold, Anfang 20. Jh., Jüdisches Museum Westfalen, Dorsten /
Golda Meïr / Haggada, Süddtld. um 1480-90, Cincinnati, OH, Hebrew Union College,
Library (Ms. 444) / Bessamim-Büchse, Silber, 17. Jh., Jüdisches Museum Westfalen, Dorsten /
Isaac Bashevis Singer / Menora, Ausschnitt aus einem Relief des Titusbogens, Rom / Challot
(Schabbat-Brote) / Bar Mizwa, Vater legt seinem Sohn die Gebetsriemen an, Farbradierung,
Anfang 20. Jh., Sammlung Berger, Wien / Glasschale mit golddekoriertem Grund, Rom 4. Jh.,
Israel-Museum, Jerusalem, © David D. Harris / Max Beckmann, Die Synagoge, Gemälde,
1919, Städtische Galerie im Städelschen Kunstinstitut, Frankfurt, © VG Bild-Kunst, Bonn 1996
Umschlagrückseite von oben nach unten:
Die Israeliten arbeiten als Sklaven an den Bauwerken des Pharao. Goldene Haggada, Spanien,
um 1320, British Library, London / Geöffnete Tora-Rolle, Leder und Holz, um 1830, Jüdisches
Museum Westfalen, Dorsten / Jemenitische Jüdin in Hochzeitstracht, © Joel Fishman /
Grabsteine auf dem jüdischen Friedhof, Worms, © Herbert Liedel/Helmut Dollhopf
Frontispiz:
Schockenbibel. Ganzseitiges Motiv mit dem zentralen Wort *Berischit* (»Im Anfang«), dem
Beginn der Genesis. Schocken Institut, Jerusalem

Die Deutsche Bibliothek – CIP-Einheitsaufnahme

Judentum / Monika Grübel. – Erstveröff. – Köln : DuMont,
1996
    (DuMont-Taschenbücher ; 505 : DuMont Schnellkurse)
    ISBN 3-7701-3496-6
NE: Grübel, Monika; GT

Erstveröffentlichung
© 1996 DuMont Buchverlag, Köln
Alle Rechte vorbehalten
Satz und Layout: DuMont Buchverlag, Köln
Druck und buchbinderische Verarbeitung: Editoriale Libraria

Printed in Italy   ISBN 3-7701-3496-6

Inhalt

Inhalt

Vorwort

Ein Schnellkurs »Judentum«, geht das überhaupt?

Schon wenn man den Begriff »Judentum« zu definieren versucht, stößt man auf Schwierigkeiten. Bezieht man sich auf eine Religion, eine Kultur, ein Volk? Alle diese Aspekte gehören zusammen, und wenn man eine Einführung in das Judentum schreiben will, muß man sich auch mit all diesen Aspekten beschäftigen.

Die Geschichte des Volks Israel beginnt mit der Offenbarung am Sinai. Von Anfang an bilden Volk und Religion eine Einheit. Doch seit über 2000 Jahren ist auch die Zerstreuung in der Diaspora eine Grundbedingung jüdischer Existenz. In verschiedenen Kulturen und Ländern entfaltete und entfaltet sich jüdisches Leben unter unterschiedlichsten Bedingungen. So ist die jüdische Geschichte geprägt durch Einheit und Vielfalt, Zentrum und Peripherie.

Dieses Buch stellt die Grundlinien der jüdischen Geschichte, Religion und Kultur in anschaulicher und verständlicher Form dar. Es erhebt keinen Anspruch auf Vollständigkeit – das wäre der Fülle des Themas auch gar nicht angemessen. Das besondere an ihm ist die Verbindung von knappen und übersichtlichen Texten mit Bildern, die den Text nicht nur ausschmücken, sondern dem Leser helfen, wichtige Aspekte auch visuell zu erfassen.

Der DuMont Schnellkurs »Judentum« läßt sich als zusammenhängende Darstellung der wichtigsten Epochen und Zentren der jüdischen Geschichte vom Altertum bis heute lesen. Jedes Kapitel ist aber in sich abgeschlossen und bildet eine Einheit. So kann der Band auch als Nachschlagewerk benutzt werden.

Wichtige Aspekte des jüdischen Lebens – wie der jüdische Kalender und die Feste, die Stationen im Lebenszyklus und die Speisevorschriften – werden in Exkursen behandelt. Dabei habe ich mich an der Lebensweise orientiert, wie sie bis heute von traditionell eingestellten Juden praktiziert wird. Jüdisches Leben hat sich jedoch schon immer durch große Pluralität ausgezeichnet. Heute bestehen im Judentum drei große Richtungen, die ihre Beziehung zur jüdischen Tradition ganz unterschiedlich verstehen und leben und etwa die Stellung der Frau – als nur ein Beispiel – kontrovers diskutieren. Von dieser Entwicklung, die noch lange nicht abgeschlossen ist, sind wichtige neue Impulse für das jüdische Leben zu erwarten.

Ein ausführliches Glossar, eine Zeittafel zur jüdischen Geschichte, ein Verzeichnis von jüdischen Museen in aller Welt und ein Sachregister runden das Buch ab.

Ein technischer Hinweis: Für hebräische Wörter habe ich eine vereinfachte Umschrift gewählt, die keine philologische Genauigkeit beabsichtigt, die Wörter aber für den Laien aussprechbar machen soll.

Monika Grübel, Köln

ca. 13. Jh. – 586 v. d. Z.

1290–1224 Herrschaft des Pharao Ramses II. in Ägypten. Er baut die Felsentempel von Abu Simbel.

um 1200 Trojanischer Krieg

um 1000 David König von Israel und Juda

969–936 Höhepunkt der phönikischen Machtstellung unter Hiram I.

776 Erste Olympische Spiele

753 Sagenhafte Gründung Roms

ca. 750 Entstehung der Homerischen Epen *Ilias* und *Odyssee*

681–669 Größte Ausdehnung des Assyrer-Reichs unter Asarhaddon

629–539 Neubabylonisches Reich der Chaldäer

625–530 Meder-Reich

Jeder, der sich für die Frühgeschichte Israels interessiert, sollte die Bibel lesen, denn sie ist die wichtigste, ja oft einzige Quelle für die Anfänge des jüdischen Volks. Die erste große Epoche, die in den fünf Büchern des *Pentateuchs* (der *Tora*) dargestellt wird, ist die Zeit vor der Ansiedlung der Israeliten in Kanaan. Die zweite große Epoche umfaßt die Periode des Seßhaftwerdens und die Geschichte im Land selbst. Mit der Einnahme Jerusalems, der Zerstörung des Ersten Tempels und dem Babylonischen Exil bricht die biblische Geschichte als zusammenhängende Darstellung ab.

Israel vor der Landnahme: Zeit der Erzväter

Die Erzväter Abraham, Isaak und Jakob lebten mit ihren Familien und Herden in Kanaan. Sie verließen das Land nur in Ausnahmefällen, z. B. bei Hungersnöten, und kehrten immer wieder dorthin zurück. Aber sie waren nicht seßhaft, sondern Zeltbewohner. So wird in den Vätergeschichten die Erinnerung an die nomadische Lebensweise in der Vorzeit des Volks Israel bewahrt, über deren genauen Zeitpunkt die Bibel jedoch keine Aussage macht. Einige Wissenschaftler glauben, in archäologischen Funden und außerbiblischen Texten Namen, Rechtsbräuche und Lebensumstände zu erkennen, die uns auch in den Vätergeschichten begegnen, und versuchen so, das Zeitalter der Patriarchen zu bestimmen; dabei schwanken die Datierungen allerdings zwischen 2000 und 1200 v. d. Z. Die Bibel betont die Rolle der drei Patriarchen als Träger einer doppelten göttlichen Verheißung: der Vermehrung ihrer Nach-

1 Abraham schaut zu den Sternen. Lithographie von E. M. Lilien, 1908. »Ich habe bei mir selbst geschworen, spricht der Herr: Weil du solches getan hast und hast deines einzigen Sohnes nicht verschont, will ich dein Geschlecht segnen und mehren wie die Sterne am Himmel.« (Gen 22,16f).

kommenschaft, die das Volk Israel bilden soll, und der dauerhaften Inbesitznahme des Lands. Diese beiden Leitmotive kehren immer wieder, etwa in der Verheißung Gottes an Abraham: »Und ich will dich zum großen Volk machen ... Deinen Nachkommen will ich dies Land geben.« (1).

Der Auszug aus Ägypten

Zu Beginn des Buchs Exodus befand sich Israel, hier erstmals als Volk beschrieben, in Ägypten. Als unerwünschte Fremdlinge gerieten die Israeliten dort in Knechtschaft und mußten in Fronarbeit dem Pharao gewaltige Bauten errichten, so die Vorratsstädte Pitom und Ramses (2). Nach vielen Jahren der Sklaverei und heftigen Auseinandersetzungen mit dem Pharao (zehn Plagen) führte Mose sein Volk in die Freiheit. Mit der zehnten Plage, der Tötung der Erstgeburt in Ägypten, wird auch die Einsetzung des Pessach-Fests verbunden (s. S. 22, 3).

Das beherrschende Thema ist aber die Rettung Israels durch den von Gott gesandten Befreier Moses. Der zeitliche Rahmen, in den sich diese Überlieferung einfügt, ist durch die Namen der Vorratsstädte Pitom und Ramses gegeben, die auch in ägyptischen Quellen erscheinen und mit der Bautätigkeit des Pharaos Ramses II. in Zusammenhang stehen; d. h., der Auszug aus Ägypten – sollte es sich wirklich gegeben haben – fand vor dem Ende des 13. Jh. statt.

Israel in der Wüste: Offenbarung am Sinai

Mit Exodus 19,1 beginnt die Überlieferung von Israels Aufenthalt am Sinai. Im Mittelpunkt der Ereignisse steht eine Gotteserscheinung zur Verkündigung der Zehn Gebote, die von gewaltigen Naturphänomenen (Donner, Blitz, dichtem Gewölk und lautem Getöse) begleitet wurde. Dabei spielte Moses eine zentrale Rolle: Er allein durfte zu

ca. 13. Jh. – 586 v.d.Z.

2 Die Israeliten arbeiten als Sklaven an den Bauwerken des Pharao. Goldene Haggada, Spanien, um 1320

3 Die zehnte Plage: Tötung der Erstgeburt. Rylands-Haggada, Spanien, zweites Viertel 14. Jh. Neben dem Bild steht folgender Text: »Und es ward ein großes Geschrei in Ägypten; denn es war kein Haus, in dem nicht ein Toter war.« (Ex 12,30).

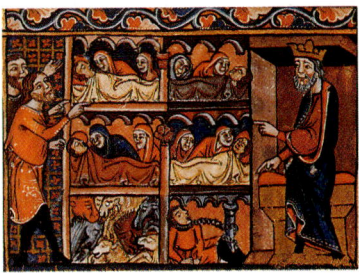

4 Die Offenbarung am Sinai. Moses wird mit goldenen Gesetzestafeln im dichten Gewölk dargestellt; ein *Schofar* (Widderhorn) schallt ihm ins Ohr. »Da erhob sich ein Donnern und Blitzen und eine dichte Wolke auf dem Berge und der Ton einer sehr starken Posaune.« (Ex 19,16). Sarajevo-Haggada, Spanien, 14. Jh.

Gott auf den Berg kommen, und Gott redete nur zu ihm, während das Volk von ferne zuhörte (4). Danach empfing er noch weitere göttliche Gebote, um sie dem Volk mitzuteilen. Eine historische Rekonstruktion der dahinterliegenden Ereignisse ist schwierig. Die Thesen der Forschung reichen von völliger Leugnung einer historischen Person Moses bis zu weitgehender Übernahme der biblischen Darstellung.

Für die jüdische Tradition erinnert der Bericht daran, daß Israel die entscheidenden Grundlagen seines religiösen Lebens durch die göttliche Willenskundgebung in der Wüste erhielt und daß Moses dabei eine zentrale Rolle spielte. Die Sinai-Offenbarung wurde zur »Magna Charta des Judentums, das als Gottesvolk damals zum Gehorsam gegenüber der Tora erwählt« wurde.

Mit Ausnahme der Offenbarungsgeschichte wiederholt sich im Bericht über die Wüstenwanderung das Motiv des Murrens gegen Moses und Aaron. Gründe für das Murren waren Durst und Hunger, verbunden mit dem Vorwurf, daß Moses die Israeliten aus Ägypten herausgeführt habe, nur um sie damit in eine mißliche Lage zu bringen. Das Murren richtete sich also letztlich gegen Gott, der darauf anordnete, daß keiner, der beim Auszug aus Ägypten dabeigewesen war, ins verheißene Land einziehen dürfe. 40 Jahre lang sollten sie in der Wüste umherirren, bis der letzte der undankbaren Generation des Exodus gestorben sei. Einzige Ausnahmen waren Josua und Kaleb. Sogar Moses wurde der Einzug ins verheißene Land verwehrt. In einer Abschiedsrede wiederholte er alle Gesetze, die den Israeliten während der Wanderschaft verkündet worden waren. Dann bestieg er den Berg Nebo, wo er starb.

Erst nach Moses' Tod überschritten die Israeliten unter Führung Josuas den Jordan und begannen, das Land zu erobern. Josua war der Nachfolger Moses', aber kein zweiter Moses. Für ihn kam es darauf an, dessen Weisungen genau zu befolgen. Die Tora war abgeschlossen, er hatte sie als Buch vor sich, an dem er sich orientieren mußte.

Die Landnahme

Den ersten großen Einschnitt in der Geschichte Israels bildete das als Landnahme bezeichnete Seßhaftwerden in Kanaan. Über den Vorgang der Landnahme gibt es zwei Hypothesen. Die meisten Wissenschaftler vertreten die Auffassung, daß die Landnahme der israelitischen Stämme ein im wesentlichen unkriegerischer Vorgang gewesen sei, ein allmähliches Einsickern. Andere dagegen glauben, daß es sich um eine geschlossene Einwanderung und kriegerische Einnahme des Lands handelte, wie es im Buch Josua beschrieben ist.

Die Zeit der Richter

Die Israeliten, die das verheißene Land eroberten und aufteilten, waren noch keine nationale Einheit, sondern eine lose Vereinigung von Stämmen, die von den umliegenden Völkern hart bedrängt wurden. Unter dem Einfluß der Nachbarn wurden sie dem Einen Gott oft abtrünnig und verehrten andere Götter. Dieser Götzendienst wurde, so der biblische Bericht, von Gott bestraft; er gab die Abtrünnigen in die Gewalt ihrer Feinde. »In ihrer Not schrien die Kinder Israel zu dem Herrn, und der Herr erweckte ihnen einen Retter.«

Dieser Retter, eine charismatische Persönlichkeit, die sie aus der Hand der Feinde befreite, fungierte als militärischer Heerführer, Richter, lehrte die Tora und stärkte das Zusammengehörigkeitsgefühl unter den Stammesgenossen. Unter seiner Führung brach eine Zeit des Wohlstands und Friedens an. Mit dem Tod des Richters erlosch sein Einfluß, und die Abfolge der Ereignisse – Abfall, Not, Umkehr, Rettung – wiederholte sich. Im Richterbuch wird

ca. 13. Jh. – 586 v.d.Z.

»Und der Herr zeigte ihm das ganze Land ... Und der Herr sprach zu ihm: Dies ist das Land, von dem ich Abraham, Isaak und Jakob geschworen habe: Ich will es deinen Nachkommen geben. – Du hast es mit deinen Augen gesehen, aber du sollst nicht hinübergehen. So starb Moses, der Knecht des Herrn ... Und niemand hat sein Grab erfahren bis auf den heutigen Tag.«
Dt 34,1–6

5 Samuel wird von seinen Eltern Gott geweiht. Pessach-Haggada, Süddeutschland, 1470–1500

diese Zeit im Rückblick negativ gewertet: Zwischen der Zeit der straffen Führung durch Josua und dem Beginn des Königtums wird die Epoche der Richter als eine Zeit geschildert, in der jeder tat, was er wollte. Das Fehlen einer stabilen Regierung über einen längeren Zeitraum erscheint als Hauptschwäche der Stammesorganisation. Offenbar spiegeln diese Texte den tatsächlichen Charakter der Epoche, in der Israel noch keine Einheit war, wider.

Die Salbung Sauls zum ersten König

Vom Beginn des Königtums berichtet das 1. Buch Samuel. Zunächst wird die Figur Samuels eingeführt (5). Er war offensichtlich der letzte Richter in Israel. An ihn wandte sich das Volk mit der Bitte, ihm einen König zu geben. Der Grund für diesen Wunsch lag wohl in der bedrohlichen Situation, in der sich die Israeliten durch die militärische Überlegenheit der Philister befanden. Dieser Gefahr konnten nur zeitlich begrenzt agierende Richter nicht begegnen, sie erforderte eine kontinuierliche Herrschaft. So begründete Samuel eine neue Epoche in der Geschichte Israels, indem er im Auftrag Gottes denjenigen salbte, der für das neue Amt des Königs ausersehen war: Saul aus dem Stamm Benjamin. Sauls Erfolge als König erfüllten zunächst alle Erwartungen: Er schlug die Ammoniter in Gilead, die Moabiter, die Amalekiter usw.; v.a. aber gebot er dem Vordringen der Philister Einhalt.

»Aber der Herr hatte Samuel das Ohr aufgetan einen Tag, bevor Saul kam, und gesagt: Morgen um diese Zeit will ich einen Mann zu dir senden aus dem Lande Benjamin, den sollst du zum Fürsten salben über mein Volk Israel, daß er mein Volk errette aus der Philister Hand. Denn ich habe das Elend meines Volks angesehen, und sein Schreien ist vor mich gekommen.«
1. Sam 9,15–17

Seine Beziehung zu Samuel gestaltete sich jedoch schwierig, da er sich etliche Male den durch ihn übermittelten Geboten Gottes widersetzte. Schließlich teilte ihm Samuel mit, daß Gott ihn verwerfe. Ein anderer wurde dazu bestimmt, die erste königliche Dynastie in Israel zu errichten: David vom Stamm Juda aus Bethlehem (6).

König David

Auch David wurde im Auftrag Gottes von Samuel gesalbt. Die Geschichte seines Aufstiegs war im wesentlichen eine Geschichte der Auseinandersetzung mit Saul, vor dem er zu den Erzfeinden Israels, den Philistern, floh, deren Vasall er auch noch wurde. Diese ambivalente Haltung war nicht untypisch für David und prägte sein Bild in der Überlieferung. So beklagte er wenig später Sauls Tod in bewegten Worten, begann aber sofort zielstrebig mit den Vorbereitungen zur Übernahme der Nachfolge. Zunächst wurde er König von Juda, nach einem über siebenjährigen Bürgerkrieg trugen ihm auch die Vertreter der Nordstämme die Königswürde an. So war David König von Juda und Israel. Daß diese Einheit der Königreiche alles andere als selbstverständlich war, zeigte sich spätestens nach Salomos Tod.

David eroberte Jerusalem, das sich bis dahin im Besitz der Jebusiter befand, und machte es zu seiner Hauptstadt. Das hatte wohl mehrere praktische Gründe: Die Stadt lag strategisch günstig und war relativ leicht zu verteidigen, sie lag an der Schnittstelle von Juda und Israel und gehörte zudem keinem der zwölf Stämme.

Mit der Überführung der Bundeslade nach Jerusalem machte David die Stadt auch zum religiösen und kultischen Mittelpunkt des jüdischen Volks. Die davidische Stadtgründung feiert Israel von September 1995 bis Januar 1997 unter dem Motto »Jerusalem 3000« mit zahlreichen Ausstellungen, Konferenzen, Konzerten etc.

Davids außenpolitische Erfolge werden in der Bibel nur kurz aufgezählt. Er besiegte die Philister, unterwarf Moab, Ammon und Edom und dehnte seine Macht durch die Unterwerfung der Aramäerstaaten Soba und Damaskus auch nach Nor-

> »Ein Psalm Davids, als er vor seinem Sohn Absalom floh. Ach Herr, wie sind meiner Feinde so viel und erheben sich so viele gegen mich! Viele sagen von mir: Er hat keine Hilfe bei Gott. Sela. Aber du, Herr, bist der Schild für mich, du bist meine Ehre und hebst mein Haupt empor.«
> *Psalm 3,1–4*

ca. 13. Jh. – 586 v.d.Z.

6 König Saul mit seinen Kriegern und David mit dem Philister Goliath. Naive Malerei, Öl auf Glas, Jerusalem, 20. Jh.

7 Davids Großreich vom Euphrat bis an die Grenze Ägyptens

8 König David als Harfenspieler. Marc Chagall (1887–1985), Einbandentwurf für die VERVE-Bibel I. Gouache 1956

den aus. So reichte Israels Einflußgebiet vom Euphrat bis an die Grenze Ägyptens (**7**).

David galt aber nicht nur als großer König und Feldherr, sondern auch als begabter Künstler. Er sang, tanzte, spielte Harfe und gilt traditionell als Verfasser der Psalmen (**8**). Bevor im biblischen Bericht der zweite große Teil der Davidgeschichte einsetzt, bei dem es v. a. um das Problem der Thronfolge geht, übermittelt der Prophet Nathan König David Gottes Wort: Sein Nachkomme werde den Tempel bauen und seine Dynastie ewiglich bestehen.

König Salomo

Der Anfang der Salomo-Geschichte fällt mit dem Ende der Thronfolgegeschichte Davids zusammen. Nach der Beseitigung seiner letzten Gegner hatte Salomo, der Sohn Davids und Bathsebas, die Herrschaft fest in der Hand. Es begann eine lange friedliche Epoche, denn Salomo zog es vor, Reichtümer anzusammeln, statt Kriege zu führen. Seine außenpolitischen Taten spielten sich nicht auf dem Schlachtfeld, sondern im diplomatischen Bereich ab, mit einem deutlichen Vorrang der handelspolitischen Interessen. So lassen die vielen ausländischen Frauen, die Salomo nach 1 Kön 11,1 in seinem Harem hatte, auf enge Beziehungen zu den betreffenden Ländern schließen.

Drei Aspekte stellt die Geschichte von König Salomo besonders heraus: Salomos sprichwörtliche Weisheit (**9**),

14

die königliche Macht- und Prachtentfaltung und seine rege Bautätigkeit.

Der Salomonische Tempel

Die salomonischen Bauten in Jerusalem, Tempel und Königspalast, werden in der Bibel ausführlich beschrieben. Das Grundstück für den Tempel, die Tenne des Jebusiters Arawna, hatte schon David gekauft, um dort einen Altar zu errichten. Die Rekonstruktionen des Tempels stützen sich ausschließlich auf die biblische Beschreibung in 1. Kön 6–8 und 2. Chr 2–4. Der Tempelkomplex bestand aus dem eigentlichen Tempelbau und mehreren Höfen: Die Frauen waren in einem Vorhof untergebracht; die Männer nahmen im inneren Hof am Kult teil, der jedoch vom eigentlichen Innenhof abgetrennt war, welcher nur von der Priesterschaft betreten werden durfte. In diesem Innenhof standen der große Opferaltar, das Eherne Meer – ein gewaltiges, aus Metall gegossenes und auf dem Rücken von zwölf Rindern stehendes Wasserbecken – sowie andere Gerätschaften, die für den Opferkult benötigt wurden (10). Der Tempel selbst war ein langgestrecktes Gebäude, das in drei Räume unterteilt war: die Vorhalle (*Ulam*), vor der die beiden gegossenen Säulen Jachin und Boas standen; der Hauptraum (*Hechal*) mit Räucheraltar, Schaubrottisch und zehn Leuchtern und das Allerheiligste (*Dewir*), in dem sich die Bundeslade mit den

Gesetzestafeln und den beiden Cherubim befand und das nur einmal im Jahr (an Jom Kippur) vom Hohepriester betreten werden durfte (11, 12). Mit dem Bau des Tempels wurde Salomo Gründer und Schirmherr des Tempelkults.

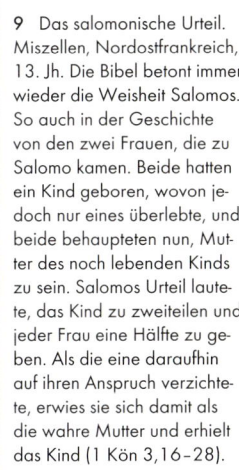

ca. 13. Jh. – 586 v. d. Z.

9   Das salomonische Urteil. Miszellen, Nordostfrankreich, 13. Jh. Die Bibel betont immer wieder die Weisheit Salomos. So auch in der Geschichte von den zwei Frauen, die zu Salomo kamen. Beide hatten ein Kind geboren, wovon jedoch nur eines überlebte, und beide behaupteten nun, Mutter des noch lebenden Kinds zu sein. Salomos Urteil lautete, das Kind zu zweiteilen und jeder Frau eine Hälfte zu geben. Als die eine daraufhin auf ihren Anspruch verzichtete, erwies sie sich damit als die wahre Mutter und erhielt das Kind (1 Kön 3,16–28).

10   Das Eherne Meer. Klosterneuburger Altar von Nicolas von Verdun. Email, 12. Jh. »Und er machte das Meer ... Und es stand auf zwölf Rindern, von denen drei nach Norden gewandt waren, drei nach Westen, drei nach Süden und drei nach Osten, und das Meer stand obendrauf, und ihre Hinterteile waren alle nach innen gekehrt.« (1 Kön 7,23–26)

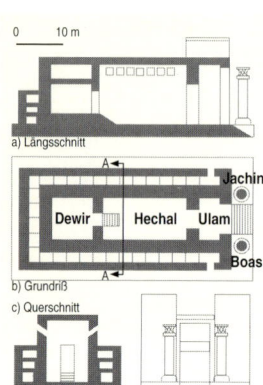

a) Längsschnitt

b) Grundriß

c) Querschnitt

d) Aufriß der Fassade

Dewir · Hechal · Ulam

Jachin · Boas

11 Der Salomonische Tempel. Grundriß

Am Ende der Salomogeschichte wird vom Niedergang der Macht Salomos berichtet. Er konnte das von David beherrschte Gebiet nicht halten, zumal er sich passiv verhielt. Edomitische und aramäische Widersacher bedrohten seine außenpolitische Macht, und in Jerobeam entstand ihm ein gefährlicher innenpolitischer Gegner.

Das Auseinanderbrechen des Reichs

Die Einheit des Königreichs überlebte Salomos Tod nicht. Mit der Thronfolge seines Sohns Rehabeam kam es zur Teilung des Lands in das Königreich Juda mit Jerusalem als Hauptstadt im Süden und das Königreich Israel mit Sichem (später Samaria) als Hauptstadt im Norden. Die Bibel begründet die Spaltung mit der Weigerung Rehabeams, die Frondienste und hohen Steuern für die Nordstämme zu mindern. So machten die zehn Nordstämme Jerobeam zu ihrem König. Dieser richtete in Beth-El und Dan zentrale Heiligtümer ein. Damit begann das, was später stereotyp die ›Sünde Jerobeams‹ genannt wird: der Abfall vom legitimen Kult in Jerusalem. Die biblische Geschichte orientierte sich fortan an der Person des jeweiligen Königs. Dabei bildete die religiöse Beurteilung der einzelnen Könige ein wichtiges Element. Sie wurden daran gemessen, ob sie die Forderung nach Reinheit des Kults erfüllten oder nicht. Die Könige von Israel, die die ›Sünde Jerobeams‹ fortsetzten, wurden durchweg negativ bewertet. Bei den Königen von Juda fanden sich auch positive Urteile (z. B. über Hiskija und Josia).

In den knapp zwei Jahrhunderten, in denen die beiden Königreiche nebeneinander existierten, gab es erbarmungslose Bruderkriege. Dabei ging es sowohl um territoriale Fragen als auch um Fragen des Kults. Die andauernde Konfrontation führte dazu, daß sich die Nachbarvölker von ihrer Herrschaft befreiten und ihre eigenen Territorien auf Kosten Israels und Judas vergrößerten. Obwohl die Entwicklung in beiden Königreichen in vielem ähnlich verlief, gab es einen wesentlichen Unterschied: Juda wurde während der ganzen Zeit von einer Dynastie, dem Haus David, regiert. Israel erlebte dagegen den Aufstieg und Fall von insgesamt neun Dynastien, was zu militärischer Schwäche und politischer Instabilität führte.

Der Untergang des Nordreichs

Die Assyrer hatten im 9. Jh. ihre Macht in Mesopotamien gefestigt und schickten sich nun an, die Vorherrschaft im Vorderen Orient zu gewinnen. Damit endete eine Epoche, in der die Staaten in Syrien und Palästina die Herrschaftsverhältnisse in ihrer Region mehr oder weniger selbst bestimmen konnten. In dieser Zeit war das Großreich Davids entstanden und wieder verfallen; aber bisher war keine Macht von außerhalb der Region aufgetreten und hatte Herrschaftsansprüche angemeldet. Dies taten nun die Assyrer und eröffneten damit die lange Reihe der ausländischen Großmächte (Assur, Babylon, Medien, Persien, Griechenland, Rom), die das Gebiet unter ihren Einfluß zu bringen suchten (13).

Nachdem sich der letzte König Israels, Hosea, an einer antiassyrischen Allianz beteiligt hatte, griff der Assyrerkönig Salmanasser V. Samaria an. Nach dreijähriger Belagerung eroberte sein Nachfolger Sargon II. 722 schließlich die Stadt, deportierte Teile der israelitischen Bevölkerung in andere Gebiete seines Reichs und siedelte dafür Menschen aus anderen eroberten Gebieten an, so daß dort eine Mischbevölkerung entstand, in

ca. 13. Jh. – 586 v. d. Z.

12 Salomonischer Tempel, Fassade mit den vorgestellten Säulen Jachin und Boas. Rekonstruktion von Th. A. Busink, 1967

ca. 13. Jh. – 586 v.d.Z.

der eine Fortführung der religiösen und kulturellen Traditionen Israels nicht mehr möglich war. Das Ende des Nordreichs war also nicht nur eine Veränderung auf der politischen Landkarte, sondern ein Ereignis von größter nationaler und religiöser Bedeutung: Ein großer Teil des Volks Israel war für immer verloren. Die Erinnerung an die verlorenen zehn Stämme ist seither im Bewußtsein des jüdischen Volks verankert.

Juda, das Südreich, hatte sich hingegen der assyrischen Fremdherrschaft gebeugt und rettete so zunächst seinen Bestand. Als Jahre später die assyrische Macht verfiel, bewirkte König Josia eine bemerkenswerte politische und religiöse Renaissance des Lands (622). Seine religiösen Reformen, z. B. die Säuberung der Religion von heidnischen Einflüssen, wurden nach dem biblischen Bericht dadurch ausgelöst, daß bei Renovierungsarbeiten im Tempel das Buch der Tora gefunden wurde. Damit ist zweifellos das Fünfte Buch Mose, das *Deuteronomium*, gemeint. Nach Josias Tod begann auch für Juda eine Periode des Niedergangs, die wenig später zu seiner Zerstörung führte.

Ende des Königreichs Israel, 734-722 v.d.Z.

Assyrische Feldzüge

→ Tiglatpileser III. 734 v.d.Z.
→ Tiglatpileser III. 733 v.d.Z.
→ Tiglatpileser III. 732 v.d.Z.
→ Salmanasser V. u. Sargon II. 724-722 v.d.Z.

CHAMATH
Byblos
PHÖNIZIER
ARAM DAMASKUS
GALILÄA
Akko
MITTEL-MEER
Aschtaroth
Samaria
Sichem
ISRAEL
AMMON
Aschdod
Beth El
Aschkelon
Jerusalem
Gaza
PHILISTER
JUDA
TOTES MEER
MOAB
Beerscheba
0   100 km

13 Das Ende des Königreichs Israel, 734–722 v. d. Z.

Das Babylonische Exil

Das politische Vakuum, das die Assyrer hinterließen, wurde bald von der aufstrebenden Macht Babylonien gefüllt. Nebukadnezar, der babylonische König, unternahm einen Feldzug nach Syrien und Palästina und stand 597 vor Jerusalem. König Jojachin übergab die Stadt anscheinend ohne Widerstand; er und die Oberschicht von Juda wurden ins Exil nach Babylonien geführt. An Jojachins Stelle machte Nebukadnezar dessen Onkel Mattanja zum König und wandelte seinen Namen in Zedekia um. Doch Zedekia wurde abtrünnig vom König in Babel. Die Strafexpedition ließ nicht lange auf sich warten. Ein babylonisches Heer rückte gegen Jerusalem vor und belagerte die Stadt. 586 wurde sie eingenommen, der Königspalast und der Salomonische Tempel zerstört, die Stadtmauer geschleift. Bevor sie den Tempel niederbrannten, schafften die Babylonier die Tempelgeräte fort, darunter die Bundeslade, die seitdem verschollen ist. Ein Teil der Bevölkerung war vor den Babyloniern nach Ägypten geflohen, die meisten wurden aber nach Babylon verschleppt.

Der Fall Jerusalems bedeutete einen tiefen Einschnitt in der Geschichte Israels: Mit ihm ging die 400jährige Herrschaft der davidischen Dynastie sowie die staatliche Selbständigkeit zu Ende. Eine neue Epoche begann für das Volk Israel – das Leben in der Diaspora (14).

Die Exilanten, die in Babylonien ankamen, stießen zu den zehn Jahre vorher Verschleppten. Anders als die Assyrer siedelten die Babylonier die Judäer geschlossen an, so daß sie ihre Traditionen und ihren Glauben an einen Gott innerhalb der heidnischen Bevölkerung bewahren konnten. Diese zogen sich im Exil auf das Geistige ihres Glaubens zurück. Mittelpunkt des Lebens wurden die Tora und die Gelehrsamkeit. Das Gebet trat an die Stelle der Opferbräuche im Tempel. Man vermutet, daß der opferlose Wortgottesdienst seinen Ursprung in der Exilszeit hatte, der dann zur Entstehung der Synagoge führte. So überlebten die Verbannten in Babylon wie auch die Flüchtlinge in Ägypten den Zusammenbruch. Und als nach 50 Jahren Exil die Möglichkeit zur Rückkehr bestand, machten sich einige tausend Juden aus Babylon nach Jerusalem auf, um das staatliche und religiöse Leben dort wiederaufzubauen.

14 Die trauernden Juden im Exil. Eduard Bendemann (1811–89). Gemälde, 1832

Die jüdische Zeitrechnung beginnt mit der Erschaffung der Welt, die nach rabbinischer Tradition auf 3761 v. d. Z. festgelegt wird. So beginnt im Herbst 1996, am 1. Tischri, das Jahr 5757. Das jüdische Jahr ist ein Lunisolarjahr, das auf den Mondphasen (Monate) wie auch auf dem Sonnenzyklus (Jahre) basiert. Das Jahr hat normalerweise 12 Monate. Die Monate beginnen mit dem Neumond und haben 29 oder 30 Tage. In fast jeden Monat fallen bestimmte Fest-, Fast- oder Gedenktage:

Tischri (Sept./Okt., 30 T.): *Rosch ha-Schana* (Neujahr), *Jom Kippur* (Versöhnungstag), *Sukkot* (Laubhüttenfest).
Cheschwan (Okt./Nov., 29 T.).
Kislew (Nov./Dez., 30 T.): *Chanukka* (Lichterfest).
Tewet (Dez./Jan., 29 T.): Fasttag, der an den Beginn der Belagerung Jerusalems erinnert.
Schwat (Jan./Feb., 30 T.): *Tu Bischwat* (Neujahrsfest der Bäume).
Adar (Feb./März, 29 T.): *Purim*, Freudenfest zur Erinnerung an die Errettung der persischen Juden durch Königin Esther.
Nissan (März/April, 30 T.): *Pessach* erinnert an den Auszug aus Ägypten; *Jom ha-Schoa* zum Gedenken an die Opfer des Holocaust.
Ijar (April/Mai, 29 T.): Israelischer Unabhängigkeitstag.
Siwan (Mai/Juni, 30 T.): *Schawuot* (Wochenfest).
Tammus (Juni/Juli, 29 T.): Fasttag zum Gedenken an das Durchbrechen der Mauer Jerusalems vor der Zerstörung des Ersten und Zweiten Tempels.
Aw (Juli/Aug., 30 T.): Fasttag zur Erinnerung an die Zerstörung der beiden Tempel und weitere Katastrophen wie die Niederlage Bar Kochbas und die Vertreibung der spanischen Juden (*Tischa be-Aw*).
Elul (Aug./Sept., 29 T.): Blasen des *Schofar* zur Vorbereitung auf die Feste des Monats Tischri.

Ein regelmäßiges Jahr umfaßt also 354 Tage. Um die Differenz von etwa 11 Tagen zum Sonnenjahr (365,25 T.) auszugleichen, wird siebenmal in 19 Jahren (im 3., 6., 8., 11., 14., 17. und 19. Jahr) ein 13. Schaltmonat zwischen Adar und Nissan eingefügt, der *Adar Scheni* (Adar II). Auf hebräisch heißt ein solches Schaltjahr *Schana me'ubberet*, »schwangeres Jahr«. Der Tag beginnt bei Anbruch der Dunkelheit und endet am nächsten Tag, wenn drei Sterne am Himmel zu sehen sind. So fängt der Schabbat am Freitagabend bei Sonnenuntergang an und endet am Samstag bei Einbruch der Nacht. Wie die sieben Tage der Schöpfung, so zählt auch die Woche sieben Tage. Der erste ist der Sonntag, der siebte der Schabbat.

Der Schabbat

Der Schabbat (*schawat*, ruhen) erinnert an das Ruhen Gottes nach der Erschaffung der Welt und an den

Auszug des Volks Israel aus Ägypten. Er ist der Höhepunkt jeder Woche. Am Schabbat soll der Mensch wie der Schöpfer am siebten Tag ruhen und keinerlei Arbeit verrichten, d. h. kein Feuer entzünden, keine Lasten tragen, nicht fahren und gefahren werden und auch keine weiten Strecken zu Fuß zurücklegen. Wegen dieser absoluten Arbeitsruhe müssen alle Vorbereitungen am Freitag vor Eintritt des Schabbats abgeschlossen sein: Die Mahlzeiten müssen gekocht, die Wohnung muß sauber, der Tisch gedeckt, das Bad genommen und die ganze Familie festlich gekleidet sein. Zu Hause wird der Schabbat mit dem Anzünden der Kerzen begrüßt. Das ist traditionell die Pflicht der Hausfrau (15). Danach gehen alle Familienangehörigen zur *Kabbalat Schabbat* (Empfang des Schabbats) in die Synagoge. Wieder zu Hause segnen die Eltern ihre Kinder. Dann wird der *Kiddusch* (»Heiligung«), ein besonderer Segen über einem Becher Wein, gesprochen. Danach wäscht man sich

16 *Challot*, die zwei geflochtenen Schabbat-Brote

die Hände und sagt den Segensspruch über die *Challot*, die zwei geflochtenen Schabbat-Brote (16). Das Familienoberhaupt streut etwas Salz auf ein Stück *Challa* und ißt davon, anschließend verteilt er es an alle Anwesenden. Dann beginnt die erste Mahlzeit des Schabbats, die aufwendiger sein soll als an den anderen Wochentagen.

Einer der wichtigsten Augenblicke am Schabbat ist die Lesung des wöchentlichen Tora-Abschnitts am Samstagvormittag in der Synagoge, zu der sieben Personen aufgerufen sind.

So wie der Schabbat mit dem *Kiddusch* beginnt, endet er auch mit einer Abschlußzeremonie, der *Hawdala* (»Unterscheidung«). Sie soll den Unterschied zwischen dem zu Ende gehenden Schabbat und dem beginnenden profanen Werktag bewußt machen. Man spricht den Segen über Wein, wohlriechenden Kräutern

15 Schabbat. Isidor Kaufmann, um 1920. Nach den Vorbereitungen hat die Hausfrau die Kerzen entzündet und wartet auf ihre Familie. Auf dem Tisch steht der *Kiddusch*-Becher, unter einem weißen Tuch liegen die *Challot*.

21

und zum Abschluß über der Flamme einer geflochtenen Kerze. Die duftenden Kräuter werden in besonderen Dosen, den *Bessamim*-Büchsen, aufbewahrt.

Die »Hohen Feiertage«: Rosch ha-Schana und Jom Kippur

Das jüdische Neujahrsfest dauert zwei Tage (1./2. Tischri). Es ist ein Tag des Gerichts. Es heißt, drei Bücher würden an Neujahr geöffnet: Ins Buch des Lebens werden die Gerechten eingeschrieben, ins Buch des Todes die gottlosen Sünder. Das dritte Buch ist für die Mittelmäßigen bestimmt, die sowohl Sünden als auch Verdienste aufweisen. Das endgültige Urteil über sie bleibt vom Neujahrstag bis zum Versöhnungstag offen. In diesen »zehn Bußtagen« können sie ihr Schicksal durch Reue, Buße und Umkehr wenden. So wünscht man sich an Neujahr: »Zu einem guten Jahr mögest du eingeschrieben sein (ins Buch des Lebens).«

Charakteristisch für das Neujahrsfest ist das Blasen des *Schofar* (Widderhorn), das zu ernster Selbstprüfung aufruft. Es ist Brauch, an Neujahr besondere Speisen zu verzehren, z. B. ein Stückchen Apfel in Honig zu tauchen und zu sprechen: »Möge dieses Jahr so süß sein wie der in Honig getauchte Apfel.«

Jom Kippur (Versöhnungstag, 10. Tischri) ist der Höhepunkt der zehntägigen Bußzeit, die an Neujahr beginnt. Es ist der höchste und heiligste Feiertag des Jahrs, ein strenger Fast-

tag, der im Gebet in der Synagoge verbracht wird. Man betet um Vergebung der Sünden, die man gegen Gott, die Mitmenschen und sich selbst begangen hat. Wichtige Gebete sind das *Widdui* (Sündenbekenntnis) und das *Kol Nidre* (alle Gelübde); nach dem zusätzlichen *Ne'ila*-Gebet endet der Jom Kippur mit erneutem Blasen des *Schofar*.

Die Wallfahrtsfeste: Pessach, Schawuot und Sukkot

Die drei Wallfahrtsfeste wurden von den Israeliten zur Zeit der beiden Tempel mit einer Pilgerfahrt nach Jerusalem und Darbringung von Opfern begangen. Alle drei Feste fallen mit wichtigen Phasen in der Landwirtschaft (Beginn und Ende des Agrarjahrs sowie erste Feldfrüchte) und zentralen Ereignissen des Exodus zusammen (s. S. 9). In der Diaspora wurde diesen Feiertagen wegen der Unsicherheit in Kalenderfragen ein weiterer Tag hinzugefügt.

Pessach bedeutet Überschreitung: Gott »überschritt«, d. h. verschonte die Häuser der Israeliten, als er die Erstgeborenen in Ägypten tötete. Zum Gedenken an den Auszug aus Ägypten und das Ende der Sklaverei wird vom 14.–21. Nissan (Diaspora: 14.–22.) *Pessach* gefeiert. Das Fest beginnt mit einem häuslichen Festmahl, dem *Seder* (»Ordnung«), da alles an diesem Abend einer genauen Ordnung folgt (17). Man liest die *Haggada* (Erzählung), die vom Auszug aus Ägypten berichtet, und verzehrt symbolische Speisen: *Seroa* (ein Stück gebratener Knochen zur Erinnerung an das *Pessach*-Opfer), *Beiza* (ein hartgekochtes Ei zur Erinnerung an das Opfer, das man zu jedem Wallfahrtsfest darbrachte, und an die Zerstörung des Tempels, denn das Ei ist auch ein Symbol der Trauer), *Maror* (Bitterkraut, z. B. Meerrettich, für die Bitternis der Sklavenarbeit in Ägypten), *Karpass* (Doldengewächs, z. B. Petersilie oder Sellerie, gemahnt an das Ysop, das verwendet wurde, um die Türen der Israeliten mit dem Blut des *Pessach*-Lamms zu bestreichen), *Charosset* (ein Mus aus Äpfeln und Nüssen, dessen lehmartige Farbe und Konsistenz an die Lehmziegel erinnert, mit denen die Israeliten die Städte der Ägypter bauen mußten), Salzwasser als Tunke (symbolisiert die Tränen und den Schweiß in der ägyptischen Knechtschaft). Dies alles wird zu den drei *Mazzot*, den ungesäuerten Broten, auf die *Seder*-Schüssel gelegt. Es ist eine Besonderheit des *Pessach*-Fests, daß während der ganzen Festwoche nur ungesäuertes Brot gegessen wird, um an den eiligen Auszug aus Ägypten zu erinnern, als keine Zeit blieb, den Teig säuern zu lassen. Es darf sich auch nicht die geringste Spur Gesäuertes im Haus befinden. Daher wird das Haus vor Pessach gründlich gereinigt und an den Festtagen ein besonderes Geschirr benützt. Wer es sich nicht leisten kann, einen Extrasatz Geschirr anzuschaffen, muß Geschirr und Besteck »koscher für Pessach« machen (durch Ausglühen, Eintauchen in kochendes Wasser o. ä.). Auf den *Seder*-Tisch gehört außerdem noch Wein, denn im Verlauf des Abends muß jeder Anwesende vier Gläser trinken. Mit der Erzählung des Exodus erfüllt der Haushaltsvorstand eines der wichtigen Gebote des Tags: die Vergegenwärtigung des zentralen Ereignisses jüdischer Geschichte. Dabei sollen sich Erzähler und Zuhörer mit der Generation in der ägyptischen Knechtschaft und deren Befreiung identifizieren.

Der Name Wochenfest (*Schawuot*) kommt von den sieben Wochen, die von *Pessach* bis *Schawuot* gezählt werden. Das Fest wird am 6. Siwan (Diaspora: 6./7.) gefeiert. Es er-

17 Volkstümliche Darstellung eines *Seder*-Mahls. Aquarellierte Tuschfederzeichnung, Westukraine, 19. Jh.

innert an die göttliche Offenbarung am Sinai, bei der die Tora gegeben wurde (s. S. 9 f.). Daher ist es Tradition, die ganze Nacht mit dem Studium der Tora zuzubringen und beim Morgengottesdienst die Zehn Gebote in den Mittelpunkt der Tora-Lesung zu stellen. Zugleich ist *Schawuot* aber auch das Fest der Erstlingsfrüchte. Der Brauch, die Synagoge und die Häuser mit Blumen und frischem Grün auszuschmücken, hängt mit dem Erntecharakter des Fests zusammen. Das Buch Ruth wird nicht zuletzt deshalb an *Schawuot* gelesen, weil darin Szenen aus dem Ernteleben beschrieben sind.

Sukkot verdankt seinen Namen der Laubhütte, dem wichtigsten Symbol des Fests. Das geht auf ein Gebot der Tora zurück: »Sieben Tage

18 *Zerlegbare Sukka*, 1. Hälfte 19. Jh. Beim Bau einer Laubhütte müssen bestimmte Regeln beachtet werden: Sie muß mindestens drei Wände besitzen, unter freiem Himmel stehen und darf nur ein provisorisches, mit Laub und Zweigen bedecktes Dach haben, damit Sonnenlicht und Sterne sichtbar bleiben. Der Bau beginnt am Tag nach *Jom Kippur*.

sollt ihr in Laubhütten wohnen ..., daß eure Nachkommen wissen, wie ich die Kinder Israel habe in Hütten wohnen lassen, als ich sie aus Ägyptenland führte.« (Lev 23,42 f.) Das Wohnen in der Laubhütte (15.–22. bzw. 23. Tischri, **18**) soll, wie die symbolischen Speisen an *Pessach*, jeden Juden daran erinnern, daß seine Vorfahren auf dem Weg in die Freiheit 40 Jahre lang in provisorischen Hütten wohnten. Das zweite Festsymbol ist ein Pflanzenstrauß (*Lulaw*), der daran erinnert, daß auch Sukkot ursprünglich ein Erntefest war. Seine vier Pflanzen stehen stellvertretend für die gesamte Pflanzenwelt, für die man Gott dankt. Vor dem Gebet, besonders vor den Psalmen beim Morgengebet, schüttelt man den *Lulaw* in die vier Himmelsrichtungen. Am letzten Tag von *Sukkot* gibt es ein Schlußfest, das Fest der Tora-Freude, *Simchat Tora*. Die Tora ist in 54 Wochenabschnitte aufgeteilt. An jedem Schabbat wird ein Abschnitt (selten zwei) gelesen, so daß der *Pentateuch* im Lauf eines Jahres ganz gelesen wird. Dieser Zyklus endet am letzten Tag des Laubhüttenfests: Der letzte Abschnitt der Tora wird gelesen (Dt 34) und sofort der neue Zyklus mit Gen 1 begonnen. Anschließend werden alle Tora-Rollen, die sich in der Synagoge befinden, in einer Prozession siebenmal um das Lesepult getragen. Singend und tanzend feiert man die fortwährende Freude an der Tora.

19 Brennende *Chanukkia*, Silber 1817. Der beim achttägigen *Chanukka*-Fest verwendete Leuchter hat immer neun Brennstellen: acht für die acht Tage des Fests und eine neunte (*Schammasch*, Diener), die zum Anzünden der Lichter dient.

Chanukka und Purim

Im Gegensatz zu den oben dargestellten Festen sind *Chanukka* und *Purim* Halbfeiertage, die nicht auf ein biblisches Gebot, sondern auf historische Ereignisse aus der Zeit des Zweiten Tempels zurückgehen.

Chanukka (Einweihung) ist ein achttägiges Lichterfest. Es erinnert an Juda Makkabis Wiedereinweihung des Tempels in Jerusalem nach der Entweihung durch die hellenistischen Seleukiden 164 v. d. Z. (s. S. 30 ff.). Nach einer talmudischen Legende fanden die Makkabäer im Tempel ein einziges Fläschchen mit reinem Öl, das eigentlich nur für einen Tag reichte. Doch dann brannte der Tempelleuchter mit diesem Öl acht Tage lang. Zur Erinnerung an dieses Wunder werden an *Chanukka* vom 25. Kislew an acht Tage lang an einem speziellen Leuchter, der *Chanukkia*, Lichter angezündet – am ersten Tag eins, am zweiten zwei usw., bis am

achten Tag alle Lichter brennen (19). Um das *Chanukka*-Fest entwickelten sich verschiedene Bräuche. So werden gern Krapfen und Kartoffelpuffer gegessen, da beides in viel Öl gebacken wird und damit an das Ölfläschchen erinnert.

Purim (»Lose«) wird am 14./15. Adar gefeiert. Das Freudenfest erinnert an die Errettung der persischen Juden vor dem Anschlag Hamans, eines Günstlings des Perserkönigs Ahasverus (wahrscheinlich Xerxes I.). Wie das Buch Esther berichtet, hatte der Judenfeind Haman ein Los geworfen, um das Datum zu bestimmen, an dem alle Juden im Reich, von Indien bis Äthiopien, getötet werden sollten. Die Jüdin Esther, eine Lieblingsfrau des persischen Herrschers, konnte diesen Plan jedoch vereiteln und ihr Volk retten. Charakteristisch für das »Losfest« ist das Vorlesen des Buchs Esther und der Brauch, daß die Kinder mit Rasseln Lärm veranstalten, wenn der Name des Bösewichts Haman fällt. *Purim* ist das ausgelassenste Fest im jüdischen Jahr. Das Trinken von Alkohol ist ausdrücklich erlaubt, und zwar soviel, bis man nicht mehr zwischen den Sprüchen »Verflucht sei Haman« und »Gesegnet sei Mordechai« (Pflegevater Esthers) unterscheiden kann. Ebenso ist es üblich, sich zu kostümieren und bestimmte Speisen zu essen. Dazu gehört traditionell ein mit Mohn oder Marmelade gefülltes Gebäck, die »Haman-Tasche« oder das »Haman-Ohr«.

538 v. d. Z. – 70 n. d. Z.

Um 550–331 v.	Persisches Weltreich
514 v.	Buddhas »Erleuchtung«
509 v.	demokrat. Phylen-(Bezirks-)Verfassung des Kleisthenes in Athen
495–424 v.	Herodot, erster bedeutender griechischer Historiker
479 v.	Tod des chinesischen Philosophen Konfuzius
um 470–27 v.	Römische Republik
400 v.	Hippokrates begründet die Lehre von den Säften (Anfänge der Medizin)
356–323 v.	Alexander d. Gr.
343–334 v.	Aristoteles wird Lehrer von Alexander d. Gr. am makedonischen Hof
331–um 30 v.	Hellenistische Reiche
221 v.	China: Fertigstellung der Großen Mauer
218 v.	Hannibals Kriegszug gegen die Römer über die Alpen mit 39 Elefanten
51–30 v.	Kleopatra ist Herrscherin über Ägypten
44 v.	Ermordung Caesars
27 v.–14 n.	Augustus: Beginn der Kaiserzeit
27 v.–476 n.	Römisches Kaiserreich
6/7 v.–30 n.	Jesus von Nazareth
9 n.	Schlacht im Teutoburger Wald
65 n.	Tod des römischen Philosophen Lucius Annaeus Seneca

Für die Zeit nach dem Babylonischen Exil bieten die Bücher Esra und Nehemia die einzigen erzählenden Darstellungen. Sie behandeln zwei Abschnitte der nachexilischen Geschichte: die Zeit bis zum Abschluß des Wiederaufbaus des Tempels (538–515) und die der Reformen unter Esra und Nehemia (458 bzw. 445). Über die Jahrzehnte dazwischen schweigen die Texte.

In der Mitte des 6. Jh. stieg der Perserkönig Kyros zum Herrscher über weite Teile des Vorderen Orients auf; 539 konnte er Babylon erobern. Ein Jahr später gewährte Kyros den exilierten Israeliten in der sogenannten »Kyros-Erklärung« die Rückkehr nach Jerusalem und die Wiedererrichtung des Tempels (Esra 1,2f.). Dies entsprach ganz der Politik des Kyros gegenüber den unterworfenen Völkern, wie auch aus einem amtlichen Text von ihm selbst, dem »Kyros-Zylinder« (**20**), hervorgeht, wo er von der Rückführung von Exilanten und Götterbildern und der Wiederherstellung von Heiligtümern in verschiedenen Gebieten seines Großreichs berichtet. Biblische und außerbiblische Quellen stimmen hier also weitgehend überein. Kyros ernannte Scheschbazzar, nach ihm Serubbabel zu Beauftragten für die Durchführung seines Edikts.

Im Frühjahr 515 konnte nach vielen Verzögerungen der Zweite Tempel eingeweiht werden. Er entsprach in seiner Gesamtanlage dem Salomonischen Tempel, war aber wesentlich schlichter. Außerdem fehlten ihm einige wichtige Elemente: die

20 Der Kyros-Zylinder. Terrakotta, 5. Jh. v. d. Z.

Bundeslade, das Eherne Meer und die beiden Säulen Jachin und Boas.

Nicht alle Exilierten machten jedoch von dem Erlaß Gebrauch. Viele blieben in der Fremde, die ihnen mittlerweile zur Heimat geworden war und wirtschaftlich bessere Möglichkeiten bot als Juda. Dies schuf eine demographische Situation, die zur permanenten Realität jüdischen Lebens wurde: Eine jüdische Gemeinschaft im Land Israel bildete das Zentrum für die weit zerstreute Nation.

Zweifellos war die Rückkehr nach Jerusalem für die jüdische Geschichte von herausragender Bedeutung. Daneben aber entwickelten sich gleichzeitig in den Zentren der damaligen Zivilisation zwei große blühende jüdische Gemeinschaften: Ägypten und Babylonien (21).

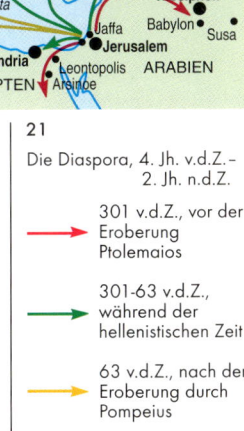

21
Die Diaspora, 4. Jh. v.d.Z.– 2. Jh. n.d.Z.

→ 301 v.d.Z., vor der Eroberung Ptolemaios

→ 301-63 v.d.Z., während der hellenistischen Zeit

→ 63 v.d.Z., nach der Eroberung durch Pompeius

538 v.d.Z. – 70 n.d.Z.

Die Zeit Esras und Nehemias

Esra und Nehemia kamen beide aus der babylonisch-persischen Diaspora. Esras Titel »Schreiber des Gesetzes des Himmelsgottes« (Esra 7,12 und 21) ist wohl als persischer Beamtentitel zu verstehen, »Gesetz des Himmelsgottes« als amtliche aramäische Bezeichnung für die jüdische Religion, deren Gott als Schöpfer der Welt und als »Gott

Diaspora: Wörtl. »Zerstreuung«. Dieser griechische Begriff ist eine Kollektivbezeichnung für die jüdischen Gemeinden außerhalb Israels.

Menora: Wörtl. »Leuchter«. Der siebenarmige Leuchter gehörte schon zum Kultgerät des Stiftszelts und wird in der Bibel genau beschrieben (Ex 25,31–40; 37, 17 ff.). Die Menora stand auch im Zweiten Tempel. Sie wurde schon in der Antike zum verbreitetsten jüdischen Symbol.

Qumran: Ruinenstätte am NW-Ufer des Toten Meers. Weithin berühmt wurde Qumran wegen der dort seit 1947 in Höhlen gefundenen Handschriften. Diese stellen den einzigen größeren Literaturkomplex in hebräischer/aramäischer Sprache dar, der aus der Zeit des 2. Jh. v. bis 1. Jh. n.d.Z. im Original erhalten ist.

des Himmels« verehrt wurde. Esra war also Beamter für Angelegenheiten der jüdischen Religion.

Nehemia hatte eine führende Stellung am persischen Hof: »Ich war des Königs Mundschenk.« (Neh 1,11). Beide kamen mit Vollmachten des persischen Königs nach Juda, die es ihnen gestatteten, in die dortigen Verhältnisse einzugreifen. Esra erhielt den Auftrag, »auf Grund des Gesetzes deines Gottes, das in deiner Hand ist, nachzuforschen, wie es in Juda und Jerusalem steht«. Er sollte Richter und Rechtskundige einsetzen, um diejenigen, die »das Gesetz« kennen, zu richten und es die anderen zu lehren (Esra 7,14 und 25). Hier ging es offenbar darum, für die Einhaltung und Durchführung des jüdischen Gesetzes unter den jüdischen Untertanen im Land Israel zu sorgen. Und dies war nach der biblischen Schilderung vonnöten.

Die im Land Zurückgebliebenen hatten lange Jahre in einer weitgehend ›offenen‹ Situation gelebt – ohne den Tempel und die religiöse Oberschicht, zusammen mit fremden Bevölkerungsgruppen, etwa babylonischem Militär und Menschen aus Nachbarländern, die das durch die Exilierung entstandene Vakuum gefüllt hatten, was zu Mischehen zwischen Juden und Nichtjuden führte. Die Bibel berichtet ausführlich vom Reformwerk Esras und Nehemias, die gegen diese Mischehen vorgingen und schließlich die Auflösung aller Ehen mit Nichtjüdinnen durchsetzten.

Hier wird das Bemühen um die Reinheit der jüdischen Gemeinschaft erkennbar, die eine Abgrenzung von den »Völkern der Länder« erforderte. Eine weitere bedeutende Tat Esras ist im Buch Nehemia überliefert. Er las in einem feierlichen Gottesdienst aus dem Buch der Tora vor und vollzog damit die erste synagogale Tora-Vorlesung, von der die Überlieferung spricht (**22**). Darin wird eine eigenständige religiöse Entwicklung der nachexilischen Zeit erkennbar: Neben dem Tem-

22 Esra liest aus der Tora. Wandmalerei aus der Synagoge in Dura Europos am Euphrat, 3. Jh. n. d. Z., heute im Nationalmuseum Damaskus. Die babylonischen Juden waren stolz darauf, daß ein Weiser aus ihren Reihen nach dem Exil die Verhältnisse in Juda wieder nach dem göttlichen Gesetz geordnet hatte. Darum ist es verständlich, daß Esras Bild in einer babylonischen Synagoge einen herausragenden Platz nahe dem Tora-Schrein erhielt.

pel mit seinem Opferkult bildete die Tora, ihre Verlesung und Auslegung, einen neuen Mittelpunkt, um den sich die jüdische Gemeinschaft und ganz Juda versammelte.

Nehemia traf 445 in Jerusalem ein und war zwölf Jahre lang Statthalter im Land Juda. Ihm gelang es trotz aller Widerstände, die Stadtmauer um Jerusalem wiederaufzubauen (**23**). Er siedelte außerdem ein Zehntel der Bewohner aus anderen Orten in Juda nach Jerusalem um. Mit diesen Maßnahmen gab er der judäischen Provinz wieder ein politisches (und damit wohl auch geistiges) Zentrum. Durch einen allgemeinen Schuldenerlaß entschärfte er nicht nur die sozialen Spannungen zwischen der verarmten Landbevölkerung und der Oberschicht, sondern machte damit auch die judäische Gemeinschaft lebensfähiger. Mit der Darstellung der Tätigkeit Nehemias endet die erzählende Geschichtsdarstellung in der Bibel.

23 Nehemia und seine Genossen an den Toren von Jerusalem (Neh 2,13). Holzstich nach einer Zeichnung von Gustave Doré, 1865

24 Alexander der Große (356–323). Mosaik aus Pompeji. Kopie eines griechischen Gemäldes des 4. Jh. v. d. Z., das Philoxenos von Eretria zugeschrieben wird

538 v.d.Z. – 70 n.d.Z.

Alexander der Große, die Ptolemäer und die Seleukiden

332 eroberte Alexander (**24**) Syrien und Palästina. Die Juden, repräsentiert durch den Hohepriester, erreichten durch ihre Unterwerfung, daß kein makedonischer Statthalter eingesetzt wurde; Juda blieb also autonomer »Tempelstaat«. Im Bereich der Religion gab es, da die politische Macht nicht in die kultischen Belange eingriff, keinen Anlaß für Konflikte.

Nach Alexanders Tod fiel Juda an die Ptolemäer (**25**). Auch unter ihrer Herrschaft behielt der Tempelstaat seine autonome Stellung unter dem Hohepriester, der für das Steueraufkommen seines Gebiets verantwortlich war. Das Judentum begann sich nun auch im Land Israel selbst mit der griechischen Kultur (Hellenismus) auseinanderzusetzen, während die Juden in der Diaspora schon

538 v.d.Z. – 70 n.d.Z.

25 Ptolemaios I. Soter (um 366–283), Freund und Feldherr Alexanders d. Gr., eroberte 301 Palästina. Münzbildnis, um 300

26 Der Seleukidenkönig Antiochos IV. Epiphanes verfocht eine aktive Hellenisierungspolitik, die den Aufstand der Makkabäer auslöste. In die jüdische Geschichte ging er als Prototyp des Verfolgers der jüdischen Religion ein.

»So kam das Griechentum in Mode ... Schuld daran war die maßlose Schlechtigkeit des Jason, der den Namen des Hohepriesters zu Unrecht trug.«
2. Makk 4,13

lange mit der hellenistischen Zivilisation vertraut waren und meist Griechisch sprachen. So dürfte die Nachricht des »Aristeasbriefs« (um 100) zutreffen, daß Ptolemaios II. (283–246) die Tora in Alexandria ins Griechische übersetzen ließ. Nach der Legende wurde die Übersetzung von 72 gelehrten Juden in 72 Tagen bewältigt, weshalb die ganze Übersetzung den Namen *Septuaginta* (»Siebzig«) erhielt. Damit hatten nun auch Nichtjuden die Möglichkeit, die Tora zu lesen. Die griechische Übersetzung wurde später von der christlichen Kirche übernommen.

Nach dem Ende des »fünften syrischen Kriegs« fiel Juda den Seleukiden zu (198). Antiochos III. versuchte, die Juden mit der neuen Fremdherrschaft zu versöhnen, indem er die Steuerlast verringerte und die jüdischen Gesetze sowie die Stellung Judas als unabhängigem Tempelstaat bestätigte. Die Abkehr von dieser Politik unter Antiochos IV. Epiphanes leitet das Ende der seleukidischen Herrschaft in dieser Region ein.

Vom Aufstand der Makkabäer (Hasmonäer) bis zur Einsetzung des Chanukka-Fests

Antiochos IV. (175–164, 26) ging als Erzbösewicht in das traditionelle jüdische Geschichtsbild ein, da er die Steuerlast verdoppelte, den Tempelschatz plünderte, Truppen in Samaria und Juda stationierte und im Herzen von Jerusalem die *Akra*, eine Stadtfestung mit syrischer Besatzung, baute. 174 verkaufte er das Hohepriesteramt an den dem Hellenismus ergebenen Jason, der unmittelbar am Tempelberg ein Gymnasion errichten ließ.

Im Sommer 167 gebot Antiochos den Juden unter Androhung der Todesstrafe, ihre Religion aufzugeben. Die Beschneidung und das Einhalten des Schabbats wurden untersagt, im Tempel opferte man »unreine« Tiere, der Tempel selbst wurde dem Zeus Olympios geweiht. Nun empörten sich auch die gemäßigt hellenisierten Priester, und noch im Dezember des gleichen Jahrs wurde der jüdische Opferkult eingestellt. Die Juden wurden durch einen Opfertest auf ihre Gesinnung überprüft: Die Verweigerung des Opfers für die Götter galt als Zeichen für bewußten Widerstand gegen den verordneten synkretistischen Kult.

Die seleukidischen Beamten und der König erkannten dabei zu spät, daß den meisten Juden in dieser Situation nichts anderes übrigblieb, als zwischen Martyrium und aktiver Gegenwehr zu wählen. Sie entschieden sich für letzteres. Alle, auch die Gemäßigten, waren sich einig, daß der Tora wieder Geltung verschafft werden müsse – und zwar um jeden Preis.

Nach der Überlieferung im 1. Buch der Makkabäer begann der Aufstand mit der Tat des Priesters Mattatias, der die königlichen Beamten, die den Opfertest durchführten, und einen Juden, der bereit war, den heidnischen Göttern zu opfern, umbrachte. Die folgende Flucht von Mattatias, seinen fünf Söhnen und seinen Anhängern war das Signal zum aktiven Widerstand. Dieser Bericht deutet darauf hin, daß der Aufstand auch gegen jene Juden gerichtet war, die sich den griechischen Sitten freiwillig unterwarfen. Mattatias' Söhne wurden die eigentlichen Helden des Widerstands, der über alle Maßen erfolgreich war. Der älteste Sohn, Juda Makkabi (»Hammer«), eroberte Seite an Seite mit den »Chasidäern« (Frommen) Jerusalem und den Tempel (**27**, **28**). Sein Name brachte der Familie aus dem Haus Hasmon auch den Beinamen »Makkabäer« ein.

Gegen Ende des Jahrs 164 wurde der Tempel von allen Spuren des Götzendiensts gereinigt, eingeweiht und der Opferdienst wieder aufgenommen. An dieses Ereignis erinnert seither das *Chanukka*-Fest (Einweihung; s. S. 25). Auch die Dekrete des Antiochos wurden widerrufen. Damit sahen sich die Chasidäer – im Gegensatz zu den auch politisch ambitionierten Makkabäern – am Ziel.

27 Juda Makkabi. Frankreich, 16. Jh. Emaillierter Schnallendeckel

538 v.d.Z. – 70 n.d.Z.

538 v.d.Z. – 70 n.d.Z.

28 Der Angriff von Juda Makkabi auf die Akra in Jerusalem. Alba-Bibel, 15. Jh.

»Juda und seine Brüder aber sagten: Unsere Feinde sind nun vernichtend geschlagen. Wir wollen nach Jerusalem hinaufziehen, den Tempel reinigen und ihn neu weihen ... Sie fertigten neue heilige Geräte an ... Dann brachten sie auf dem Altar ein Rauchopfer dar, zündeten die Lichter an dem Leuchter an ... Acht Tage feierten sie die Altarweihe, brachten mit Freuden Brandopfer dar ... Im Volk herrschte sehr große Freude, denn die Schande, die ihnen die fremden Völker zugefügt hatten, war beseitigt. Juda faßte mit seinen Brüdern und mit der ganzen Gemeinde Israels den Beschluß, Jahr für Jahr zur selben Zeit mit festlichem Jubel die Tage der Altarweihe zu begehen, und zwar acht Tage lang, vom 25. Kislew an.«
1. Makk 4,36–59

Die Makkabäer dagegen dachten nicht daran, sich mit dem Erreichten zufriedenzugeben. Der ursprüngliche Glaubenskampf entwickelte sich immer mehr zu einer planvollen Macht- und Familienpolitik. Erleichtert wurde dies durch interne Konflikte in der seleukidischen Dynastie. Im Streit um den Thron versuchten die zwei seleukidischen Konkurrenten Jonathan, den Nachfolger Judas', für sich zu gewinnen. Durch geschicktes Taktieren nutzte Jonathan die wechselnden Machtverhältnisse und wurde schließlich als Hohepriester und seleukidischer Statthalter bestätigt (161–142).

Innenpolitisch hat Jonathans Arrangement mit der feindlichen ›Weltmacht‹ wohl einen Schock ausgelöst, jedenfalls in zwei Lagern: bei den Zadokiden (s. S. 40), deren angestammtes Recht auf die Hohepriesterwürde mit Füßen getreten wurde, und in den frommen Kreisen, die den Kampf gegen die Seleukiden als letzte Bewährungsprobe vor der endzeitlichen Gottesherrschaft sahen.

Chirbet Qumran am Toten Meer

Zu dieser Zeit gründeten zadokidisch geführte Gruppen mit akuten endzeitlichen Erwartungen unter dem »Lehrer der Gerechtigkeit« eine Gemeinschaft, die sich im heutigen Chirbet Qumran am Toten Meer niederließ. Sie betrachteten den Tempel von Jerusalem als rituell verunreinigt und bezeichneten Jonathan Makkabäus in ihren

Schriftrollen als »Frevel-
priester«. Möglicherweise
gehörten sie zu den Sekten,
die der römische Ge-
schichtsschreiber Flavius
Josephus als »Essener« bezeichnete (s. S. 40 f.; **29**).

29 Qumran: die Höhlen, in
denen man die berühmten
Schriftrollen vom Toten Meer
fand

Aufstieg und Niedergang der Hasmonäer

Nach Jonathans Beschluß, sich mit der feindlichen
Macht zu arrangieren, statt sie zu bekämpfen, begann eine expansionistische Phase des seleukidischen Vasallenstaats. Sein Nachfolger Simeon
wurde 140 als Fürst des Volks (*Ethnarch*), Heerführer (*Strategos*) und Hoherpriester bestätigt und
machte die Stellung erblich. Damit begann die dy-
nastische Phase der hasmonäischen Geschichte.

Die Expansion war territorialer, militärischer,
aber auch religionspolitischer Art. Die Hasmonäer
begannen, Gebiete zu annektieren und nichtjüdische Bevölkerungsgruppen zu judaisieren. So eroberte Jochanan Hyrkan I. (134–104) das Gebiet der Samaritaner im Norden und der Idumäer
im Süden, die er gänzlich unterwarf und zum
Judentum zwangsbekehrte (**30**). Die Herkunft
Herodes des Großen aus Idumäa
wurde später einer der Gründe für
die Spannungen, die zwischen ihm
und der Bevölkerung Judäas bestan-
den. Jochanan Hyrkan war auch der
erste Hasmonäer, der eigene Münzen schlagen ließ (**31**).

Der Hasmonäerstaat wurde in den
militärischen und zivilen Strukturen,
der Architektur, der Sprache und sogar in der Geschichte der Erbfolge-
streitigkeiten einem hellenistischen
Königreich immer ähnlicher. So kam
es unter Alexander Jannaj (103–76)
trotz außenpolitischer Erfolge zum

538 v.d.Z. – 70 n.d.Z.

30

Der Aufstieg des
HasmonäischenStaates
2.-1. Jahrhundert v.d.Z.

Unabhängiges Judäa
zur Zeit des Todes
von Juda Makkabäus
(161 v.d.Z.)

Gebietserweiterung unter:

Jonathan
(161-142 v.d.Z.)

Simeon
(142-134 v.d.Z.)

Jochanan Hyrkan
(134-104 v.d.Z.)

Aristobul I.
(104-103 v.d.Z.)

Alexander Jannaj
(103-76 v.d.Z.)

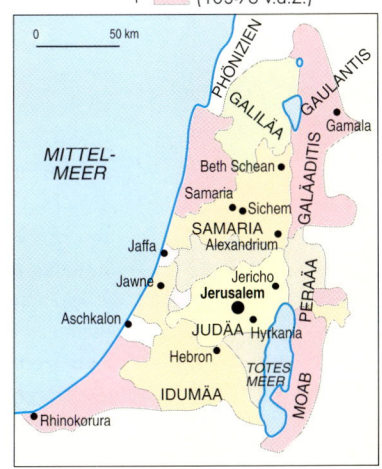

31 Bronzemünze des Jochanan Hyrkan. Schrift auf der Rückseite: »Jochanan der Hohepriester«. Die Münzaufschrift, die die hohepriesterliche Würde erwähnt, läßt erkennen, wie wichtig dieses Amt für den Machterhalt der Hasmonäer war.

Widerstand gegen den Herrscher. Die Pharisäer (s. S. 40) stellten Jannajs hohepriesterliche Qualitäten in Frage und wurden dafür von seinen Söldnern grausam bestraft. Gegen Ende seiner Regierung erkannte er, wie fragwürdig seine auf Söldnern fußende Macht war. So soll er seiner Witwe Salome Alexandra (76– 67) empfohlen haben, den Pharisäern entgegenzukommen.

Unter ihrer Regentschaft scheint der innere Friede tatsächlich einigermaßen wiederhergestellt worden zu sein. Doch schon kurz nach ihrem Tod kam es zu Streitigkeiten zwischen ihren Söhnen, Aristobul II. und Hyrkan II. Ihre Unversöhnlichkeit forderte den Eingriff äußerer Mächte geradezu heraus: Rom erschien als Ordnungsmacht in Judäa. Pompeius (32) eroberte das Land und drang 63 in den von den Aristobul-Anhängern gehaltenen Tempel ein, wo er ein Blutbad anrichtete.

Damit begann die 700jährige Herrschaft der Römer über Judäa. Pompeius' Betreten des Allerheiligsten empfanden die Judäer als Anmaßung. Rom, das bisher oft Vertragspartner der Hasmonäer gewesen war, wurde nun plötzlich als feindliche Macht begriffen. Aristobul II. und seine Söhne, Alexander und Antigonos, wurden beim Triumphzug des Pompeius in Rom öffentlich mitgeführt. Hyrkan II. dagegen wurde in der Hohepriesterwürde bestätigt, war aber dem römischen Statthalter von Syrien unterstellt. Die eigentliche Macht in Judäa gewann Antipater, ein Idumäer, der das Vertrauen Roms genoß und unter Caesar seine Macht weiter ausbauen konnte. Er betraute seine Söhne mit hohen Posten: Phasael wurde *Strategos* in Jerusalem, Herodes in Galiläa.

Die Invasion der Parther (40 v. d. Z.) führte noch einmal zu einem hasmonäischen Zwischenspiel. Nach der Ausschaltung Hyrkans und Phasaels konnte sich der Hasmonäer Antigonos für knapp drei Jahre als König und Hohepriester in Judäa etablieren (40–37). Herodes, der nach Rom ge-

32 Gnaeus Pompeius Magnus, Befehlshaber der römischen Heere im Osten, nutzte den Bruderkrieg unter den Erben von Alexander Jannaj, um Judäa unter seine Kontrolle zu bringen. Damit begann die 700jährige Herrschaft der Römer.

flohen war, ließ sich dort vom Senat zum König von Judäa ernennen und erlangte 37 die Herrschaft im Land. Mit der Enthauptung des Antigonos war die Ära der Hasmonäer endgültig vorbei. Im Volksbewußtsein wurden die Hasmonäer inzwischen als Helden des Kampfs gegen die Fremdherrschaft verehrt. Herodes war sich dessen bewußt, und noch während der Belagerung Jerusalems versuchte er, durch die Heirat mit der Hasmonäerprinzessin Mariamme, einer Enkelin Hyrkans II., das hasmonäische Prestige für sich zu nutzen.

Herodes der Große

Nun hatten die Juden wieder einen König, wenn auch von Roms Gnaden. Dazu stammte er aus einer Idumäerfamilie, die erst zwei Generationen zuvor zum Judentum zwangsbekehrt worden war. So sehr sich Herodes (37–4 v. d. Z.) auch bemühte, »König der Juden« zu sein, so wenig wollte er auf den Herrschaftsstil eines hellenistischen Königs verzichten. Einerseits versuchte er, Verstöße gegen die Tora zu vermeiden, andererseits verfuhr er in seiner Personal- und Familienpolitik nach Gutdünken. Alle Ansätze von Opposition, selbst in der eigenen Familie, wurden im Keim erstickt und führten schließlich zur Ermordung seiner Lieblingsfrau Mariamme und der gemeinsamen Söhne Alexander und Aristobul.

538 v. d. Z. – 70 n. d. Z.

33 Griechische Inschrift an der Außenmauer des Jerusalemer Tempels: »Nichtjuden ist das Betreten des Heiligtums untersagt.« Herodianische Zeit, Istanbul, Archäologisches Museum

34 Caesarea. Aquädukt aus der Zeit des Herodes

35 Masada. Die Festung erhebt sich auf einem über 300 m hohen Felsplateau über dem Toten Meer und der Wüste. Herodes baute am Nordende des Felsens, wo selbst an heißesten Tagen ein kühler Luftzug weht, seinen Palast auf drei Ebenen.

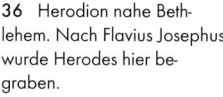

36 Herodion nahe Bethlehem. Nach Flavius Josephus wurde Herodes hier begraben.

Auch im Neuen Testament hat Herodes in der Geschichte vom bethlehemitischen Kindermord eine für seinen Ruf kennzeichnende Spur hinterlassen. In den nichtjüdischen Gebieten setzte er die Judaisierungspolitik der Hasmonäer nicht fort, sondern baute heidnische Tempel.

Eine unabhängige Außenpolitik blieb dem von Rom abhängigen König verwehrt. Diese Einschränkung könnte eine Erklärung dafür sein, warum er enorme Energien und Gelder in grandiose und aufwendige Bauprojekte steckte. So gründete er die Städte Caesarea und Sebaste (**34**). Im ganzen Land ließ er, oft auf den Fundamenten der Hasmonäerzeit, königliche Festungen und Paläste bauen, z. B. Masada am Toten Meer, Herodion auf einem Berg bei Bethlehem und Jericho (**35–37**). Auch Jerusalem wurde nicht vernachlässigt.

Vielleicht wollte Herodes seine Treue zum Judentum beweisen, als er seine Untertanen mit dem Plan überraschte, die inzwischen unansehnlich gewordene Tempelanlage des Serubbabel zu erneuern. Die Bauarbeiten begannen um das Jahr 20. Das Tempelareal wurde fast verdoppelt und durch eine Mauer aus riesigen Steinquadern neu

Der herodianische Tempel

eingefriedet; die Maße des Salomonischen Tempelgebäudes mußten jedoch beibehalten werden. An der Nordwestecke des Tempelareals baute Herodes die Festung Antonia, so daß er von dort einen direkten Zugang zum Tempelplateau hatte.

Trotz der prachtvollen Erneuerung wird auch der Herodianische Tempel noch als Zweiter Tempel bezeichnet (38). Heute erinnert nur noch die »Klagemauer«, auch Westmauer genannt, daran. Dieses Mauerstück gehörte nicht zum Tempel selbst, sondern war ein Teil der von Herodes errichteten Umfassungsmauern des Tempelareals, die den Tempelberg abstützten (39).

In den beiden letzten Jahrzehnten von Herodes' Herrschaft lebten seine Untertanen in vergleichsweise sicheren und wirtschaftlich soliden Verhältnissen. Besonders das Kultpersonal (Priesterschaft und Leviten), dessen Einnahmen ständig stiegen, profitierte von der herodianischen Ordnung. Aber gerade der prachtvolle Ausbau des Tempels und der blühende Kultbetrieb führte in frommen Kreisen zu Ressentiments gegen den Tempelkult und intensivierte die Sehnsucht nach einer ganz anderen Herrschaft – der messianischen Gottesherrschaft.

Mit dem Tod des Herodes im Jahr 4 v. d. Z. endete eine Ära. Rom schaffte die Monarchie ab, übernahm im Lauf der Zeit die ganze Macht und ließ das Land durch Statthalter, sogenannte Prokuratoren, regieren. Diese waren oft grausam und

37 Winterpalast des Herodes in Jericho. Blick auf den Nordflügel

538 v. d. Z. – 70 n. d. Z.

38 Herodianischer Tempel. Blick auf die Tempelfassade. Modell im Park des Holyland Hotels in Jerusalem

39 Die Klagemauer. Das bekannteste Teilstück der Mauer, mit der Herodes das Plateau des Tempelbergs einfaßte. Als letztes Relikt des Tempels ist die Klagemauer heute das wichtigste Heiligtum der Juden.

538 v. d. Z. – 70 n. d. Z.

bestechlich und verletzten nicht selten die religiösen Gefühle der Juden: Sie ließen in Synagogen Kaiserbilder aufstellen oder provozierten das Volk, indem sie bei Truppenaufmärschen Feldzeichen mit dem römischen Adler öffentlich zu Schau stellten, der den Juden als geschnitztes Bildwerk ein Greuel war. Als Folge entwickelte sich eine zunehmende Feindschaft gegen Rom. Religiöse Eiferer, die sogenannten Zeloten (s. S. 41), organisierten sich zu einer neuen religionspolitischen Partei. Die Willkür der Prokuratoren rechtfertige für immer weitere Bevölkerungskreise die zelotischen Überfälle auf die römische Besatzungsmacht. Die meisten Juden waren sich nun darin einig, daß das römische Weltreich untergehen müsse, um dem Gottesreich Platz zu machen.

Der erste jüdisch-römische Krieg

Im Frühjahr 66 n. d. Z. brach der Aufstand gegen Rom aus. Nach ersten Erfolgen der Aufständischen wurde Titus Flavius Vespasianus mit der Niederwerfung der Revolte beauftragt. Im Sommer desselben Jahrs marschierte er in Galiläa ein, um Jotapa einzunehmen. Die Verteidigung dieser Festung leitete Josef ben Mattatias, der Sproß einer vornehmen Priesterfamilie. Nachdem Josef kapitulieren mußte, prophezeite er dem Oberkommandierenden Vespasian die Kaiserwürde und konnte so sein Leben retten. Später wurde er als Flavius Josephus der größte jüdische Historiker seiner Zeit und schrieb u. a. über den *Jüdischen Krieg*. In seinen literarischen Werken versuchte er, eine Aussöhnung zwischen der römischen Weltmacht und dem Judentum zu erreichen.

Im Juni 69 ging seine Prophezeiung in Erfüllung: Vespasian wurde zum Kaiser ausgerufen und begründete das flavische Kaiserhaus. Sein Sohn Titus erhielt nun den Auftrag, den judäischen Feldzug zu Ende zu führen, den er im Jahr 70 mit der Eroberung und Zerstörung Jerusalems erfüllte.

40 Bronzemünze des Kaisers Vespasian. Ein römischer Soldat in Siegeshaltung bewacht eine trauernde Frau unter einer Palme (= Symbol für Judäa). Inschriften: am Münzrand »*Judaea Capta*« (»Judäa ist erobert«); unter der Darstellung »SC« (»*Senatus Consulto*«)

Die Zerstörung des Tempels

Der Zweite Tempel ging am 9. Aw in Flammen auf, am gleichen Tag, an dem nach der jüdischen Überlieferung der Erste Tempel durch Nebukadnezar zerstört wurde. Bis heute ist der 9. Aw (Tischa be-Aw) der höchste Trauer- und Fasttag für die Juden.

Mit der Zerstörung des Tempels hatten die Juden ihr Zentralheiligtum verloren. Die Tempelgeräte wurden nach Rom geschafft und im Triumphzug mitgeführt. Später wurden sie als Relief im Durchgang des Titusbogens auf dem Forum Romanum verewigt (**41**).

Auf der Festung Masada dauerte der Widerstand der Zeloten noch weitere drei Jahre an. Als die Lage der Eingeschlossenen aussichtslos wurde, beschlossen die ca. 960 Männer, Frauen und Kinder den kollektiven Selbstmord, um der demütigenden Gefangennahme durch die Römer zu entgehen. 1963–65 wurde Masada unter der Leitung von Yigael Yadin vollständig ausgegraben. Dabei stieß man u. a. auf eine Synagoge, die mit denen von Gamla und Herodion zu den drei ältesten bekannten Synagogen Palästinas gehört (**42, 43**). Heute ist Masada ein Symbol des Widerstands und der Freiheit für den Staat Israel, der dort seine Rekruten vereidigt.

41 Die Menora, der siebenarmige Leuchter. Auf dem Relief des Titusbogens sind die Tempelgeräte dargestellt, die Titus nach der Zerstörung des Tempels als Kriegsbeute mit nach Rom brachte.

42, 43 Die Synagoge auf Masada. Sie wurde in herodianischer Zeit errichtet und unter den Zeloten während des Aufstands gegen die Römer 66–73 umgebaut.

538 v. d. Z. – 70 n. d. Z.

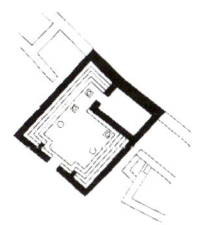

In den Jahrhunderten vor der Zerstörung des Zweiten Tempels war das Judentum alles andere als monolithisch. Schon Flavius Josephus erwähnte für seine Zeit vier verschiedene Gruppen: Pharisäer, Sadduzäer, Essener und Zeloten. Weil über sie aus Originalquellen nur wenig bekannt war, hat man die Vielfalt, von der er sprach, häufig vergessen. Durch die Entdeckung der Schriftrollen vom Toten Meer wurde das Bewußtsein für die Vielfalt des Judentums vor 70 n. d. Z. erneut geweckt. Auch das frühe Christentum gehört zu den vielen Richtungen innerhalb des Judentums dieser Zeit.

Die Sadduzäer: Zu den Sadduzäern gehörten v. a. Priester und Aristokraten; ihre ›traditionellen‹ Gegner waren die Pharisäer. Der Name Sadduzäer ist wahrscheinlich vom Priestergeschlecht des Zadok abgeleitet. Sie vertraten die Auffassung, daß die Welt nur das sei, was unsere Sinne wahrnehmen können. Daher leugneten sie die Existenz von Engeln und Geistern. Sie glaubten nicht an die Unsterblichkeit der Seele oder an göttliche Eingriffe in die menschlichen Angelegenheiten. Da die Sadduzäer eng an den Bestand des Tempels und des jüdischen Staats gebunden waren und über keinen breiten Rückhalt im Volk verfügten, gingen sie als politisch und religiös wirksame Gruppe mit dem Tempel unter.

Die Pharisäer: Die Gruppe der Pharisäer entstand wahrscheinlich

44 Mikwe (Ritualbad) der Qumran-Gemeinschaft; 1. Jh. n. d. Z.

nach dem Makkabäer-Aufstand. Sie waren Gegner der sadduzäischen Tempelaristokratie und des hasmonäischen Herrscherhauses. Zu ihren Lehren gehörte der Glaube an die Unsterblichkeit der Seele, an Engel, die Auferstehung der Toten, an eine gerechte Strafe im Jenseits und den freien Willen des Menschen in Verknüpfung mit der göttlichen Vorsehung. Nach der Zerstörung des Tempels scheint eine gemäßigte Richtung der Pharisäer als einzige politische und religiöse Gruppe aus der Zeit des Frühjudentums überlebt zu haben; sie spielte eine wichtige Rolle bei der Reorganisation jüdischen Lebens nach dem Jahr 70. Auch das Christentum wurde durch die Lehren der Pharisäer stark beeinflußt.

Die Qumran-Gemeinschaft (Essener?): Die Beschreibung der Essener bei Josephus und anderen antiken Autoren stimmt in vielen Details mit dem überein, was wir heute über die Qumran-Gemeinschaft wissen. Daher nehmen viele Wissenschaftler an, daß die Qumran-Gemeinschaft mit den Essenern zu identifizieren sei. Die Gemeinschaft ließ sich offenbar in der Mitte des 2. Jh. v. d. Z. (zur Zeit des Jonatan Makkabäus) in einer unbewohnten Gegend am Nordwestufer des Toten Meers im heutigen Chirbet Qumran nieder. Sie vertrat die Überzeugung, daß Gott mit ihr einen besonderen Bund geschlossen habe, weswegen sie sich von jedem Kontakt mit anderen Juden zurückzog. Die Sektenmitglieder hatten ein Zentrum mit Gemeinschaftsräumen (Speisesaal, Werkstätten, Mikwe; **44**), lebten offenbar jedoch in nahegelegenen Höhlen an den Berghängen, die seit 1947 erforscht werden. In elf dieser Höhlen fand man Schriften von unschätzbarem Wert: biblische Texte, parabiblische jüdische Literatur und Sektentexte (u. a. die »Sektenregel«). Sie stellen den einzigen größeren Literaturkomplex in hebräisch-aramäischer Sprache dar, der aus dieser Zeit (2. Jh. v. – 1. Jh. n. d. Z.) im Original erhalten ist. Ihr Quellenwert für die Erforschung des Frühjudentums und speziell der endzeitlich orientierten Sekten ist einzigartig. Die meisten Texte sind mittlerweile publiziert, die sieben bedeutendsten Schriftrollen liegen im »Schrein des Buches« im Israel-Museum in Jerusalem (**45**). Die Qumran-Gemeinschaft war straff organisiert, führte ein asketisches, priesterlich-rituelles Leben und betrachtete sich als letzte Generation vor der Ankunft des Messias oder vor einer universellen Apokalypse, die alle »Söhne der Finsternis« (abtrünnige Juden und Heiden) vernichten würde. Aus ihrer Sicht war der Tempelkult in Jerusalem durch die herrschenden Kreise entweiht und folgte zudem einem falschen Kultkalender.

Es ist nicht eindeutig zu klären, wie die Texte in die Höhlen gekommen sind. Möglicherweise haben die Sektenmitglieder die Schriften ihrer Gemeinschaftsbibliothek dort einfach abgeladen, bevor die Römer auf ihrem Weg nach Jerusalem (68) das Gemeindezentrum zerstörten.

Zeloten: Als Zeloten (griech. »Eiferer«) bezeichnet man die radikalen Widerstandskämpfer gegen die römische Herrschaft seit Beginn des 1. Jh. Der kollektive Selbstmord der letzten Zeloten auf Masada bedeutete das Ende ihrer Bewegung.

45 Der »Schrein des Buches« mit den berühmten Schriftrollen vom Toten Meer. Im Hintergrund die Knesset (israelisches Parlament). Die mit weißen Porzellanplatten belegte Kuppel ist den Deckeln der Tonkrüge nachempfunden, in denen die Schriftrollen gefunden wurden.

70 – 700 n. d. Z.

Die Neuordnung in Jawne

Die Konsolidierung des Judentums nach dem ersten jüdisch-römischen Krieg ist eng mit Jochanan ben Zakkai verbunden, einem gemäßigten Pharisäer. Nach einer Legende ließ er sich noch während des Kriegs in einem Sarg aus dem belagerten Jerusalem schmuggeln und überlistete damit die fanatischen Zeloten, die es jedem untersagt hatten, die Stadt lebend zu verlassen. Jochanan stellte sich den Römern und erhielt die Erlaubnis, in Jawne (südlich vom heutigen Tel Aviv) ein Lehrhaus (*Bet Midrasch*) zu eröffnen. Er wollte seine Glaubensgenossen davon überzeugen, daß die Zerstörung des Tempels und das Ende der staatlichen Autonomie nicht das Ende des jüdischen Volks und der jüdischen Tradition bedeuteten. Nach ihm übernahm Rabban Gamaliel aus dem Haus Hillel die Führung der »Versammlung« von Jawne. Als *Nassi* (Fürst, Patriarch) waren er und seine Nachfolger bis 425 die Repräsentanten des jüdischen Volks in Palästina.

Während der Jawne-Periode wurden Maßnahmen eingeleitet, die darauf abzielten, das Judentum unter geänderten Bedingungen zu konsolidieren: Die *Halacha* (s. S. 44) wurde vereinfacht und präzisiert, es wurden neue rituelle Formen für die Feste entwickelt, die früher mit einer Wallfahrt zum Jerusalemer Tempel verbunden waren, und es gelang den Rabbinen, die verschiedenen Strömungen in der Bevölkerung unter ihre Kontrolle zu bringen. Sekten wie die Sadduzäer und Essener machten nicht mehr von sich reden.

Der Bar Kochba-Aufstand

Noch einmal versuchten die Juden, sich vom römischen Joch zu befreien, als sich 132 aufgrund mehrerer Faktoren die Chance dazu bot: So beschloß Kaiser Hadrian, Jerusalem als heidnischrömische Aelia Capitolina aufzubauen, ohne Rücksicht auf die Vergangenheit der Stadt und ihre Bedeutung für die Juden. Andere Quellen nennen Hadrians Beschneidungsverbot als Hauptgrund für den Aufstand. Möglicherweise erwarteten viele Juden aber auch eine heilsgeschichtliche Wende, weil seit der Tempelzerstörung 70 Jahre vergangen waren, so wie zwischen der Zerstörung des Ersten und der Wiedererrichtung des Zweiten Tempels.

Der Aufstand brach im Jahr 132 aus und dauerte dreieinhalb Jahre. Die Aufständischen wurden von Simon Bar Kosiba angeführt. Die messianische Umdeutung seines Namens in Bar Kochba (»Sternensohn«) wird Rabbi Akiba zugeschrieben. Dieser soll den Stern aus Num 24,17 auf Bar Kosiba gedeutet haben. Die römische Besatzung wurde völlig überrascht, und es gelang Bar Kochba zunächst, Judäa einschließlich Jerusalem zu besetzen. Er ließ Münzen prägen, die nach dem Jahr der »Befreiung Israels« oder der »Freiheit Jerusalems« datiert wurden (**46**).

Hadrian vertraute schließlich dem bewährten Statthalter von Britannien, Julius Severus, die Kriegführung an. Dieser konnte mit überlegenen Kräften Ort für Ort in Judäa und schließlich auch Jerusalem zurückerobern. Bar Kochba fiel, und zahlreiche berühmte Schriftgelehrte, darunter Rabbi Akiba, wurden gefoltert und ermordet.

Die Folgen des Aufstands waren noch einschneidender als die des ersten jüdisch-römischen Kriegs: Jerusalem wurde als Römerstadt Aelia Capitolina wiederaufgebaut; den Juden untersagte man, in der Stadt zu leben. Hadrian änder-

46 Münze aus der Zeit des Bar Kochba-Aufstands (132–135). Auch im zweiten jüdisch-römischen Krieg waren politische Ambitionen und religiöse Bestrebungen unlösbar miteinander verbunden. Deshalb tragen die Münzen jüdisch-religiöse Symbole. Vorderseite: Tempelfassade mit Bundeslade. Rückseite: *Lulaw* und *Etrog*, die das Laubhüttenfest symbolisieren

»Es wird ein Stern aus Jakob aufgehen und ein Zepter aus Israel ...«

Num 24,17

Cohen, pl. Cohanim: Priester. Die Cohanim waren zur Zeit der Tempel für den Tempelkult zuständig. Durch die Zerstörung des Zweiten Tempels (70 n.) verloren die Priester ihre Hauptaufgabe; sie haben aber in Erinnerung daran auch heute noch besondere Rechte und Pflichten.

Halacha: Wörtl. »gehen, wandeln«. Der Begriff bezeichnet das Religionsgesetz, d. h. die verbindlichen rechtlichen, moralischen und rituellen Normen des Judentums, auf deren Weg ein gesetzestreuer Jude »gehen« soll.

47 Die fünf Rabbinen von Bne Brak. Aschkenasi Haggada, Norditalien und Deutschland 1460–70. Diese mittelalterliche Miniatur zeigt fünf heftig diskutierende Rabbinen. Dem dazugehörigen Text ist zu entnehmen, daß es sich um die Rabbinen Elieser, Josua, Eleasar ben Asarja, Akiba und Tarfon handelt, die den Auszug aus Ägypten erörtern.

te den Namen der Provinz von »Iudaea« in »Syria-Palaestina« – ein offensichtlicher Versuch, die Erinnerung an die Verbindung zwischen dem jüdischen Volk und dem Land auszulöschen. Scharen von jüdischen Kriegsgefangenen wurden auf die Sklavenmärkte des Reichs gebracht.

Da Judäa völlig verwüstet war, kam es zu einer Verschiebung des jüdischen Zentrums nach Galiläa, das weniger gelitten hatte. Hier entstanden nach dem 3. Jh. zahlreiche Synagogen. Darüber hinaus zerstörte der gescheiterte Aufstand das empfindliche Gleichgewicht zwischen Palästina und der Diaspora. Die starke Gemeinschaft in Babylonien übernahm allmählich die Führung des jüdischen Volks in religiösen, kulturellen und sozialen Fragen.

Rabbinische Literatur

Die Epoche von 70 bis zur arabischen Eroberung Palästinas im 7. Jh. wird als rabbinische bzw. talmudische Zeit bezeichnet, da sie durch die Lehren der Rabbinen geprägt wurde. Die Literatur dieser Zeit, z. B. Mischna und Talmud, nennt man rabbinische Literatur. Durch sie wurden die Grundlagen der jüdischen Kultur für die kommenden Generationen gelegt.

Die Mischna

Gemäß der jüdischen Überlieferung erhielt Moses auf dem Sinai nicht nur die »schriftliche Lehre« (Tora), sondern auch die »mündliche Lehre«, die von Generation zu Generation weitergegeben wurde. Die »mündliche Lehre« umfaßt zwei Bestandteile: die *Halacha* und die *Aggada*. Die *Halacha* (*halach*, gehen) bezeichnet die Religionsgesetze, die rechtliche, moralische und rituelle Normen des jüdischen Lebens festlegen, auf deren Weg ein gesetzestreuer Jude »gehen« soll. Die *Aggada* (*haggid*, sagen, erzählen) hat keine normative Autorität. In ihren Geschichten, Legenden und Gleichnissen spiegelt sich v. a. die jüdische Ethik wider. In ihr findet man auch Übertreibungen, Phantasie und Satire, gleichzeitig ist die didaktische Absicht unübersehbar.

Nach der jüdischen Tradition wurde die *Halacha* vom Patriarchen Rabbi Jehuda ha-Nassi (oft nur »Rabbi«) um das Jahr 200 geordnet und schriftlich niedergelegt. So entstand die *Mischna* (Wiederholung, Lehre). Mit ihr schuf man erstmals eine übersichtliche und kontrollierbare Darstellung der verbindlichen Normen, nach denen sich die religiöse Praxis und das Rechtsleben richten konnte. Die *Mischna* ist in sechs Ordnungen eingeteilt: 1. *Seraim* (»Saaten«) über Landwirtschaft; 2. *Moed* (»Festtag«) über Festzeiten; 3. *Naschim* (»Frauen«) über Ehe- und Familienrecht; 4. *Nesikin* (»Beschädigungen«) über Zivil- und Strafrecht; 5. *Kodaschim* (»Heiligkeiten«) über Opfer im Tempel; 6. *Toharot* (»Reinheiten«) über die Reinheitsgebote. Diese sechs Ordnungen umfassen insgesamt 63 Traktate. Für das Überleben des Judentums in einer weitgehend feindlichen Umwelt, ohne jüdischen Staat und ohne Zentralheiligtum, war die Verschriftlichung der »mündlichen Lehre« von großer Bedeutung. Nicht umsonst erhielt Rabbi Jehuda ha-Nassi den Beinamen »der Heilige« und gilt als der Rabbi schlechthin.

48 Schulszene. Coburger Pentateuch, 1396. Die Sanduhr im Hintergrund mißt die Unterrichtszeit, der Lehrer hält die Rute, das Symbol der Schulautorität, in der Hand, das Kind folgt den Buchstaben mit einem kleinen Stab. Der Text, den das Kind lesen soll, ist die Goldene Regel des Hillel, eine der größten rabbinischen Autoritäten vor der Zerstörung des Zweiten Tempels: »Was dir verhaßt ist, das tu auch deinem Nächsten nicht. Das ist die ganze Tora, alles andere ihre Auslegung. Geh hin und lerne!« (Babylonischer Talmud, Traktat Schabbat 31a).

Der Talmud

In den folgenden Jahrhunderten wurde die *Mischna* in den Lehrhäusern Palästinas und Babyloniens studiert, diskutiert und kommentiert. Die Niederschriften dieser Diskussionen wurden in der *Gemara* (»Vollendung«) gesammelt; *Mischna* und *Gemara* zusammen ergeben den *Talmud* (»Lernen, Studium«). Entsprechend den beiden Zentren der Gelehrsamkeit entstanden zwei *Talmudim*: der *Palästinische* oder *Jerusalemer Tal-*

mud (um 425) und der wesentlich umfangreichere Babylonische Talmud (6. Jh.). Der Stoff, der in beiden Talmudim gesammelt wurde, ist sehr unterschiedlich. Wie in fast allen Bereichen der jüdischen Literatur erreichte jedoch die babylonische Version kanonische Geltung und verdrängte den älteren Palästinischen Talmud fast völlig.

Als Kommentar zur Mischna ist auch der Talmud in Ordnungen und Traktate eingeteilt. In späterer Zeit bedurfte auch er der Erläuterung, was zu weiteren Kommentaren führte. 1520–23 wurde der Babylonische Talmud erstmals von Daniel Bomberg in Venedig gedruckt. Das ›Layout‹ dieses Drucks ist bis heute verbindlich (**49**).

49 Die erste Seite des Babylonischen Talmuds. Der Text, der von rechts nach links gelesen wird, beginnt bei dem gerahmten Initialwort über der mittleren Kolumne.

Raschis Kommentar wurde im späteren Mittelalter durch weitere Zusätze, Tossafot, ergänzt. Sie erscheinen auf der Außenseite des Blatts und stammen von den Schülern Raschis (12.–14. Jh.).

Am Anfang stehen zunächst 13,5 Zeilen Mischna.

In der Mitte der 14. Zeile kennzeichnen die beiden Buchstaben »GM« den Anfang der Gemara nach dem *. Diese weitere Diskussion erstreckt sich dann über mehrere Seiten.

Der Kommentar von Raschi (1040–1105, s. S. 63) wird immer auf der Innenseite des Blatts abgedruckt und zwar in der sogenannten Raschi-Schrift, die von der normalen hebräischen Druckschrift abweicht.

Die Kommentare bzw. Glossen in kleinster Schrift ganz außen bzw. unten über der ganzen Breite des Blatts sind je nach Traktat von verschiedenen Verfassern und unterschiedlicher Form.

Die Synagoge: Entstehung und Funktion

Das Wort Synagoge stammt aus dem Griechischen. Es bezeichnet die Gemeinde ebenso wie den Versammlungsort der Gemeinde und entspricht so dem hebräischen *Bet ha-Knesset* (Haus der Versammlung). Die Anfänge der Synagoge liegen bis heute im Dunkeln; doch bezeugen literarische Quellen und archäologische Funde die Existenz von Synagogen nicht nur in der Diaspora, sondern auch in Palästina und sogar in Jerusalem schon zur Zeit des Zweiten Tempels (50). Die Synagoge war also kein Ersatz für den Tempel, sondern existierte schon neben ihm.

Im Gegensatz zum Tempel gab es in der Synagoge nie einen Opferkult mit Räucher-, Brand- und Tieropfern. Dieser war ausdrücklich dem Tempel vorbehalten. Deshalb besaß eine Synagoge auch keinen Altar. Vielmehr war von Anfang an der Wortgottesdienst charakteristisch für sie: die Lesung aus der Tora und den Propheten, die Schriftdeutung (*Drascha*) und die Gebete. Während der Tempel als Zentralheiligtum dem ganzen Volk Israel diente, war und ist die Synagoge Versammlungsstätte einer Gemeinde, gewöhnlich der Bevölkerung eines Orts. Sie ist bis heute ein Mehrzweckbau: Sie dient zu Gebet, Studium und Unterricht, zuweilen als Gerichtsgebäude sowie als gesellschaftliches und kulturelles Zentrum. Die Synagoge ist kein Sakralbau, kein geheiligter Ort wie etwa eine katholische Kirche. Sie erhält ihre Bedeutung durch die Tora, die in ihr gelesen wird und die den Gottesnamen trägt.

Während der Kult im Tempel von einer erblichen Priesterkaste, den *Cohanim*, versehen wurde, wird der Wortgottesdienst in der Synagoge von Laien gestaltet. Ein Rabbiner ist für die Leitung des Gottesdienstes nicht notwendig. Zehn männliche Juden über 13 Jahre bilden den *Minjan*, die Mitgliederzahl, die notwendig ist, um eine Gemeinde zu bilden und einen vollständigen Gottesdienst

50 Theodotos-Inschrift. Auf einen Synagogenbau in Jerusalem weist diese griechische Bauinschrift hin, die 1914 in einer Zisterne auf dem Südosthügel der Stadt gefunden wurde und noch aus der Zeit vor der Zerstörung des Zweiten Tempels (70) stammt: »Theodotos, des Vettenos Sohn, Priester und Synagogenvorsteher, Enkel eines Synagogenvorstehers, erbaute die Synagoge zum Vorlesen und zum Unterricht in den Geboten, ferner das Gästehaus und die Kammern und die Wasseranlagen für die aus der Fremde, die eine Herberge benötigen. Den Grundstein dazu hatten gelegt seine Väter und Simonides.«

70 – 700 n. d. Z.

abzuhalten. Zwischen Tempelkult und synagogaler Liturgie bestehen aber auch wechselseitige Beziehungen. So sind die Gebetszeiten vom Tempelkult abgeleitet, und die Gebete werden seit ältesten Zeiten nach Jerusalem gewandt gesprochen. Dies prägte die synagogale Architektur von der Antike bis heute.

Antike Synagogen

Die ältesten Synagogen, die in Israel ausgegraben wurden, sind Gamla, Masada und Herodion (1. Jh. n. d. Z.). Gut 200 Jahre später finden sich weit gestreut bauliche Synagogenüberreste, die sich bis ins 7. Jh. verfolgen lassen und bei denen üblicherweise drei Typen – der frühe »galiläische« Typus (2.–4. Jh.), der Übergangstypus (Ende 3.–5. Jh.) und der späte Typus (5.–7. Jh.) – unterschieden werden.

51 Die Synagoge von Kapernaum (4. Jh.), Gesamtansicht

Die frühen galiläischen Synagogen hatten noch keinen festen Platz für den Tora-Schrein und die *Bima* (Lesepult, von dem die Tora-Lesung erfolgt). So nimmt man an, daß der Tora-Schrein ein bewegliches Objekt war, eine Art Wagen, den man in den Raum hineinschob, wenn er für den Gottesdienst benötigt wurde. Für die *Bima* wird ein hölzernes Gestell angenommen, da keine steinernen Sockel gefunden wurden. Die Bauten waren schlicht, die Böden mit Steinen gepflastert, der künstlerische Schmuck beschränkte sich auf die Verzierung der steinernen Friese und Kapitelle. Die wichtigste und größte Synagoge dieses Typs ist Kapernaum am See Genezareth (51, 52).

Der transportable Tora-Schrein des frühen Synagogentyps schien als dauerhafte Lösung nicht geeignet. In den Synagogen des Übergangstypus begann man daher, nach einem geeigneten

52 Die Synagoge von Kapernaum (4. Jh.), Rekonstruktion des Gesamtbaus

Standort für einen fest installierten Tora-Schrein zu suchen. In dieser Periode des Experimentierens änderte sich auch die künstlerische Ausgestaltung der Bauten. An die Stelle des bauplastischen Schmucks traten nun prächtige Fußbodenmosaike oder sogar Wandmalerei (**53, 54**).

Für die Neuerungen in den Bauten des späten Typs ist Beth-Alpha ein gutes Beispiel: In die Jerusalem zugewandte Mauer wurde eine Nische eingebaut. Dort erhielt der Tora-Schrein einen festen Platz. Der Bau ist dreischiffig und hat prächtige Bodenmosaike, die neben geometrischen Mustern in den Seitenschiffen im Hauptschiff Bildszenen mit figürlichen Darstellungen von Menschen und Tieren zeigen. Diese 1928 entdeckten Mosaike waren eine Sensation. Sie widerlegten die bis dahin bestehende These, es gäbe wegen des biblischen Bilderverbots (Ex 20,4) in den Synagogen keine bildende Kunst. Seitdem hat man jedoch zahlreiche antike Synagogen ausgegraben, die figürliche Darstellungen zeigen. Es gab also eine tolerante Haltung gegenüber bildender Kunst, wenn sie ausschließlich der Dekoration diente und keine Gefahr des Götzendienstes bestand. Die Synagogenmosaike illustrierten biblische Berichte oder hatten symbolischen Charakter; sie waren keine Objekte der Anbetung und daher erlaubt.

53, 54 Die Synagoge von Dura Europos (3. Jh.) ist der bisher einzige entdeckte Bau mit einem Freskenzyklus. Der Zyklus verarbeitet biblische Themen, die in mehreren Bildzonen übereinander an den Wänden des Saalbaus verteilt

sind. Blick auf die Tora-Nische (oben) und ein Bildfeld, das die Weihung des Offenbarungszelts und seiner Priester darstellt (unten; beide Westwand).

55 Die Synagoge von Beth-Alpha (6. Jh.). Detail des Mosaiks mit dem Isaak-Opfer (Gen 22). Links im Hintergrund stehen Abrahams Knechte. In Bildmitte ist der Widder als Ersatzopfer an einen Baum gebunden. Rechts steht Abraham, der sich mit dem Messer in der Hand anschickt, den gefesselten Isaak auf den schon brennenden Altar zu legen. Die Hand, die aus dem Himmel ragt, symbolisiert das göttliche Eingreifen. Unter ihr steht: »Lege deine Hand nicht an (den Knaben).«

711 – 1492

711 Moslemische Eroberung Spaniens

756–1030 Omayyadenherrschaft in Córdoba

786 Harun ar-Raschid, Khalif in Bagdad bis 809

936–973 Otto I. d. Gr., Stifter des Heiligen Römischen Reichs Deutscher Nation

976 Blütezeit der arabischen Philosophie in Spanien

983 Chin. Enzyklopädie fertiggestellt (1000 Bücher seit 977)

11./12. Jh. Beginn der planvollen Reconquista

1087 Wilhelm I. der Eroberer, König von England seit 1066

1155 Kaiserkrönung Friedrichs I. Barbarossa

1155–1227 Dschingis Khan, Gründer und Herrscher eines mongolischen Weltreichs

1182–1226 Franz von Assisi, Stifter des Franziskanerordens

1254–1324 Marco Polo

1307 Dante beginnt die *Göttliche Komödie*

1412–31 Jeanne d'Arc, französische Nationalheldin

1469 Heirat Isabellas I. v. Kastilien mit Ferdinand II. v. Aragon

1484 Großinquisitor Tomás de Torquemada erläßt erste Anweisungen für die Tätigkeit der Inquisition

1492 Die Eroberung Granadas beschließt die Reconquista; Entdeckung Amerikas

1483–1546 Martin Luther, dt. Reformator

Schon im 1. Jh. soll es in Spanien erste jüdische Niederlassungen gegeben haben. Im 4. Jh. waren es bereits einige größere Gemeinden, denn die christliche Kirche hielt es auf der Synode von Elvira (306) für nötig, persönliche Beziehungen zwischen Christen und Juden zu verbieten.

Im Jahr 474 eroberten die arianischen Westgoten die Iberische Halbinsel. Zunächst behandelten sie die Juden wie römische Bürger. Erst 589, als König Rekkared I. zum Katholizismus übertrat, verschlechterte sich die Lage der Juden erheblich. Die toledanischen Konzile im 7. Jh. beschlossen Zwangstaufen, Enteignung und Versklavung. Wie konsequent diese antijüdischen Beschlüsse durchgeführt wurden, wissen wir allerdings nicht.

Jüdisches Leben unter den Muslimen

Als der Berber Tarik ibn Ziyad 711 in Gibraltar landete und binnen kurzem die Iberische Halbinsel eroberte, wurden die siegreichen islamischen Heere als Befreier von der westgotischen Unterdrückung begrüßt. Der Islam behandelte die Juden in den eroberten Gebieten wie die Christen als Angehörige einer Buchreligion (*ahl al-kitab*, Leute des Buchs) besser als andere Nichtmuslime, die als »Götzendiener« schutzlos waren.

Für die jüdische und christliche Minorität waren Rechte und Pflichten im sogenannten Omar-Vertrag festgelegt. Der Vertrag garantierte den *Dhimmi* (»Schützlinge des Vertrags«) Sicherheit der Person und des persönlichen Besitzes, Glaubens- und Gottesdienstfreiheit sowie weitgehende Autonomie in ihren Gemeindeangelegenheiten. Dafür mußten sie eine besondere Kopf- und Grundsteuer entrichten. Dazu kamen Kleidervorschriften: Die jüdischen *Dhimmi* trugen zur Unterscheidung von den Muslimen gelbe Kennzeichen, z. B. einen gelben Turban oder Gürtel. Sie durften keine neuen Gotteshäuser bauen, keine muslimischen Sklaven halten, keine Waffen tragen und Pferde reiten und

56 Toledo, ehemalige Synagoge und spätere Kirche Santa María la Blanca, um 1200, die früheste erhaltene Synagoge auf spanischem Boden. Der Gebetsraum auf trapezförmigem Grundriß ist durch weite Hufeisenbögen in fünf Schiffe unterteilt. Die Synagoge ist ein Mischbau und besitzt sowohl christliche (Basilikatypus, Kapitelle) als auch islamische Elemente (Hufeisenbögen, Stukkaturen). Heute ist das Gebäude Nationalmonument.

57 Toledo, Grundriß

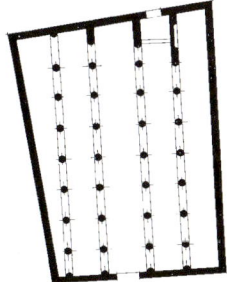

sollten ihre Religion möglichst unauffällig praktizieren. Diese Bestimmungen wurden allerdings nur selten konsequent durchgesetzt.

Die jüdischen Untertanen durften überall wohnen, obwohl sie aus religiösen Bedürfnissen zumeist in eigenen Vierteln, der sogenannten *Juderia*, zusammenlebten. Ghettos wie später im christlichen Europa kannte man unter islamischer Herrschaft nicht. Ebensowenig waren die Juden auf bestimmte Berufe festgelegt. Besonders erfolgreich waren sie bei Herstellung und Handel mit Textilien, Arzneien und Gewürzen. Im Geldwesen traten sie v. a. als staatliche Steuereinnehmer hervor.

An der Spitze der Gemeinden standen oft Gelehrte, die in den Künsten und der Wissenschaft

Sefarad: Sefarad ist ursprünglich eine Länderbezeichnung in der Bibel (Obadia 20), wurde aber schon früh die geläufige hebräische Bezeichnung für die Iberische Halbinsel. Als sefardisch bezeichnet man die vom spanischen und portugiesischen Judentum geprägte Kultur und Tradition (im Gegensatz zu *Aschkenas*, s. S. 61). Die Nachkommen der vertriebenen spanischen Juden nennt man in der ganzen Welt bis heute *Sefardim*.

Marranen: Das spanische *marrano* (»Schwein«) ist seit dem 16. Jh. ein in der Umgangssprache gebräuchliches Schimpfwort für die seit dem 13. Jh. zwangsbekehrten Juden, die häufig im geheimen ihrem jüdischen Glauben treu blieben. In amtlichen Dokumenten gebrauchte man die offiziellen Bezeichnungen *converso* (»Konvertit«) oder *nuevo christiano* (»Neuchrist«). Viele Marranen wanderten später in Länder aus, wo die Rückkehr zum Judentum nicht unter Strafe stand, und kehrten dort zum Judentum zurück.

58 Audienz bei Abd ar-Rahman III. im Palast von Medina Azahara. Gemälde von Domingo Baixeras, 1885. Am Hof dieses Khalifen von Córdoba versammelten sich die größten Gelehrten der Zeit, unter ihnen auch Chasdai ibn Schaprut.

59 Córdoba, Synagoge 1315, nach 1492 in ein Hospital umgewandelt, heute Nationalmonument. Das Prinzip der Wandaufteilung – Sockelzone (ursprünglich mit farbigen Kacheln verkleidet), Hauptzone mit reichen Stukkaturen und Fensterzone als Abschluß – folgt dem Mudejar-Stil des 14. Jh. Die für die islamisch-spanische Kunst typischen umlaufenden arabischen Schriftbänder sind hier durch hebräische ersetzt. Blick auf die Südwand mit dem Eingangsportal und der darüberliegenden Frauenempore, der ältesten erhaltenen in Spanien.

einen Namen hatten und dem Khalifen nahestanden. Ein solcher Mann war Chasdai ibn Schaprut (**58**). Er diente dem Khalifen in Córdoba zwischen 940 und 975 als Leibarzt, Übersetzer, Diplomat und Außenhandelsminister. Als Mäzen förderte er die spanischen *Jeschiwot* sowie zahlreiche Gelehrte. Dank seiner Unterstützung erlebte auch die hebräische Sprachwissenschaft eine erste Blüte.

Mit dem Ende der Omayyaden-Dynastie (756–1030) zerfiel das Khalifat Córdoba in zahlreiche Teilkönigreiche mit eigenen Zentren (Sevilla, Granada, Malaga, Saragossa u. a.), die den Juden neue Entfaltungsmöglichkeiten boten. Das sefardische Judentum erlebte in diesen muslimischen Kleinreichen einen ersten kulturellen Höhepunkt.

Samuel ha-Nagid ist ein typischer Repräsentant der jüdischen Oberschicht dieser Zeit. Er war von 1030 bis zu seinem Tod 1056 Oberbefehlshaber des Heers von Granada, schrieb Gedichte in arabischer und hebräischer Sprache, lehrte *Halacha* und war in Bibel und Talmud ebenso bewandert wie in den Werken der alten und zeitgenössischen Philosophen.

Gegen Ende des 11. Jh. gelang es König Alfons VI., Toledo zu erobern. Die *Reconquista*, die

christliche »Wiedereroberung« Spaniens, hatte die Landesmitte erreicht. Die geschwächten muslimischen Kleinkönige kamen erheblich in Bedrängnis. Daher rief der König von Sevilla 1082 die fanatische Sekte der nordafrikanischen Almoraviden ins Land. Diese übernahmen bald selbst die Herrschaft im südlichen Spanien. Sofort machte sich der Druck gegenüber den Juden bemerkbar – die ersten wanderten aus.

Im Jahr 1146 kamen die noch fanatischeren Almohaden an die Macht. Synagogen und *Jeschiwot* wurden zerstört, die Juden zur Annahme des Islam gezwungen. Jetzt begann eine Massenauswanderung in die von der christlichen *Reconquista* eroberten Gebiete in Nordspanien und nach Nordafrika. Ein zeitgenössischer Chronist, Rabbi Abraham ibn Daud, berichtet, wie sich die Juden an die Christen wandten, »und verkauften sich, damit sie ihnen halfen, aus den Ländern Ismaels zu fliehen, während andere nackt und barfuß flohen«.

Das Goldene Zeitalter der spanischen Juden

Durch die Eroberungen der *Reconquista* und die Zuwanderung aus dem muslimischen Süden verlagerte sich der Schwerpunkt jüdischen Lebens im frühen 12. Jh. ins christliche Spanien. Zunächst wirkte sich die *Reconquista* positiv aus, denn die christlichen Eroberer waren aus wirtschaftlichen und kulturellen Gründen an den Juden interessiert: Sie besiedelten die von den Arabern verlassenen Städte und übernahmen aufgrund ihrer Kenntnisse der muslimischen Kultur und Herrschaftspraxis wichtige Positionen in Politik und Verwaltung.

Rechtlich befanden sie sich in einem direkten Dienst-Schutzverhältnis zum König, das in einem Vertrag, dem *Fuero*, festgeschrieben war. Die Juden bezahlten dem König Steuern, dafür standen ihnen alle Berufe offen, sei es im städtischen Handel oder in der Landwirtschaft. Haus- und Grundbesitz war erlaubt. Auch das Gemeindeleben war weitgehend autonom. Unter diesen Bedingungen entfaltete sich die jüdische Kultur im sprichwörtlichen Goldenen Zeitalter der spanisch-jüdischen Geschichte. Als Beispiel sei nur die rege Überset-

60 Teppichseite aus einer Bibel, Burgos 1260. Die Bibel wurde von dem Schreiber Menachem ben Abraham Malik niedergeschrieben und gehört zu den ältesten erhaltenen Exemplaren spanischer Buchmalerei. Diese Teppichseiten sind den Hauptteilen der Bibel vor- oder nachgestellt. Die abgebildete Seite befindet sich vor den Prophetenbüchern. Typisch ist der Schriftrahmen aus einer großgeschriebenen Zeile, die von zwei Zeilen in Mikroschrift eingefaßt ist. Die Mikrographie ist eine von jüdischen Schreibern entwickelte Kunst, die sich bis heute erhalten hat. Das Grundmuster der reich ornamentierten Teppichseiten läßt sich auf islamischen Wanddekor zurückführen.

711 – 1492

»Die Juden gehören dem König; selbst wenn sie auf dem Territorium Adliger des Reiches oder ihrer Ritter oder anderer oder auf klösterlichem Territorium leben; sie haben immer dem König zu unterstehen, in seinem Schutz und in seinem Dienst.«

Aus einem *Fuero*

61 Astrolabium. Spanien oder Nordafrika, um 1300. Das Astrolabium gehört zu den gebräuchlichsten astronomischen Instrumenten des Mittelalters. Es wurde zur Bestimmung und Beobachtung der Sternenpositionen und Erdvermessungen verwendet. An der Weiterentwicklung des antiken Astrolabiums waren Juden maßgeblich beteiligt. Am Hof Alfons' des Weisen (1252–84) übersetzten jüdische Gelehrte die Abhandlung des muslimischen Astronomen Azarchiel (um 1029–87) über sein verbessertes Gerät ins Kastilische. Am Hof von Aragon waren Juden mit der Fertigung von Astrolabien beauftragt. Das abgebildete Beispiel ist das einzig bekannte mit judaeo-arabischer Beschriftung.

zungstätigkeit genannt, durch die die griechischen und islamischen Wissenschaften auch dem christlichen Abendland vermittelt wurden. Aristoteles wurde gleich mehrmals übersetzt: zuerst vom Griechischen ins Arabische und dann aus dem Arabischen ins Hebräische und Lateinische. Neben der Philosophie wurden v. a. Werke aus der Mathematik, Geometrie, Astronomie (61) und Medizin übersetzt. Erst auf diesem Weg erreichten die antiken Klassiker der Medizin wie Galen und Hippokrates das christliche Europa.

Ende des 13. Jh. setzten tiefgreifende Veränderungen ein, sowohl im christlich-jüdischen Verhältnis als auch im innerjüdischen Bereich. Als Reaktion auf den Rationalismus der philosophisch geschulten Oberschicht entstand in der Provence und v. a. im nordspanischen Gerona die *Kabbala* (»Überlieferung«), eine jüdische Mystik, die sich rasch verbreitete. Ihr Hauptwerk war das Buch *Sohar* (»Buch des Glanzes«) von Moses de Leon. Die Kabbalisten ersehnten eine mystische Vereinigung mit Gott, während Maimonides (s. S. 58 f.) und seine Anhänger eine rationale Gotteserkenntnis anstrebten. Sie lehrten einen vernunftgemäßen Zugang zur Tora, während die Kabbalisten in ihr eine Offenbarung voller Geheimnisse sahen.

Inzwischen begann sich das Verhältnis von Christen und Juden zu verschlechtern: Der wirtschaftliche Wohlstand vieler Juden, ihre Nähe zu den Herrschern erregten Neid und Mißgunst. Die antijüdische kirchliche Propaganda schürte eine stetig wachsende judenfeindliche Stimmung: Es begann die Epoche der Religionsdisputationen. Jüdische Gelehrte wurden gezwungen, unter unfairen Bedingungen mit christlichen Theologen zermürbende Disputationen über die Wahrheit ihres Glaubens zu führen, wobei der Sieg der Christen von vornherein feststand. Auf diese Weise sollten möglichst viele Konversionen herbeigeführt werden. So stand der berühmte Arzt, Bibelkommentator und Anhänger der Kabbala, Rabbi Moses ben Nachman (RaMBaN oder Nachmanides) in der Disputation von Barcelona 1263 dem getauften Juden Pablo Christiani gegenüber. Das Streitgespräch, in dem Nachmanides das Judentum aggressiv und selbstbewußt vertrat, wurde von ihm aufgezeichnet, um der verzerrenden Agitation der Kirche entgegenzutreten. Als er seine Notizen veröffentlichte, wurde er auf Betreiben des Papstes ausgewiesen und wanderte 1267 nach Jerusalem aus.

Ende des 14. Jh. entluden sich die Spannungen gewaltsam: Aufgrund des wirtschaftlichen Niedergangs und eines schwachen minderjährigen Königs entzündete sich die latente antijüdische Stimmung unter dem Einfluß des Erzdiakons Fernando Martinez von Ecija und des Dominikaners Vinzenz Ferrer. Die Welle der Verfolgung begann im Juni 1391 in der *Juderia* von Sevilla (62) und verbreitete sich über das ganze Land. Ein Zeitgenosse, Rabbi Chasdai Crescas, schrieb: »Am Neumondstage des verhängnisvollen Monats Tammus des Jahres 5151 (1391) spannte der Herr die Bögen der Feinde gegen die Gemeinde von Sevilla, die zahlreich war an Volk, denn es waren daselbst an 6000–7000 Familienväter, und jene zerstörten durch Feuer ihre Tore und töteten daselbst eine große Menge Volkes. Der größte Teil jedoch wechselte den Glauben ..., nachdem viele von ihnen, den göttlichen Namen heiligend, den Tod erlitten, aber auch viele den heiligen Bund gebrochen hatten, von da aus erstreckte sich das Feuer ... in der heiligen Stadt der Gemeinde Córdoba. Auch hier traten viele über, und die Gemeinde wurde verödet.«

Aus der Schilderung geht hervor, daß nur einige Juden zur Selbsttötung (»Heiligung des göttli-

62 Gasse in der Juderia von Sevilla

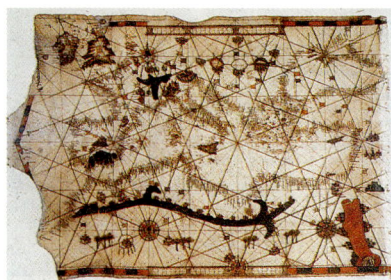

63 Portulankarte (Seekarte) des Mittelmeers und seiner Umgebung. Juda ibn Zara, Alexandria, 1500. Im mittelalterlichen Spanien gab es zahlreiche jüdische Kartographen. Ein Zentrum der Kartographie war die zum Königreich Aragon gehörende Insel Mallorca. Zu den bedeutenden Kartographen Mallorcas gehörte Juda ibn Zara, der zunächst nach Alexandria, dann nach Safed auswanderte. Die auf ein Raster von sich überdeckenden Quadraten, Rechtecken und Dreiecken gezeichneten Seefahrtskarten waren sehr genau und für die Navigation unentbehrlich. Columbus, der im Jahr der Vertreibung der Juden zu seiner ersten Fahrt nach Westen aufbrach, ließ sich vorher noch von jüdischen Kartographen und Astronomen helfen.

711 – 1492

chen Namens«) bereit waren. Die Mehrheit trat in ihrer Not zum Christentum über. Von dieser Zeit an bestand das Problem der Konvertiten (converso), auch Neuchristen (nuevo Christiano) oder Marranen (»Schweine«) genannt. Die Neuchristen hatten nach der Taufe die gleichen Rechte wie die Altchristen. Sie konnten in den Hochadel einheiraten und gelangten in Positionen, die ihnen zuvor verschlossen waren. Das nährte den Neid der Altchristen. Außerdem mißtrauten Kirche und Bevölkerung der Glaubenstreue der conversos und mutmaßten, daß viele unter dem Deckmantel des Christentums weiter ihrem alten Glauben anhingen. Ergebnis dieses Mißtrauens war die Einrichtung der spanischen Inquisition. Eine Vielzahl von Spitzeln beobachtete nun z. B., ob die conversos Schweinefleisch mieden oder in der Osterzeit ungesäuertes Brot zu Hause hatten. Niemand war vor ihnen sicher.

Auf Veranlassung von Vinzenz Ferrer kam es in Tortosa 1413/14 erneut zu einer Disputation. Auch hier standen die Rabbiner, die von Anfang an in die Defensive gedrängt waren, einem fanatischen Konvertiten, Geronimo de Santa Fé, gegenüber. Als sie nach einem Jahr und neun Monaten die aufreibende Diskussion aufgaben, sah die Kirche den Zweck erfüllt: Über 50 000 Juden sollen übergetreten sein. Das converso-Problem wurde dadurch allerdings entschieden verschärft. Die nicht übergetretenen Juden wurden durch eine Flut diskriminierender Gesetze zusehends isoliert.

Ende des 15. Jh. überstürzten sich die Ereignisse, die zur endgültigen Vertreibung der sefardischen Juden führten. Die Katholischen Könige Ferdinand von Aragon und Isabella von Kastilien, die ihre Reiche 1469 durch Heirat vereinigt hatten, nahmen 1481 die Reconquista wieder auf. Im gleichen Jahr wurden in Sevilla die ersten *conversos* wegen »Judaisierens« verbrannt. Zwei Jahre später wurde der Dominikaner und Beichtvater der Könige, Tomás de Torquemada, zum Großinquisitor berufen. Mit fanatischem Eifer ging er daran, die heimlichen Juden unter den *conversos*, dem *Autodafé*, dem »Akt des Glaubens« – meist dem Tod auf dem Scheiterhaufen – auszuliefern.

Im Januar 1492 endete die *Reconquista* mit der Eroberung Granadas und der Vertreibung der letzten Muslime. Die Iberische Halbinsel war wieder christlich – bis auf die Juden. Durch die per Edikt (31. März 1492) angeordnete Vertreibung sollte daher binnen vier Monaten die neue politische und religiöse Einheit vollendet und gleichzeitig den *conversos* der Rückhalt in den noch bestehenden jüdischen Gemeinden genommen werden. Etwa 150 000 Juden wanderten im Sommer 1492 aus. Eine größere Gruppe wandte sich nach Portugal, wo sie 1496/97 ebenfalls vertrieben wurde. Die Mehrzahl floh nach Nordafrika und ins Osmanische Reich, einige auch nach Nordwesteuropa (s. S. 115 und 126). Der Untergang des spanischen Judentums, der damals größten und bedeutendsten Gemeinde, wurde in der jüdischen Welt als Katastrophe empfunden. Viele sahen darin ein endzeitliches Zeichen, messianische Hoffnungen breiteten sich aus.

64 Aragonesischer Jude in der Tracht der jüdischen Oberschicht, Ausschnitt aus einer Haggada. Spanien, 3. Viertel 14. Jh. Die *Cotte*, ein Rock, ist lang. Meist wird darüber ein Mantel oder, wie in diesem Fall, die *Houce* getragen. Sie hat weite, trichterförmige Ärmel mit auffallend tief eingeschnittenen Armlöchern, die erlauben, die Arme unter das Gewand zu nehmen. Am Halsausschnitt ist ein Doppellatz aufgeheftet. Als Kopfbedeckung trägt man zur *Houce* den *Chaperon* (Kapuzenkragen), dessen Mäntelchen dann unter das Gewand geschoben wird.

65 Autodafé in Portugal. Stich von Bernard Picart, 1722. Joods Historisch Museum, Amsterdam

66 Bronzedenkmal für Moses ben Maimon, genannt Maimonides, in seiner Geburtsstadt Córdoba in der Calle Judios

Obwohl Maimonides zu den bedeutendsten Gelehrten des Mittelalters gehörte, ist sein Name nur wenigen Nichtjuden bekannt. Juden dagegen preisen den Rationalisten, Gelehrten und Arzt bis heute mit dem geflügelten Wort: »Von Moses (der die Tora empfing) bis Moses (Maimonides) gab es keinen wie Moses.«

Maimonides (eigtl. Rabbi Moses ben Maimon, im jüdischen Schrifttum oft nach seinen Initialen »RaMBaM«) wurde 1135 in Córdoba geboren. Von seinem Vater, Rabbi Maimon ben Josef, erhielt er eine gründliche Ausbildung auf allen Gebieten der jüdischen Lehre. Arabische Lehrer vermittelten ihm Kenntnisse in der griechisch-arabischen Philosophie und den Naturwissenschaften. 1148, als er gerade 13 Jahre alt

war, eroberten die fanatischen Almohaden seine Heimatstadt und zwangen alle »Ungläubigen« zur Annahme des Islam oder zur Auswanderung. Maimonides' Familie floh zunächst ins christliche Nordspanien und ließ sich um 1159 in Fez nieder. Damals wurde eine lebhafte Diskussion über die Beurteilung der Juden geführt, die sich während der Religionsverfolgung vorübergehend zum Islam bekannt hatten. Maimonides veröffentlichte zu diesem Thema sein *Sendschreiben über Abtrünnigkeit* (1165). Darin verteidigte er die gewaltsam Bekehrten und widersprach jenen, die selbstgerecht und ohne entsprechende eigene Erfahrungen die Zwangsbekehrten als Ketzer und Abtrünnige verurteilten.

Als sich 1165 auch in Fez die Lage verschlechterte, zog die Familie weiter: nach Akko, Jerusalem und Fustat bei Kairo. Von hier aus verbreitete sich Maimonides' Ruhm als Philosoph, Gesetzesgelehrter und Arzt (er war Leibarzt des Sultans und verfaßte zahlreiche medizinische Schriften). Im Alter von 70 Jahren starb er in Fustat und wurde auf eigenen Wunsch in Tiberias begraben.

Zwei Werke sind es v. a., die sich mit seinem Namen verknüpfen: Die hebräisch geschriebene *Mischne Tora* (Wiederholung der Lehre; 1180) befaßt sich mit dem ganzen Talmud. In 14 Büchern, die alle wichtigen Bereiche des menschlichen Lebens behandeln, werden die verbindlichen Vorschriften aus der unübersichtlichen Fülle der rabbinischen Literatur destilliert und in einem Kodex systematisch dargelegt. Alles, was im Talmud an widersprechenden Meinungen oder offen gebliebenen Streitfragen auftrat, ließ Maimonides weg.

Dadurch wurde das Studium erheblich vereinfacht. Aber bald erregte der Kodex gerade deshalb Kritik. Viele Rabbiner befürchteten, daß die bloße systematische Erfassung der Gesetze die traditionelle Lernmethode, die Diskussion, als Weg der Rechtsfindung beeinträchtigen würde. Außerdem wurde kritisiert, daß weder die Namen der rabbinischen Autoritäten noch die Quellen angegeben waren. Vielleicht hatte die Kritik aber auch ganz handfeste Ursachen. Der Kodex erlaubte den praktizierenden Richtern mehr Unabhängigkeit von der rabbinischen Gelehrsamkeit und minderte deren Prestige. So entstand im Lauf der Jahrhunderte eine Flut von Literatur für und gegen das Werk, das später auch *Jad Chasaka* (»starke Hand«) genannt wurde, weil hier ein Systematiker mit »starker Hand« den religionsgesetzlichen Stoff ordnete.

Sein religionsphilosophisches Hauptwerk *More Newuchim* (»Führer der Verwirrten«; um 1190) verfaßte Maimonides in arabischer Sprache und richtete sich damit an die arabisch gebildete, »verwirrte« Oberschicht. Diese verstand sich zwar als gläubig, hatte aber zugleich dank ihrer philosophischen Schulung Schwierigkeiten mit der traditionellen Religion. Maimonides versuchte zu helfen, indem er ein Handbuch vorlegte, das die ungeklärten, strittigen Probleme philosophisch erörterte. Er versuchte, darin den Nachweis zu erbringen, daß Glaube und göttliche Offenbarung einerseits und (aristotelische) Philosophie und Vernunft andererseits keine Gegensätze zu bilden brauchen. Das Buch fand rasch Verbreitung. Es wurde noch zu Lebzeiten des Maimonides ins Hebräische übersetzt. Die lateinische Übersetzung (vor 1240) machte das Werk auch unter den christlichen Scholastikern bekannt.

Die Verbreitung der philosophischen Ansichten des Maimonides führte bald nach seinem Tod zu einem anhaltenden Streit zwischen seinen Schülern und den traditionalistischen und kabbalistischen Gegnern. Die Kontroverse wurde unterschiedlich intensiv bis ins 20. Jh. hinein geführt. Im Spätmittelalter und in der Neuzeit war Maimonides bei der Mehrheit der Juden verpönt. Dafür wurde er im 18./19. Jh., im Zeitalter der Aufklärung, zum Idol der jüdischen Aufklärer und Reformer. So wurde die Lektüre des *Führers der Verwirrten* für den jungen Moses Mendelssohn (s. S. 139ff.) ein entscheidendes Bildungserlebnis. Tag und Nacht las er darin. Der intensiven Lektüre schrieb er sogar seinen Buckel zu, doch »er hat mir die Schädigung siebenfach vergolten, als er mir die Seele erquickte«.

321 – 1500

67 Schreiben Kaiser Konstantins vom Dezember 321 an die Dekurionen (Ratsherren) von Köln, mit dem auch die Juden zum Dienst in den Rat berufen wurden. Ausschnitt aus dem Codex Theodosianus, 5. Jh.

Wann zum ersten Mal Juden in Deutschland siedelten, ist unbekannt. Es ist anzunehmen, daß die ersten im Gefolge der Römer an den Rhein kamen, wie das auch in anderen Ländern, die zum Römischen Reich gehörten, der Fall war. Der früheste historische Beweis für jüdische Niederlassungen in Deutschland stammt aus Köln. Kaiser Konstantin schrieb im Jahr 321: »An den Rat der Stadt Köln. Allen Behörden gestatten wir durch allgemeines Gesetz, die Juden in den Stadtrat zu berufen. Damit ihnen aber eine gewisse Entschädigung für die frühere Regelung verbleibe, lassen Wir es zu, daß immer zwei oder drei das Vorrecht genießen sollen, durch keinerlei Berufung in Anspruch genommen zu werden.« (**67**)

Die Berufung zum Stadtrat war eine zweifelhafte Ehre. Die Ratsmitglieder mußten Steuern vorstrecken, Fehlbeträge zwischen den eingenommenen Steuern und der von Rom geforderten Summe ausgleichen, sie durften weder wegziehen noch ihren Besitz verkaufen. Somit hob dieses Dekret eine Vergünstigung auf, die bisher für die Juden gegolten hatte. Sie waren von kostspieligen Ehrenämtern befreit gewesen. Da diese Ämter nur für wohlhabende Grundbesitzer in Frage kamen und ein Vermögen normalerweise nicht von heute auf morgen zu erwirschaften war, ist anzunehmen, daß Juden schon vor 321 in Köln ansässig waren.

In einem zweiten Dekret von 331 ordnete der Kaiser an, daß »Rabbiner, Archisynagogen, Synagogenväter« und andere Gemeindebeamte vom Dienst im Rat befreit seien. Daraus können wir schließen, daß die Kölner Juden schon damals in einer organisierten Gemeinde lebten. Sie waren unter der Herrschaft der Römer Bürger mit allen Rechten. Was für Köln festgesetzt wurde, galt sicher auch für andere Städte an Rhein, Maas und Donau, wie Mainz, Speyer, Worms, Metz, Trier (68), Augsburg, Regensburg und Wien.

Durch die Zurückdrängung der Römer aus den germanischen Provinzen und die Wirren der Völkerwanderungszeit verloren sich die Spuren jüdischer Niederlassungen in den nächsten Jahrhunderten. Ob Juden kontinuierlich an den genannten Orten lebten und den Kern der mittelalterlichen Gemeinden bildeten oder ob sich diese Gemeinden durch Zuwanderung v. a. aus Frankreich und Italien neu bildeten, ist heute nicht mehr zu klären.

68   Lampe aus Ton mit einem siebenarmigen Leuchter (Menora) zwischen Palmzweigen. Die Lampe wurde in Trier gefunden und auf das 4. Jh. datiert.

321 – 1500

Die Schutzprivilegien der Karolinger

Erst in der Karolingerzeit lassen sich wieder Juden in Nordfrankreich und in der unmittelbaren Umgebung der Residenzstadt Aachen nachweisen. Die Karolinger betrieben eine judenfreundliche Politik. Die Juden waren Freie, sie durften Grund erwerben und Waffen tragen. Aber als Fremde waren sie schutzlos, wenn sie nicht der Kaiser unter seinen Schutz stellte, wie es Karl der Große (747–814) und Ludwig der Fromme (778–840) mit ihren Privilegien taten. Die Juden waren damals v. a.

Aschkenas, aschkenasisch, Aschkenasim: Aschkenas ist ursprünglich der Name eines in Genesis 10,3 erwähnten Volks. Im Mittelalter wurde Aschkenas die geläufige hebräische Bezeichnung für Deutschland und Nordostfrankreich. Von der Zeit der Kreuzzüge an umfaßte der Begriff auch die nach Rußland und Polen geflohenen Juden und ihre Nachfahren (im Gegensatz zu Sefarad, s. S. 50ff.).
Jeschiwa, pl. Jeschiwot: Wörtl. »Sitzen, Sitzung«. Talmud-Akademie zur Ausbildung von Talmud-Gelehrten und Rabbinern.
Takkana, pl. Takkanot: Wörtl. »Besserung, Reform, Anordnung«. Rechtlich bindende Verordnung von einzelnen Talmud-Gelehrten oder Synoden als Erweiterung oder Begrenzung des bisher geltenden Religionsgesetzes.

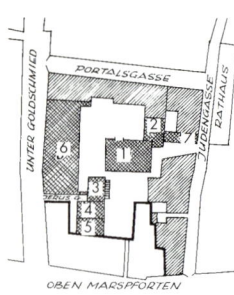

OBEN MARSPFÖRTEN

69 Das mittelalterliche Kölner Gemeindezentrum nach Angaben von Prof. Doppelfeld, 1958. Ausschnitt der Skizze von G. Grosch, 1980. Auf dem heutigen Rathausvorplatz befanden sich die öffentlichen und privaten Gebäude der Gemeinde.
1 Synagoge
2 Frauensynagoge
3 Mikwe, das jüdische Kultbad zur rituellen Reinigung
4 Warmbadestube zur körperlichen Reinigung
5 Backstube
6 Hochzeits- und Spielhaus
7 Hospiz als Herberge für durchreisende Juden

70 Blick auf die Glaspyramide über der Mikwe. Im Hintergrund das Historische Rathaus von Köln

als Fernhändler und Hoflieferanten tätig und wurden auch zu diplomatischen Missionen herangezogen. Aus Europa führten sie Sklaven, Waffen, Rauch- und Seidenwaren aus. Vom Orient brachten sie Luxusgüter wie Gewürze, kostbare Stoffe, Edelmetalle und Arzneien mit.

Dementsprechend stehen in den Schutzprivilegien neben dem Schutz des Lebens und des Eigentums Bestimmungen im Vordergrund, die einen ungestörten Handel gewährleisteten, etwa Zollbefreiungen und die Erlaubnis, christliche Arbeitskräfte zu beschäftigen. Für diesen Schutz zahlten die Juden dem Kaiser ein Zehntel ihres Gewinns und mußten dem kaiserlichen Hof treue Dienste leisten. Da immer einzelne Juden oder Gemeinden privilegiert wurden, handelte es sich jedoch noch nicht um ein spezifisches Judenrecht.

Die rheinischen Judengemeinden

Die alten römischen Ansiedlungen am Rhein – Mainz, Köln, Worms und Speyer – entwickelten sich im 10. und 11. Jh. binnen kurzer Zeit zu Zentren wirtschaftlichen und kulturellen Lebens des aschkenasischen Judentums. Im späten 9. Jh. entstanden die Gemeinden Mainz und Köln. Mit der aus Lucca (Oberitalien) eingewanderten Familie Kalonymus begann die Blütezeit des jüdischen Mainz. Der um 980 lebende Moses d. Ä. Kalonymus führte die palästinisch-italienische Tradition der liturgischen Dichtung (*Pijut*) in Deutschland ein. Unter dem Einfluß dieser Familie, aus der viele gelehrte Rabbiner, liturgische Dichter und philosophische Schriftsteller hervorgingen, wurde Mainz ein Zentrum jüdischer Gelehrsamkeit.

Die erste Gestalt von überregionaler Bedeutung im aschkenasischen Judentum war Gerschom ben Jehuda (960–1028/40), der in Mainz lehrte und dem von den nachfolgenden Generationen der Ehrentitel »Leuchte des Exils« verliehen wurde. Ihm werden die Verordnungen (*Takkanot*) zugeschrie-

321 – 1500

ben, die die Polygamie und die Ehescheidung ohne Zustimmung der Frau verbieten. Mit seinen ethischen und juristischen Entscheidungen machte er die Juden Europas von den Akademien Babylons unabhängig, den bis dahin wichtigsten Zentren der jüdischen Gelehrsamkeit.

Für Köln läßt sich schon aus der Zeit Erzbischof Annos (1056–75) ein jüdisches Viertel belegen. Es wird berichtet, daß die Kölner Juden in der Synagoge um seinen Tod trauerten. Von ihrer Kapitalkraft im 11. Jh. zeugen die nicht unbeträchtlichen Darlehen, die sie dem Erzbischof gaben. Das mittelalterliche Gemeindezentrum im Herzen Kölns mit Synagoge, Mikwe, Badestube, Bäckerei, Spielhaus und Hospiz kam erst durch Grabungen 1956/57 zutage. Heute sind die Grundrisse dieser Gebäude in der Pflasterung kenntlich gemacht. Die Mikwe wurde restauriert und ist zu besichtigen (69, 70).

Die Judengemeinden von Worms und Speyer reichen in das späte 10. und 11. Jh. Schon Gerschom ben Jehuda berichtete über Geldgeschäfte von Wormser (und Mainzer) Juden auf der Kölner Messe. Der berühmteste Schüler des Wormser Lehrhauses war der 1040 in Troyes geborene Rabbi Salomo ben Isaak, genannt Raschi, der nach seiner Studienzeit in Worms und Mainz (um 1060) in seiner Heimatstadt Troyes eine *Jeschiwa* (Talmudhochschule) gründete, die hohes Ansehen genoß. Durch seine Bibel- und Talmudkommentare, die sich durch Klarheit, Verständlichkeit und Bildhaftigkeit auszeichnen, gewann er eine Autorität, die bis in unser Jahrhundert reicht: Sein Kommentar wird in jeder Ausgabe des Babylonischen Talmuds mit abgedruckt. Bis zur Zerstörung durch die Nationalsozialisten war die Wormser Synagoge die älteste durchgehend genutzte Synagoge Europas.

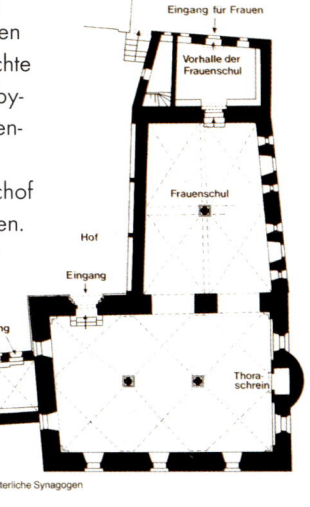

64a, b) Mittelalterliche Synagogen

321 – 1500

71 Die Synagoge von Worms. Grundriß. Synagoge 1174/75 mit Frauenraum 1212/13; das als Raschi-Kapelle bezeichnete Lehrhaus und Vorhalle zum Frauenraum um 1623

72 Worms. Synagogenhof mit Sitznischen an der Frauensynagoge. Neben dem romanischen Eingangsportal der Männersynagoge ist die Stifterinschrift des Vorgängerbaus von 1034 angebracht.

73 Worms. Innenansicht der Männersynagoge mit Blick auf Vorlesepult und Tora-Schrein

Sie wurde nach dem Krieg wieder aufgebaut und 1961 eingeweiht (**71**–**73**).

Die Gründung der Speyerer Gemeinde (**74**) ging auf die Initiative Bischof Rüdiger Hutzmanns zurück, der 1084 Juden ansiedelte, um »das Ansehen des Orts tausendfach zu erhöhen«. Er gewährte ihnen, wie er selbst bekundete, »Gesetze ..., die besser sind, als die Judenschaft in irgendeiner Stadt des deutschen Reiches besitzt«. Die wirtschaftliche Bedeutung der Speyerer und Wormser Juden wurde schon bald von den deutschen Kaisern erkannt. 1090 erhielten die Juden beider Städte von Heinrich IV. nach karolingischem Vorbild umfangreiche Privilegien, die ihnen Handelsfreiheit in der Stadt und freie Religionsausübung zusicherten. Erstmals wurden die Juden hier als »zur kaiserlichen Kammer gehörig« bezeichnet. Zu dieser Zeit bedeutete das aber noch keine Abwertung der Juden, sondern betonte lediglich ihre Rechtsbeziehung zum Kaiser.

Ein Kölner Dokument von 1301 gibt uns einen Hinweis auf die innere Struktur der Gemeinden: »Wir, der (Juden-)Bischof, die Träger der Gemeindeverwaltung und die gesamten Juden ...« Der Judenbischof, der später auch Judenmeister hieß, vertrat die Juden gegenüber der nichtjüdischen Obrigkeit. Man darf ihn nicht mit dem Rabbiner verwechseln, der für die interne Gerichtsbarkeit zuständig war. Die »Träger der Gemeindeverwaltung« unterstützten ihn bei der Führung der Gemeindegeschäfte.

74 Speyer. Von der mittelalterlichen Synagoge steht heute nur noch die Ostwand: links die Frauensynagoge, rechts die Männersynagoge

Die vier genannten jüdischen Siedlungen waren natürlich nicht die einzigen in den karolingischen Nachfolgereichen nördlich der Alpen. In Nordfrankreich gab es bedeutende Gemeinden in Limoges, Orléans, Rouen, Reims und Troyes. Im 10. Jh. entstanden Gemeinden in Magdeburg, Mer-

seburg, Regensburg und Prag (**75**), im 11. Jh. in
Trier, Bonn, Xanten und Neuss, um nur die wichtigsten zu nennen.

Die Kreuzzüge

Nur fünf Jahre nach den günstigen Privilegien
Heinrichs IV. führte der Kreuzzugsaufruf von Papst
Urban II. am 27.11.1095 in Clermont zur ungeahnten Katastrophe für die jüdischen Gemeinden.
Es sammelten sich nicht nur geordnete Ritterheere,
sondern auch wilde, fanatisierte Horden, die sich
aufmachten, die Heiligen Stätten in Jerusalem von
der islamischen Herrschaft zu befreien. Auf ihrem
Weg fielen sie über die jüdischen Gemeinden her.
Schon um die Jahreswende 1095/96 wurden die
Gemeinden in Metz und Rouen überfallen und
viele Juden umgebracht. Im Frühling und Sommer
1096 kamen die plündernden und mordenden
Massen ins Rheinland und zerstörten die blühenden Gemeinden von Speyer, Worms, Mainz,
Trier, Köln, Neuss und Xanten. Als die Kreuzfahrerheere durch Böhmen kamen, erlitten die Juden
von Prag das gleiche Schicksal. Die Schutzzusagen Heinrichs IV. erwiesen sich als unwirksam,
und die mehr oder weniger engagierten Rettungsversuche einiger Bischöfe waren erfolglos.

Nach den Massakern kehrten die überlebenden Juden in die Städte zurück, bauten ihre Häuser und Synagogen wieder auf und lebten scheinbar wie vorher. Dennoch hatten die Kreuzzüge in
vielerlei Hinsicht weitreichende Folgen.

Die Frommen von Aschkenas

Auf seiten der Juden entstand ein neues Bewußtsein der eigenen, vom Leiden geprägten Schicksalsgemeinschaft. Die nach innen gerichtete Spiritualität der aschkenasischen Juden, die sich schon
bei den Verfolgungen im Martyrium gezeigt hatte,
entwickelte sich zur mittelalterlichen deutschen
Bewegung der »Frommen von Aschkenas« und

75 Die Altneuschul in Prag,
um 1300. Sie ist die älteste
noch original bestehende
Synagoge im aschkenasischen Raum.

»Als sie (die Kreuzfahrer) nun auf ihrem Zug
durch die Städte kamen, in denen Juden
wohnten, sprachen sie
untereinander: Sehet,
wir ziehen den weiten
Weg, um die Grabstätte aufzusuchen und
uns an den Ismaeliten
zu rächen, und siehe,
hier wohnen unter uns
Juden, deren Väter ihn
(Jesus) unverschuldet
umgebracht und gekreuzigt haben! So lasset zuerst an ihnen uns
Rache nehmen und sie
austilgen unter den
Völkern, daß der
Name Israel nicht
mehr erwähnt werde;
oder sie sollen unseresgleichen werden und
zu unserem Glauben
sich bekehren.«
    Salomo bar Simeon

»Die Feinde schleuderten Steine und Pfeile gegen sie, und sie hatten nicht den Gedanken zu entfliehen ... Als die in den Gemächern Versammelten solche Tat der Gerechten sahen und wie die Feinde über sie herfielen, da schrien sie alle: ›Es ist das Beste, unser Leben zum Opfer zu bringen!‹ Und die Frauen dort gürteten mit Kraft ihre Lenden und schlachteten ihre Söhne und Töchter und dann sich selbst; viele Männer stärkten sich und schlachteten ihre Frauen, ihre Kinder und ihr Gesinde; die zarte und weichliche Mutter schlachtete ihr Lieblingskind; alle erhoben sich, Mann wie Frau, und schlachteten einer den anderen ... und riefen mit lauter Stimme: ›Schaue und siehe unser Gott, was wir zur Heiligung deines großen Namens tun, um dich nicht zu vertauschen mit dem Gekreuzigten.‹«

Salomo bar Simeon über die »Heiligung des göttlichen Namens« (*Kiddusch ha-Schem*) durch Selbsttötung in Mainz

76 Junger deutscher Jude, der den *Tallit Katan* (kleinen Gebetsmantel) trägt. *Aschkenasi Haggada*, Norditalien und Deutschland, 1460–70. Der kleine Gebetsmantel ist ein rechteckiges, ärmelloses Kleidungsstück mit einer Öffnung für den Kopf, an dessen vier Enden wie beim großen Gebetsmantel die Schaufäden befestigt sind. Er wird daher auch *Arba Kanfot* (hebr. »vier Enden«) genannt.

erreichte ihren Höhepunkt mit Jehuda ben Samuel he-Chassid (um 1150–1217) und dem ihm zugeschriebenen *Buch der Frommen*. Obwohl sich die zunächst elitäre Gruppe der *Chassidim* (Fromme) selbst strengsten Maßstäben unterwarf, lehrten sie Nachsicht und Milde gegenüber der Allgemeinheit. So sollte der *Chassid* sein Gebet mit größter geistiger und emotionaler Konzentration nach einer dem Gebetsthema entsprechenden Melodie aufsagen. Vom Gebet des einfachen Volks hatten die *Chassidim* aber eine andere Auffassung: »Kommt jemand zu dir, der kein Hebräisch versteht, aber gottesfürchtig ist, oder ein Weib, dann sag ihnen, daß sie sich die Gebete in einer Sprache zu eigen machen sollen, die sie verstehen. Denn das Gebet beruht allein auf dem Erkenntnisvermögen des Herzens, und wenn das Herz nicht versteht, was aus dem Mund kommt, welchen Wert hat das? Daher ist es besser, in der Sprache zu beten, die man versteht.«

Die *Chassidim* hingen neben der Tora einem »Himmelgesetz« an. Das Gesetz der Tora stellte für sie eine unterste Norm dar. Der *Chassid* wollte sein Handeln aber nach der maximalen Norm ausrichten – eben nach diesem Himmelsgesetz. So mußte z. B. der Tora zufolge ein Räuber seinem Opfer den vollen Wert der gestohlenen Güter ersetzen. Für die *Chassidim* reichte das aber nicht aus: »Der Räuber soll vielmehr die Not bedenken, die er (dem Beraubten) und all denen zugefügt hat, die von ihm abhängen, und auch die Entbehrungen, die er verursachte; und er soll ihnen zahlen sowohl für den vollen Schaden als für die damit verbundenen Folgen, und auch gemäß der Stellung des Beraubten.«

Die Schriften der Frommen sind sehr interessant, weil sie uns einen Einblick in das wirkliche Leben der jüdischen Gemeinden jener Zeit gewähren: Die *Chassidim* kritisierten darin die bestehende Gesellschaftsordnung, stellten sich die Frage, warum der Wohlstand in der Welt nicht gerechter verteilt ist, und strebten einen materiellen Ausgleich an. So fanden sie es beispielsweise unangemessen, daß arm und reich die gleiche Steuer zahlen mußten, und plädierten für eine Besteuerung, die auf die finanziellen Möglichkeiten des einzelnen Rücksicht nimmt. Sie beschäftigten sich mit Fragen des Sexual-, Ehe- und Familienlebens und idealisierten das Märtyrertum. Diese spezifische Frömmigkeit des deutschen Judentums erfaßte bald die Mehrheit der aschkenasischen Juden, auch die theologisch eher ungebildeten, und lebte in der Tradition der nach Osteuropa Vertriebenen fort.

Krise im 13. Jahrhundert

Trotz der Greueltaten während der Kreuzzüge kam es in der Bevölkerung erst im 13. Jh. zu einer ausgeprägten Judenfeindschaft. Im Handel mit dem Nahen Osten, bei dem die Juden bislang eine bedeutende Rolle gespielt hatten, wurden sie nun von den Kreuzfahrern verdrängt, die eigene Handelsniederlassungen errichteten. Die Verdrängung aus dem internationalen Handel,

77 Moses nimmt die Gesetzestafeln entgegen. Aus einem *Machsor* (Gebetbuch für die Feiertage), 1. Viertel 14. Jh. Dargestellt sind Moses, Aaron und die Männer und Frauen Israels. Aaron trägt eine Mitra, die Männer den Judenhut, die Frauen sind mit Tierköpfen dargestellt.

Während der gelbe Fleck/Ring als Schandfleck empfunden und in der jüdischen Buchmalerei fast nie, in der christlichen Kunst nur selten dargestellt wurde, ist der Judenhut in der jüdischen Buchmalerei vom frühen 13. bis Anfang des 15. Jh. als auch in der christlichen Kunst weit verbreitet. Die deutschen Juden trugen den spitzen Hut schon lange, bevor er ihnen vorgeschrieben wurde. Erst zu Beginn des 15. Jh., als diese Kopfbedeckung immer mehr zu einem diskriminierenden Zeichen wurde, verschwand sie auch aus den Bildern.

321 – 1500

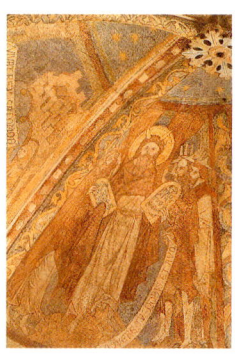

78 Moses übergibt die Gesetzestafeln an die Israeliten. Fresko im Mittelschiffgewölbe von St. Maria in Lyskirchen, Köln, Mitte 13. Jh. Auch in der christlichen Kunst werden die Juden der Bibel durch den spitzen Judenhut identifiziert.

79 Papst Innozenz III. ließ auf dem Vierten Laterankonzil die Kennzeichnungspflicht der Juden folgendermaßen begründen: »Es kommt zuweilen vor, daß sich irrtümlicherweise Christen mit jüdischen oder sarazenischen und Juden oder Sarazenen sich mit christlichen Frauen vermischen. Um dies in Zukunft zu verhindern, setzen wir fest, daß Juden und Sarazenen beiderlei Geschlechts sich durch die Art ihres Gewandes öffentlich von der übrigen Bevölkerung unterscheiden sollen.«

321 – 1500

der Ausschluß aus den christlichen Zünften und das seit dem 12. Jh. verschärfte Verbot für Christen, Zinsen zu nehmen, drängte die Juden in das verachtete Gewerbe der Geld- und Pfandleihe. Diese Verknüpfung mit dem Geldhandel sollte den Juden, die die Bevölkerung bald mit »Wucherern« gleichsetzte, noch über Jahrhunderte anhaften.

Das veränderte ihre Stellung in der deutschen und französischen Gesellschaft. Waren die Juden bis ins 12. Jh. als angesehene Fernhändler anerkannt, wenn auch fremdartig gewesen, so wurden sie im Verlauf des 13. Jh. zur verachteten Minderheit, die man durch immer höhere Schutzgelder und Sondersteuern ausbeutete.

Das Vierte Laterankonzil von 1215

Auch der Druck von seiten der Kirche nahm zu Beginn des 13. Jh. zu. Auf dem Vierten Laterankonzil unter Innozenz III. kam es zur Erneuerung, ja Verschärfung der kirchlichen antijüdischen Gesetzgebung. In vier Artikeln wurden die Lebensbedingungen der Juden weiter eingeschränkt: Sie betrafen die Festlegung über das Zinsdarlehen, die Kennzeichnungspflicht (**79**), den Ausschluß von öffentlichen Ämtern und das Proselytentum.

Die zunächst noch für Juden und Sarazenen gemachten Vorschriften wurden bald nur noch auf die Juden angewandt. Die Art der Kennzeichnung war nicht festgelegt und variierte daher von Land zu Land. Im Reich waren seit dem 13. Jh. der spitze Judenhut (**77**, **78**) und seit dem 15. Jh. der gelbe Fleck oder Ring (**80**) weit verbreitet.

Der Vorwurf des Ritualmords in Fulda

Im Jahr 1235 tauchte in Deutschland erstmals der Vorwurf des Ritualmords auf, der im englischen Norwich 1144 und im französischen Blois 1171 schon vorgebracht worden war und dort mit blutigen Ausschreitungen gegen jüdische Gemeinden geendet hatte. In Fulda war an Heiligabend das

Haus eines Müllers niedergebrannt, wobei seine fünf Kinder ums Leben kamen. Sofort verbreitete sich das Gerücht, die Juden hätten die Kinder getötet, weil sie christliches Blut zu Heilzwecken benötigten. 32 Mitglieder der Gemeinde wurden festgesetzt, umgebracht und Mordanklage gegen alle Juden im Reich erhoben. Die Ereignisse wurden Friedrich II. vorgetragen, der eine Untersuchung anordnete, die mit Freispruch endete.

> »Weder im Alten noch im Neuen Testament ist zu finden, daß die Juden nach Menschenblut begierig wären. Im Gegenteil; sie hüten sich vor der Befleckung durch jegliches Blut. Dies ergibt sich aus dem Buche, das hebräisch *Berechet* [Tora] genannt wird ... Es spricht auch eine nicht geringe Wahrscheinlichkeit dafür, daß diejenigen, denen sogar das Blut erlaubter Tiere verboten ist, keinen Durst nach Menschenblut haben können. Es spricht gegen diesen Vorwurf, seine Scheußlichkeit, seine Unnatürlichkeit und das natürliche menschliche Gefühl, das die Juden auch den Christen entgegenbringen.«
>
> *Friedrich II.*

Die »Kammerknechte« des Kaisers

Der Bekanntmachung des Freispruchs 1236 fügte Friedrich eine Erneuerung des alten Privilegs von Heinrich IV. aus dem Jahr 1090 hinzu. In diesem Dokument wird erstmals der Begriff der »Kammerknechte« (*servi nostri et servi camerae nostrae*, »unsere Knechte und Knechte unserer Kammer«) verwendet. Die Judenheit des ganzen Reichs sollte fortan dem alleinigen Schutz und der ausschließlichen Autorität des Kaisers unterstehen. Damit rief Friedrich II. auch seine finanziellen Ansprüche gegenüber den Juden in Erinnerung, denn in Deutschland war dem König bzw. dem Kaiser die »Nutzung« der Juden als Steuerzahler immer mehr entglitten. Sie zahlten den verschiedensten Herren: außer dem Kaiser dem Bischof, der Stadt etc. – oft allen gleichzeitig in der Hoffnung auf mehr Rechtssicherheit und Schutz.

Nach dem Niedergang des Stauferreichs verkam die »Kammerknechtschaft« immer mehr zum finanziellen Hoheitsrecht, das der Kaiser verschenken, verpachten oder verpfänden konnte, wobei

80 Tracht der Wormser Juden im 16. Jh.: Mantel mit gelbem Ring. Der Geldbeutel weist auf Geldgeschäfte hin, der Knoblauch (hebr. *Schum*) auf eine Herkunft aus den sogenannten *Schum*-Städten Speyer, Worms und Mainz.

81 Der Esslinger Machsor, 1290. »Der mächtige König«, eine Hymne aus dem Wochenabschnitt

321 – 1500

82 Die Frankfurter Judensau. Flugblatt, Radierung, 18. Jh. In Trient ereignete sich im Jahr 1475 ein spektakulärer Fall von Ritualmordbeschuldigung. Die Juden wurden beschuldigt, den zweijährigen Simon ermordet zu haben. Schon bald waren bebilderte Bücher oder Flugblätter im Umlauf, die diese Mordlegende verbreiteten. In Frankfurt nahm das Greuelmärchen die Phantasie der Stadtväter derart gefangen, daß sie eine Darstellung von Simons Martyrium samt einer die Juden schmähenden Karikatur in Auftrag gaben.

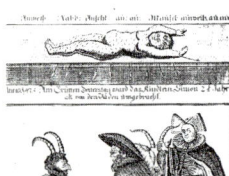

bei jedem Übergang von einer Instanz zur anderen die Schutzgelder erhöht wurden. Wie weit die Kommerzialisierung und Verdinglichung der Schutzrechte im nächsten Jahrhundert fortgeschritten waren, kommt in der Goldenen Bulle Karls IV. von 1356 zum Ausdruck. »Wir setzen fest ..., daß alle Kurfürsten rechtmäßigerweise alle Gold- und Silberbergwerke, auch die Zinn-, Kupfer-, Eisen- und sonstigen Minen sowie alle Salzbergwerke einschließlich aller Judenrechte innehaben dürfen.« Bezeichnend ist, daß die Kurfürsten in einem Atemzug mit der Bergwerksnutzung auch die Hoheitsrechte über die Juden erhielten. Die Juden waren also mittlerweile, den Bodenschätzen ähnlich, zu reinen Ausbeutungsobjekten geworden.

Disputation und Talmud-Verbrennung in Paris

Aufgrund der Denunziation des Konvertiten Nikolaus Donin aus La Rochelle ordnete Gregor IX. 1239 an, den Talmud zu konfiszieren und zu überprüfen. Die öffentliche Disputation über den Talmud fand im Juni 1240 am königlichen Hof in Paris zwischen Donin und vier rabbinischen Gelehrten statt. Obwohl es dem Sprecher der jüdischen Gelehrten, Jechiel von Paris, gelang, die Anschuldigungen zu entkräften, wurde im Protokoll der Disputation vermerkt, die Juden hätten »gestanden«. Es wurde das Urteil gefällt, alle Talmud-Exemplare zu verbrennen. Im Sommer 1242 wurden 24 mit Talmud-Bänden und anderen hebräischen Schriften beladene Karren auf einen Platz in Paris gezogen und dort öffentlich verbrannt. Mit dieser spektakulären Aktion begann die verhängnisvolle Geschichte der Verunglimpfung des Talmuds, die sich bis in unser Jahrhundert fortsetzte und immer wieder als Vorwand diente, die Diskriminierung der Juden zu rechtfertigen.

Die Bücherverbrennung erklärt auch, warum sich aus der Zeit vor dem 13. Jh. so wenige hebräische Handschriften erhalten haben. Die älte-

ste datierte aschkenasische Hand-
schrift ist ein *Machsor* (Gebetbuch
für die Feiertage), der 1290 in Ess-
lingen geschrieben wurde (**81**).

Vorwurf der Hostienschändung

Neben dem Vorwurf des Ritual-
mords kam Ende des 13. Jh. der
Vorwurf der Hostienschändung auf.
Man unterstellte den Juden, daß sie
aus unversöhnlichem Haß gegen
Christus die Hostie mit Messern und
Pfriemen durchstechen würden, um

damit den Leib Christi erneut zu martern. Dieser
Vorwurf führte in Paris 1290 zum Todesurteil gegen die angeklagten Juden.

In Deutschland zog der fränkische Edelmann
Rindfleisch von Frühjahr bis Herbst 1298 durchs
Land, um den angeblichen Hostienfrevel der
Juden von Röttingen in Franken zu rächen. Über
140 Gemeinden in Franken, Bayern und Österreich wurden vernichtet. In Wirklichkeit waren
weder die Vorwürfe des Ritualmords noch des Ho-
stienfrevels der Grund für die Verfolgungen. Den
Hintergrund bildeten meist soziale und wirtschaftliche Gegensätze. Die Agrarkrise des 14. Jh., ver-
stärkt durch Hungerkatastrophen und Seuchen, sowie der sich verschärfende Gegensatz zwischen
Stadt und Land wurden auch zur Krise des Judentums. So sahen die von adligen Grundherren bedrängten und zu Anleihen gezwungenen Bauern
im Juden *den* Vertreter der städtischen Wirtschaft.

Daß die Juden in der Stadt schon längst eine
schwache Position einnahmen, mußte sie als Opfer nur noch geeigneter machen. Es ist daher kein
Wunder, daß sich in der Folgezeit judenfeindliche
Ausschreitungen wiederholten. 1336–38 organisierten sich unzufriedene Bauernscharen, die sich
ausdrücklich als »Judenschläger« bezeichneten,
unter einem heruntergekommenen Edelmann, der

83 Nur in Deutschland erschien ab der zweiten Hälfte
des 13. Jh. ein besonders
beleidigendes Zerrbild: der
Jude in Verbindung mit dem
Schwein. Die Perversität liegt
besonders darin, daß für
Juden das Schwein als unrein
gilt und der Genuß von
Schweinefleisch verboten ist.
Das Motiv der »Judensau«
wurde im Verlauf der Jahrhunderte immer drastischer und
obszöner ausgestaltet. In
Schmähschriften wurde der
Jude dargestellt, wie er von
einem Schwein gesäugt wird,
dessen Urin trinkt, oder, oft in
Begleitung des Teufels, auf
seinem Rücken reitet.

Wange des Chorgestühls
im Kölner Dom, Eichenholz,
um 1322. Zwei Juden kippen
einen Trog aus, aus dem ein
totes Schwein und tote Ferkel
fallen.

84 Die Kölner Judenordnung vom 8. Juli 1404. In 24 Vorschriften wird die Kleidung, aber auch das Verhalten der Juden bis ins Detail festgelegt. So heißt es: »Die Kragen an den Röcken und Überwürfen dürfen nicht mehr als einen Finger breit sein. An Werktagen dürfen jüdische Frauen Ringe von höchstens drei Gulden Wert tragen und an jeder Hand nur einen. In der Karwoche und zu Ostern sollen sich die Juden in ihren Häusern aufhalten. Sie dürfen unter der Halle vor dem Rathaus nicht gehen, stehen oder sitzen, außer wenn der Rat sie vorgeladen hat.«

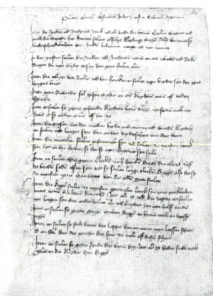

sich »König Armleder« nennen ließ. Wieder kamen zahllose Juden in Franken, Schwaben, Österreich und der Steiermark ums Leben. Ein anderer Bauernhaufen unter dem Gastwirt Johann Zimberli zog mordend und plündernd durch das Elsaß und den Rheingau. Doch all diese Unruhen waren nur ein Vorspiel zu dem, was sich in der Mitte des 14. Jh. im Zusammenhang mit der Pest ereignete.

Der Schwarze Tod und der Vorwurf der Brunnenvergiftung

In den Jahren 1348–50 wurde über ein Drittel der europäischen Bevölkerung Opfer der Pest. Da sich niemand die Ursache des Schwarzen Tods erklären konnte, entstanden zahlreiche Gerüchte und Spekulationen. Die größte Verbreitung fand der Vorwurf gegen die Juden: Man beschuldigte sie, die Brunnen vergiftet und dadurch die Seuche verursacht zu haben. Dem Weg dieser Legende folgend, kam es zu Pogromen: von Frankreich über die Schweiz nach Deutschland. Selbst in Orten, die von der Pest verschont blieben, wurden die Juden erschlagen. Im *Nürnberger Memorbuch* wird von über 300 Gemeinden berichtet, in denen die Juden »erschlagen, ertränkt, verbrannt, gerädert, gehenkt, vertilgt ... und mit allen Todesarten gefoltert [wurden] wegen der Heiligung des göttlichen Namens«. Es waren die schlimmsten Verfolgungen seit dem Ersten Kreuzzug.

Wie die Kreuzzüge brachten auch die Pestpogrome eine entscheidende Wende. Nur kurzfristig mochte es den gegenteiligen Anschein haben, als die vertriebenen Juden in einigen Städten wieder zugelassen wurden. Die Zulassungen waren jedoch zahlenmäßig und zeitlich begrenzt, es wurden schlechte Wohnviertel angewiesen und kleinliche Kleiderordnungen erlassen (**84**). Gleichzeitig verschlechterte sich die wirschaftliche Situation immer mehr. Gegen Ende des Mittelalters wurde das christliche Zinsverbot kaum mehr beachtet, es kam zum Ausbau des christlichen Bankwesens. Im Vergleich etwa zu den großen Handelshäusern der Fugger und Welser waren jüdische Kapitalgeber unbedeutend geworden. Die Juden wurden auf die kleinen Kreditgeschäfte und die Pfandleihe abgedrängt und waren bald besonders für die Städte wirtschaftlich entbehrlich. So wurden die Juden im 15. und 16. Jh. aus fast allen bedeutenden Städten des Reichs vertrieben.

Die meisten der Verjagten zogen nach Polen, das schon seit den Kreuzzügen zum Auffangbecken für vertriebene Juden aus ganz Europa geworden war. Daß sich das Jiddische – ursprünglich ein deutscher Dialekt – in Osteuropa als Sprache der Juden durchsetzen konnte, zeugt von der zahlenmäßigen und kulturellen Bedeutung der Einwanderer (s. S. 76 ff.). Andere wanderten nach Italien aus, wo sich neben spanischen auch deutsche Gemeinden bildeten. Ein Teil der deutschen Juden blieb im Land, da es in Deutschland, anders als in den zentralisierten Flächenstaaten England (1290), Frankreich (1394), Spanien (1492) und Portugal (1496/97) nie zu einer völligen Vertreibung kam. Ihr weiteres Überleben verdankten die deutschen Juden der Zersplitterung des Reichs, den verworrenen Herrschaftsverhältnissen und der Eifersucht der Fürsten und Städte untereinander.

Wenn die Städte die Juden auswiesen, wurden sie von anderen weltlichen oder geistlichen Fürsten aufgenommen, falls diese sich davon Nutzen für ihre Herrschaftsgebiete versprachen. Als städtische Bevölkerungsgruppe spielten sie jedoch keine Rolle mehr. Nur ganz wenige Städte wie Frankfurt und Worms hatten noch jüdische Gemeinden. Die meisten Juden lebten nun auf dem Land; bis ins 18. Jh. bestimmten die »Landjuden« das Bild des deutschen Judentums.

321 – 1500

85 Lebendes Kreuz. Tafelmalerei, Öl auf Holz, 2. Hälfte 16. Jh. Die christlichen Kunstwerke vergangener Epochen zeigen noch heute, welches Bild die Christen von ihren jüdischen Nachbarn hatten. Dabei wird deutlich, daß jede Epoche ihr eigenes Zerrbild vom Juden besaß. In der Portalplastik wie auch in der Malerei erscheint ab dem 13. Jh. häufig das Figurenpaar der siegreichen *Ecclesia* und der blinden *Synagoga* in Frauengestalt (hier links und rechts des Kreuzes). Die *Synagoga* wird mit verbundenen Augen dargestellt, blind gegenüber der neuen Religion des Christentums. Sie wird der Symbole ihrer früheren Majestät entkleidet: Die Krone wird ihr vom Kopf gestoßen. Während auf dem Schriftband der siegreichen *Ecclesia* »Die Kirche ruhmreich durch das Blut Christi« zu lesen ist, heißt es bei der *Synagoga*: »Synagoga zurückgewiesen mit dem Blut des Stieres und des Bocks.«

Wörtlich übersetzt bedeutet *Mikwe* »Wasseransammlung«. In den Schriften der Rabbinen bezeichnet es jedoch ein rituelles Tauchbad, das den Zustand von Menschen und Geräten vom kultisch Unreinen zum Reinen verändert. Die Mikwe gehört neben Synagoge und Friedhof bis heute zu den unabdingbaren Einrichtungen einer Gemeinde. Dennoch rückten Mikwen erst 1992 im Rahmen einer Ausstellung des Jüdischen Museums Frankfurt in den Mittelpunkt wissenschaftlichen Interesses. Dabei kam man zu einem unerwarteten Ergebnis: Trotz aller Verfolgungen von den Kreuzzügen bis zum Holocaust sind in Deutschland sehr viele Mikwen erhalten geblieben; ca. 400 wurden in der Ausstellung dokumentiert.

Die Mikwe und ihre Nutzung

Die Bestimmungen zur Nutzung der Mikwe finden sich im *Mischna*-Traktat *Mikwaot*. Dort wird das Untertauchen des ganzen Körpers in ungeschöpftem, »lebendigem« Wasser, also in Grundwasser, gesammeltem Regenwasser, einer Quelle, einem Fluß oder im Meer vorgeschrieben.

Die meisten mittelalterlichen Mikwen waren Grundwasser-Mikwen. Um den Grundwasserspiegel zu erreichen, wurde ein Schacht tief in die Erde gegraben; zugleich mußte eine Treppe vorhanden sein, um die jahreszeitlich wechselnde Höhe des Wasserstands auszugleichen. Mindestens 40 *Sea* (antikes Hohlmaß) müssen das Bad füllen. Genaue Umrechnungen in moderne Maße sind problematisch, sie differieren zwischen 500 und 1000 Litern.

Wer geht in die Mikwe?

Viele Vorschriften zur Mikwe bezogen sich auf den Dienst im Tempel. Mit dessen Zerstörung verloren sie jedoch an Bedeutung. Seitdem wird den Männern das Tauchbad nur empfohlen, z. B. vor dem Schabbat und den Feiertagen. Strenge Vorschriften gelten dagegen bis heute für Frauen. Das jüdische Religionsgesetz fordert das Tauchbad erstmals vor der Hochzeit, danach nach jeder Menstruation und nach einer Geburt. Ehelicher Verkehr während der Menstruation bis zum Bad in der Mikwe ist verboten. Vor dem Gang ins Tauchbad darf nichts Körperfremdes, was zwischen Körper und Wasser eine Trennwand bilden könnte, vorhanden sein: Nagellack, Lippenstift, Schmuck oder Haarklammern. Beim Untertauchen darf kein Haar aus

86 Friedberg. Mikwe, 1260. Badeschacht mit Blick auf das Tauchbecken

87 Trinkschalen und Karaffen werden in der Mikwe gereinigt. Illustration aus einer Haggada. Spanien, 1. Viertel 14. Jh.

dem Wasser ragen. All dies dient der rituellen Reinigung. Die körperliche Reinigung wird zwar ausdrücklich als Voraussetzung für das Tauchbad gefordert, rituell reinigen kann man sich jedoch nur im »lebendigen« Wasser. Auch Konvertiten müssen vor ihrem Übertritt ein rituelles Tauchbad nehmen. Ferner dient die Mikwe auch zum Eintauchen neu erworbener Gefäße (**87**).

Monumentale und Keller-Mikwen

Am bekanntesten sind tief ausgeschachtete mittelalterliche Monumentalbauten, etwa in Friedberg, Hessen (**86**). Auf 72 abgetretenen Stufen geht es 25 m tief in die Erde, vorbei an Nischen, in denen einst Öllampen

für spärliches Licht sorgten. Ähnliche Mikwen gibt es in Offenburg, Speyer, Andernach, Köln und Worms.

Mit dem Ende der kulturellen und wirtschaftlichen Blüte der Gemeinden und nach den Pestpogromen des 14. Jh. mußten sich die Juden in ihnen zugewiesenen Vierteln oder auf dem Land neu einrichten. So entstanden versteckte Keller-Mikwen. Wie der Name sagt, befanden sie sich im Keller von Wohnhäusern. Dort grub man enge Treppengänge bis auf das Grundwasserniveau, wo ein Tauchbecken von Badewannengröße ausgehoben wurde.

Die heutigen Mikwen sind moderne Badeanlagen mit allen Annehmlichkeiten (**88**). Knapp 30 gibt es davon in Deutschland, v. a. in den Großstädten. Vor rund 150 Jahren wurde das grundsätzlich erlaubte, aber in den mittelalterlichen Grundwasser-Mikwen unpraktikable Anwärmen des Wassers eingeführt .

88 Moderne Mikwe im Gemeindezentrum in Mannheim, 1987

1264 – 19. Jh.

89 Das »Statut von Kalisch«. Illuminierte Titelseite, Arthur Szyk (1894–1951), 1926–28. Der aus Polen stammende jüdische Künstler gab den Text des mittelalterlichen Privilegs auf 45 Blättern in verschiedenen Sprachen wieder und illustrierte ihn mit Szenen aus der polnisch-jüdischen Geschichte. Dieses Privileg bildete jahrhundertelang die rechtliche Grundlage für den Status der Juden in Polen.

Für mehrere Jahrhunderte bis zur Vernichtung im Holocaust war das osteuropäische Judentum die bedeutendste jüdische Gemeinschaft der Welt. Schon zur Zeit der Kreuzzüge war Polen für die *Aschkenasim* ein Land der Zuflucht und neuer Möglichkeiten. Die Könige Polens und die Großfürsten Litauens erteilten den in ihre Länder einwandernden Juden weitreichende Privilegien. König Boleslaw V. von Großpolen erließ schon 1264 mit dem sogenannten »Statut von Kalisch« ein Privileg, das den Zuzug jüdischer Siedler fördern sollte (**89**). Für die kommenden Jahrhunderte bildete es die Grundlage der Judengesetzgebung. Es garantierte Handelsfreiheit, weitreichende Autonomie und den Schutz der jüdischen Einrichtungen wie Synagogen und Friedhöfe.

Die Juden wurden adligen Gerichten unterstellt, d.h., sie waren von der städtischen Gerichtsbarkeit ausgenommen, da man dort eine parteiische, antijüdische Rechtsprechung befürchtete. Außerdem wurde explizit verboten, sie der Entwendung und Ermordung christlicher Kinder zur Gewinnung von Blut zu rituellen Zwecken zu bezichtigen.

Dieses Privileg wurde unter König Kasimir III. 1364 nicht nur bestätigt, sondern noch erweitert

und auf ganz Polen ausgedehnt, weil er, wie es
ausdrücklich heißt, bestrebt war, den Nutzen seiner Kammer zu vermehren. Ganz offensichtlich
ging es darum, jüdische Siedler als Pioniere in
Handel, Gewerbe und Finanzwesen in das noch
unterentwickelte Königreich zu ziehen.

Noch mehr galt das für Litauen. Die Großfürsten erteilten umfassende Privilegien, die bis zur
Steuerfreiheit von Friedhof und Synagoge führten.
So ist es nicht verwunderlich, daß es nach den
Pestpogromen im 14. und den Vertreibungen aus
den deutschen Städten im 15. und 16. Jh. zu einer
regelrechten Masseneinwanderung aschkenasi-
scher Juden nach Polen und Litauen kam. Aus dem
mittelalterlichen Deutschland brachten sie nicht nur
ihre Sitten und Gebräuche, sondern auch ihre
Sprache, das Jiddische, mit und behielten es über
Jahrhunderte bei (s. S. 96 ff.). Die aus Spanien
und Portugal vertriebenen sefardischen Einwanderer assimilierten sich rasch an die viel größere
Gruppe der *Aschkenasim*.

90   Seite aus einem illumi-
nierten Gebetbuch des Rabbi
von Ruschin, wahrscheinlich
Polen, 15. Jh.

1264 – 19. Jh.

Neue Erwerbsquellen auf dem Land

Der freizügigen Gesetzgebung entsprach ein breites Spektrum der Berufe. Neben Handel und
Geldverleih waren Juden anders als in ihren Her-
kunftsländern auch im Handwerk und seit dem
16. Jh. in der Landwirtschaft tätig. Als günstig erwies sich für sie die Expansion Polens nach Osten
seit der Lubliner Union von 1569. Die polnischen

Cheder: Wörtl. »Zimmer«. Traditionellerweise begann der religiöse Unterricht der
Jungen im Cheder, der Grundschule, mit dem Lesen und Lernen der Tora wie des
Raschi-Kommentars. Der Talmud wurde in der Jeschiwa gelehrt.
Melammed: Wörtl. »Lehrer«. Kinderlehrer im Cheder.
Mitnagged, pl. Mitnaggedim: Wörtl. »Gegner«. Als Mitnaggedim bezeichneten
die Anhänger des Chassidismus ihre rabbinischen Gegner.
Zaddik, pl. Zaddikim: Wörtl. »Gerechter«. Bezeichnet im osteuropäischen Chassi-
dismus eine charismatische Persönlichkeit, die die Mittlerrolle zwischen Gott und
den Chassidim übernimmt.

1264 – 19. Jh.

Wir übergeben »dem ehrenwerten Meister Abraham, Sohn des Samuel, und seinem Weib ... und ihren Nachkommen unsere Güter wie unten aufgeführt, nämlich die Stadt ... und damit (bestimmte Güter und Dörfer) ... und alle Geldzahlungen, die aus ihnen kommen, aus ihren Mühlen, Gasthäusern und Schenken, (aus dem Verkauf) aller geistigen Getränke und Met; desgleichen den vorgeschriebenen Zoll auf die Stadt, zusammen mit den Bojaren und allen Personen, ob sie gebraucht werden zur Arbeit darin oder nicht, die in diesen Städten und Dörfern leben, auf ihr Ackerland, ihre Arbeit und ihre Wagen, die Getreidesteuer und die Steuer auf die Bienenstöcke ..., auf Fischteiche, Mühlen und die Zahlungen für sie, ob sie bereits vorhanden sind oder künftig gebaut werden, zusammen mit den Seen und den Biberjagdplätzen, mit den Feldern, Wiesen, Wäldern und Forsten, den Dreschtennen ... und ganz allgemein all den verschiedenen Erwerbsquellen, für fünf volle und nachfolgende Jahre ... für die aufgeführte Summe von 5000 polnischen Zloty.«
Typischer Pachtvertrag von 1595

Adligen, die das neu gewonnene Land zwar kolonisieren, aber nicht persönlich die Bewirtschaftung der schwierig zu verwaltenden Ländereien im Osten übernehmen wollten, verpachteten für eine Reihe von Jahren gegen einen bestimmten Betrag ganze Grundherrschaften samt der dort lebenden Personen an Juden ihres Vertrauens.

Die jüdischen Pächter verwalteten die Ländereien mit Hilfe jüdischer Bediensteter. Die landwirtschaftlichen Produkte überließen sie wiederum jüdischen Händlern, und so profitierten auch die jüdischen Kaufleute in den Städten vom System der *Arrenda* (Pachtgeschäft). Das führte nicht nur zu einem gewissen Wohlstand unter den Juden, sondern auch zu einem erstaunlichen Anstieg der jüdischen Bevölkerung in den Gebieten der Kolonisierung. In der Ukraine waren einer amtlichen Zählung zufolge aus 24 jüdischen Siedlungen mit ca. 4000 Einwohnern vor der Lubliner Union von 1569 bis 1648 schon 115 Gemeinden mit insgesamt 51 325 Einwohnern geworden.

Welche Gefahren das System der *Arrenda* und die enge Verbindung der Juden mit dem polnisch-litauischen Adel mit sich brachte, zeigten die grausamen Kosakenaufstände unter Chmielnicki (s. S. 81).

Die jüdische Selbstverwaltung in Polen und Litauen

Eine weitere Konsequenz der günstigen Lage war die Herausbildung einer landesweiten Organisation der polnischen und litauischen Judenschaft. Schon seit dem 15. Jh. waren die Ältesten der polnischen Länder und die wichtigsten Rabbiner während der Handelsmessen in Lublin und Jaroslaw in regelmäßigen Abständen zusammengetroffen. Aus diesen Beratungsgremien entwickelte sich eine festere Organisation. 1533 genehmigte König Sigmund I. die Abhaltung eines überregionalen Gerichts während der Lubliner Messe. Es wurde die Basis der seit 1580 nachweisbaren Vierländersynode, in der die Landtage von Groß- und Kleinpolen, Rotreußen und Wolhynien zu einer übergeordneten Organisation zusammengefaßt wurden. 1623 schieden die Juden Litauens aus und gründeten ihre eigene Landessynode.

Die Vierländersynode tagte ein- bis zweimal im Jahr. Sie war für die Zahlung der festgesetzten Pauschalsteuer verantwortlich und organisierte deren Umlage auf die einzelnen Provinzen und Gemeinden. Sie pflegte die Verbindung zur Krone und zu den Regierungsinstanzen. Ein eigens zu diesem Zweck angestellter *Schtadlan* (Fürsprecher) hatte die Aufgabe, bei allen Versammlungen des polnischen Sejm anwesend zu sein und vor diesem den Standpunkt der Juden zu vertreten. Des weiteren kümmerte sich die Vierländersynode um die Wahrung der Wirtschaftsinteressen des polnischen Judentums, die Regelung von Verwaltungsfragen (z. B. Wahlmodus für die Gemeindevorstände), religiöse Belange (Verhängung des Banns, Anpassung der religiösen Vorschriften an die Bedürfnisse des modernen Lebens etc.), Erziehungs- und soziale Angelegenheiten.

Die Landtage in Polen und Litauen hielten sich fast bis zum Ende des Polnischen Reichs und wurden erst im Jahr 1764 durch den Sejm aufgelöst. Ihr Ansehen wirkte schließlich auch auf Mitteleuropa zurück, wo sich seit dem 17. Jh. ebenfalls jüdische Landtage entwickelten, die in Struktur und Funktion den polnisch-litauischen ähnelten.

91, 92 Ein litauischer Jude mit Frau und Tochter (oben) und ein chassidisches Paar (unten). Kolorierter Kupferstich, 1846

1264 – 19. Jh.

1264 – 19. Jh.

Polnisch-jüdische Gelehrsamkeit

Den günstigen rechtlichen und wirtschaftlichen Verhältnissen entsprachen besonders im 16. Jh. die Leistungen auf geistig-kulturellem Gebiet.

Hier ist zunächst Jakob Polak zu nennen, der, in Prag geboren, schon in jungen Jahren nach Krakau kam und 1530 in Safed (Galiläa) starb. Er gilt als der Begründer des *Pilpul* (von *Pilpel*, Pfeffer), der scharfsinnig-spitzfindigen religionsgesetzlichen Diskussion. *Pilpul* wurde ebensosehr um des in ihm liegenden ›Witzes‹ willen wie zum Zweck verbindlicher Entscheidungsfindung betrieben. Zur Zeit seiner Entstehung war *Pilpul* ein Zeichen für den hohen Stand der Gelehrsamkeit. Später degenerierte er häufig zum Selbstzweck, indem man über der Lust an der spitzfindigen Argumentation den Inhalt vernachlässigte.

93 Modell der Rema-Synagoge des Rabbi Moses Isserles, 1553, Krakau. Jüdisches Diaspora Museum, Tel Aviv. Der Rabbi liegt auf dem Friedhof der Synagoge begraben.

Eine zweite bedeutende Gestalt war Moses ben Israel Isserles (um 1525–72) aus Krakau, der Maimonides des polnischen Judentums. Isserles ergänzte den *Schulchan Aruch* (»gedeckter Tisch«), den Kodex des in Palästina lebenden sefardischen Gelehrten Josef Karo, der die Sitten und Gebräuche der *Aschkenasim* nicht berücksichtigt hatte, mit Glossen, die die deutsch-polnischen Gebräuche zu ihrem Recht kommen ließen. Schon 1578 erschien Karos *Gedeckter Tisch* zusammen mit Isserles' Glossen, die dieser passenderweise als *Mappa* (»Tischtuch«) bezeichnete. In dieser Kombination von Tisch und Decke ist der *Schulchan Aruch* bis heute der maßgebliche halachische Kodex.

Der Dezisor und Talmud-Kommentator Salomo ben Jechiel Luria (um 1510–73) schließlich zeichnete sich durch einen unabhängigen und kriti-

schen Geist aus. Er wandte sich sowohl gegen Po-
laks *Pilpul* als auch gegen Karos und Isserles' Ko-
difikation. Mit diesen Gelehrten nahm das osteuropäische Judentum auch auf geistig-kulturellem
Gebiet eine führende Stellung ein.

Die Chmielnicki-Pogrome

Die aus der *Arrenda* erwachsenen Spannungen
entluden sich 1648, als durch den Tod König
Wladislaws IV. ein Machtvakuum entstand. Es
kam zu gewaltsamen Aktionen, wobei religiöse
und soziale Gegensätze sich gegenseitig verstärk-
ten: Zwischen dem katholischen polnischen Adel
und der russisch-orthodoxen Landbevölkerung
standen die Juden als Pächter. Die ukrainischen
Bauern und Kosaken kannten oft ihren eigentlichen Grundherren nicht, der in der Stadt oder
am königlichen Hof lebte, sondern nur seine Vertretung, den Juden, in dem sie den eigentlichen
Ausbeuter sahen. So fielen die Kosaken unter
ihrem Anführer Bogdan Chmielnicki (**94**), unterstützt von den einheimischen Bauern, über Juden
und Polen her. In der Ukraine, in Weißrußland,
Podolien und Wolhynien fanden die furchtbarsten
Massaker statt, die in einer zeitgenössischen Chro-
nik in allen grausamen Details geschildert wurden.
Bei den Unruhen, die jahrelang anhielten, wurden
nach jüdischen Quellen 300 Gemeinden vernichtet und 100 000 Juden umgebracht. Viele Flüchtlinge zogen nach Westen. Die jahrhundertelange
Ostwanderung des europäischen Judentums
wurde mit diesen Pogromen beendet; nun kehrten
die Nachfahren der früheren Einwanderer nach
Westen zurück. Die wirtschaftliche und soziale
Expansion kam zum Erliegen.

   Die Pogrome hatten aber auch tiefgreifende
Folgen für die Religiosität der osteuropäischen
Juden. Inmitten von Verfolgung und Armut ent-
standen neue geistige Strömungen, die in breiten
Volksschichten Anklang fanden und angesichts

1264 – 19. Jh.

94 Der Hetman Bogdan
Chmielnicki, Kupferstich von
Hondius, Danzig 1651

95 Die Synagoge des Baal Schem Tow in Medschibosch

96 Chassidim in Amerika. Heute sind Chassidim über die ganze Welt verstreut. Die meisten haben sich ihre traditionelle Kleidung – dunkler Kaftan und Hut – bis heute bewahrt.

der erbärmlichen Existenzlage neue Hoffnungen vermittelten.

Der osteuropäische Chassidismus

Zum Entstehen des Chassidismus trugen Verfolgung, Verarmung und ein Sinken des Niveaus der rabbinischen Gelehrsamkeit nach 1648, aber auch die Enttäuschung über die Konversion des Pseudomessias Sabbatai Zwi (s. S. 118 ff.) entscheidend bei.

Der Gründer des osteuropäischen Chassidismus war der in Podolien geborene Charismatiker und Wunderheiler Israel ben Elieser (ca. 1700–60), der den Beinamen Baal Schem Tow (»Meister des göttlichen Namens«) erhielt, da man glaubte, er könne durch seine Kenntnis des geheimnisvollen göttlichen Namens Wunder bewirken, wirksame Amulette schreiben und Beschwörungen vornehmen. Der Baal Schem Tow lehnte die rabbinische Argumentierkunst ebenso ab wie die Rätselsprache rein theoretischer Mystik und vertrat eine volkstümliche, verinnerlichte Frömmigkeit, in der das Gebet eine besonders wichtige Rolle spielte. Es galt als Hauptverbindung zu den höheren Sphären und sollte mit bewußter Absicht (*Kawana*) gesprochen werden, die sich im Gottesdienst durch Schreie und ekstatische Bewegungen äußern konnte. Die Betonung des Gebets bedeutete eine Abkehr von der herkömmlichen Einstellung, die das Talmud-Studium als höchstes Ideal ansah. So gerieten die *Chassidim* bald in Konflikt mit den traditionellen Rabbinern, die ihre Autorität gefährdet sahen. Askese, Trauern und Fasten, wie es damals bei den Kabbalisten verbreitet war, lehnten sie ebenfalls ab. Sie betonten die Freude, die die Verehrung des Göttlichen mit sich brachte. Nach ihrer Auffassung war jede Tätigkeit eine Gebotserfüllung, soweit sie vom einzelnen freudig und um Gottes willen begangen wurde. So konn-

> »Doch wenn Israel [der Baal Schem Tow] sich in den einsamen Nächten Rechen-
> schaft über seine Existenz und die der jüdischen Gemeinde in Okop und an ande-
> ren Orten ablegte, dann kam er zu dem Schluß, daß selbst die Rabbis ... in Irr-
> tümern befangen waren ... Sie trieben eine übertriebene Kasuistik, in ihren Kom-
> mentaren ging es nur um das Spiel des Intellekts und um gelehrten Ehrgeiz; den ein-
> fachen und ehrlichen Juden, der sich danach sehnte, dem Allmächtigen voll Aufrich-
> tigkeit und Begeisterung und ohne Haarspalterei zu dienen, hatten sie völlig ver-
> nachlässigt. Die Rabbis selber waren voneinander isoliert, jeder in seine eigenen
> Tüfteleien vertieft. Es gab viele fromme Juden, die jeden Montag und Donnerstag
> fasteten und noch verschiedene andere Fasttage hielten. Es gab auch Büßer, die
> schon wegen eines schlechten Gedankens ins Exil gingen ..., und es gab solche,
> die sich die Augen verbanden, damit sie nur ja kein Weib ansahen und es womög-
> lich begehrten. Doch das alles war mit der Angst vor Strafe verbunden, und Israel
> fand, daß der wahre Dienst an Gott Freude und Erhebung bringen sollte, nicht Nie-
> dergeschlagenheit und Angst vor der Gehenna [Hölle].«
>
> *Isaac Bashevis Singer*, Die Gefilde des Himmels

ten einfache Lebensfunktionen wie Essen, Trinken, Baden, Tanzen, Singen und der Geschlechtsverkehr als gottesdienstliche Handlungen gelten.

Diese Einstellung führte zur Herausbildung eines neuen Typs religiöser Führungspersönlichkeit, des *Zaddik* (»Gerechter«). Ein *Zaddik* sollte seine eigene geistige Erhebung nicht durch Selbstkasteiung und Weltabgewandtheit steigern, sondern sich unter die Menschen mischen und seine Gemeinde leiten. Wenn er sich vom Volk fernhalte, könne seine eigene geistige Höherentwicklung sogar eine negative Wirkung haben – das Volk könnte dafür gestraft werden, daß es an die von ihm gesetzten Maßstäbe nicht heranreiche. Als Mittler zwischen Gott und dem Volk müsse der *Zaddik* deshalb von seiner erhabenen geistigen Höhe herabsteigen, um das Volk mit sich emporzuführen. Nach dem Tod des Baal Schem Tow 1760 wurde Dow Bär von Mesieritsch, der große *Maggid* (Prediger), Oberhaupt der Bewegung. Nach seinem Tod 1772 bildeten sich unter seinen Schülern verschiedene Richtungen aus. Durch die Einführung der Erblichkeit in der leitenden Stellung entstanden die großen Dynastien von *Zaddikim*, die den Chassidismus bis heute beherrschen.

1 Zamosc
2 Zolkiew
3 Dubno
4 Rowno
5 Ostrog
6 Mesiritsch
7 Isjaslaw
8 Polonnoje
9 Chmelnizki
10 Berditschew

Ausdehnung des Chassidismus
Gebiet des Chassidismus

0   100 km

97 Die Ausbreitung des Chassidismus nach 1770

Die Mitnaggedim

Der Chassidismus fand besonders beim ärmeren Bevölkerungsteil in Galizien und der Ukraine viele Anhänger, während er in Litauen weniger Zulauf hatte und auf eine starke Opposition stieß (**97**). Der Widerstand der rabbinischen Gegner, der *Mitnaggedim* (»Gegner«), formierte sich unter dem Gaon Elia ben Salomo in Wilna (**98**). Er war überzeugt, daß die Betonung der inneren Frömmigkeit und das Abgehen vom klar festgelegten Gesetz die *Chassidim* verleite, gegen die Tora zu verstoßen. Die Vorstellung vom *Zaddik* als einem Mittler zwischen Gott und den Menschen erschien ihm als Götzenanbetung, zumal er viele der großen chassidischen Persönlichkeiten, unter ihnen den Baal Schem Tow, als Ignoranten betrachtete. Außerdem kritisierte er, daß die *Chassidim* ein besonders geschliffenes Messer beim Schächten verwendeten und in ihren Gottesdienst Gebete aus dem sefardischen Ritus aufnahmen. Das ekstatische Singen und Tanzen schien ihm der Würde des Gebets zu widersprechen. Der Gaon erklärte: »Alle, die diesem Weg folgen, kehren nicht mehr um – es ist Ketzerei.«

1772 und 1782 wurde auf Betreiben des Wilnaer Gaon der Bann über die *Chassidim* ausgesprochen, dem sich sämtliche litauischen Gemeinden anschlossen. Die Auseinandersetzung wurde auf beiden Seiten mit einer Heftigkeit ausgetragen, die ihresgleichen suchte: Neben Bannsprüchen und Denunziationen gegenüber der nichtjüdischen Obrigkeit kam es zur Verbreitung polemischer Schriften, die die gegenseitige Verachtung zum Ausdruck brachten. Der Kampf des Gaon von Wilna endete zwar nicht mit einem Sieg, aber er festigte das litauische Judentum und stimulierte die Bildung neuer Zentren

98 Das Land Israel in Stämme aufgeteilt. Landkarte, die dem Gaon von Wilna zugeschrieben wird, ca. 1802.

geistig-kultureller Aktivität, d. h. die großen
Jeschiwot.

In einer Sache aber waren sich *Mitnaggedim*
und *Chassidim* einig, in der Ablehnung der Aufklärung oder, auf hebräisch, der *Haskala* (s. S.
141 f.). Für beide stand jede Modernisierung der
jüdischen Lebensart und Religion, die sie als Einheit betrachteten, außer Frage. So bildeten sowohl die chassidischen Gemeinden als auch die
litauischen *Jeschiwot* einen Damm gegen das Ein-
dringen der aufklärerisch-assimilatorischen Bestrebungen Westeuropas. Dennoch darf man das
Festhalten des osteuropäischen Judentums an der
Tradition und den alten Lebensweisen nicht nur als
Rückständigkeit begreifen. Für die jüdische Geschichte der Folgezeit, vielleicht für das Überleben
des Judentums als Gruppe, lagen die geistigen
Ressourcen im Osten.

Die Einrichtung des Ansiedlungsrayons und das Leben im Schtetl

Infolge der Teilungen Polens 1772, 1793 und
1795 und durch den Wiener Kongreß 1815 fiel
ein großer Teil Polens und Litauens an Rußland.
Innerhalb weniger Jahre kam so die Mehrheit der
jüdischen Weltbevölkerung unter die Herrschaft
eines Lands, das seit dem Mittelalter Juden die
Ansiedlung verweigert hatte. Um eine
Ausbreitung der Juden über das ganze
Reich zu verhindern, verfügte Katharina II.
(99) die Einrichtung des sogenannten
Ansiedlungsrayons (100), der das
Wohnrecht der Juden auf ein bestimmtes
Gebiet im Westen Rußlands beschränkte.
Er umfaßte das Gebiet von der Ostsee
im Norden bis zum Schwarzen Meer im
Süden, von Kalisch im Westen bis Minsk
und Kiew im Osten. Diese Regelung
behielt, mit wenigen Änderungen, Gültig-
keit bis zum Ersten Weltkrieg. Die zuvor

99 Katharina die Große von
Rußland (1729–96)

1264 – 19. Jh.

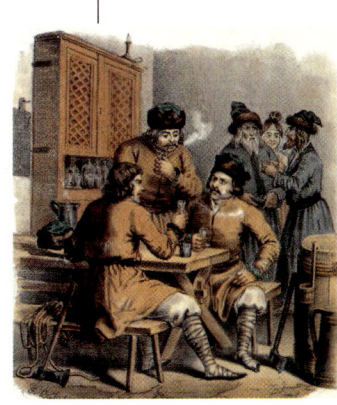

100 Ukrainische Holzfäller
in einem jüdischen Gasthof,
Farbdruck von F. Lewicki,
Podolien. 1870.

101 Straße in einem polnischen Schtetl. Wladimir Wolynsk, Foto, 1914. Windschiefe Holzhäuser, unbefestigte Straßen und viele Kinder gehörten zum Erscheinungsbild des Schtetls. Der Schauspieler Alexander Granach beschrieb das Schtetl seiner Kindheit folgendermaßen: »Die kleinen Holzhäuschen standen aneinandergereiht. Ein Haus drückte sich, stützte sich, lehnte sich an das andere wie gebrechliche, kränkliche Wesen, die schwach sind und frieren und Angst haben, allein zu sein.«

mehrheitlich auf dem Land ansässigen Juden wurden zwangsweise in die Städte umgesiedelt und so um ihre bisherigen Berufsmöglichkeiten und Einnahmequellen gebracht. Gewerbe und Handel durften sie nur untereinander und füreinander treiben. Diese Bestimmungen förderten die Herausbildung des osteuropäischen Schtetls, eines Orts der Armut, in dem sich eine spezifische jüdische Kultur und Religiösität entwickelte (101).

Schule, Bildung und Tora-Gelehrsamkeit im Schtetl

Da die religiöse Erziehung traditionell Vaterpflicht war, unterrichteten rabbinisch Gebildete ihre Kinder selbst, Reiche hielten sich Hauslehrer. Für die arme Mehrheit gab es eine Art Grundschule, den *Cheder* (102). Jeder *Cheder* wurde von einem Lehrer, dem *Melammed*, geleitet und privat finanziert. Der kargen Bezahlung und der öffentlichen Mißachtung dieser Kinderlehrer entsprach die oft mäßige Qualität ihres Unterrichts. Die Kinder lernten im *Cheder* ziemlich unsystematisch Abschnitte der Tora im Original und in jiddischer Übersetzung sowie leichtere Talmud-Stellen kennen. Der

»Die Stadt hat 18 000 Einwohner, von denen 15 000 Juden sind ... Von den 15 000 Juden leben 8000 vom Handel. Sie sind kleine Krämer, größere Krämer und große Krämer. Die anderen 7000 sind kleine Handwerker, Arbeiter, Wasserträger, Gelehrte, Kultusbeamte, Synagogendiener, Lehrer, Schreiber, Tora-Schreiber, Talles-Weber, Ärzte, Advokaten, Beamte, Bettler und verschämte Arme, die von der öffentlichen Wohltätigkeit leben, Totengräber, Beschneider und Grabsteinhauer. Die Stadt hat zwei Kirchen, eine Synagoge und etwa 40 kleine Bethäuser. Die Juden beten dreimal täglich. Sie müßten sechsmal den Weg zur Synagoge und nach Hause oder in den Laden zurücklegen, wenn sie nicht so viele Bethäuser hätten, in denen man übrigens nicht nur betet, sondern auch jüdische Wissenschaft lernt. Es gibt jüdische Gelehrte, die von fünf Uhr früh bis zwölf Uhr nachts im Bethaus studieren ... Nur am Sabbat und den Feiertagen kommen sie zu den Mahlzeiten heim ... Ihre Familien, das Haus versorgen die Frauen, die einen kleinen Handel mit Kukuruz im Sommer, mit Naphta im Winter ... betreiben.«

Joseph Roth, Juden auf Wanderschaft

1264 – 19. Jh.

Unterricht begann schon im Alter zwischen drei und fünf Jahren, der Schultag war länger als heute und konnte acht bis zwölf Stunden dauern.

Nur die Knaben besuchten bis zu ihrer *Bar Mizwa* den *Cheder*, für die Mädchen gab es, entsprechend den häuslichen Verhältnissen, eine recht unterschiedliche Erziehung, die v. a. darauf abzielte, später einen rituell korrekten Haushalt führen zu können. Für die Mädchen und Frauen gab es besondere Gebetbücher und Erbauungsliteratur meist in jiddischer Sprache. Darüber hinaus gab es für sie, im Gegensatz zu den Männern, die ihre Zeit ausschließlich den heiligen Schriften widmen sollten, einen gewissen Freiraum für profane Lektüre. Daher konnte es vorkommen, daß die Frauen über einen weiteren Horizont verfügten als ihre ›nur‹ rabbinisch gebildeten Männer.

Nach dem Abschluß des *Cheders* lautete die große Frage: Hat der Junge das Talent für ein lebenslanges Studium, oder soll er es unterbrechen und in das Geschäftsleben eintreten? Falls der Junge für das Studium befähigt schien, kam er auf die *Jeschiwa*, eine Art theologischer Hochschule und war nun ein *Jeschiwe-Bocher* (»Jeschiwa-Junge«, **103**). Nur wenige von ihnen hatten Eltern, die das Studium finanzieren konnten. Die Lösung dieses Problems beweist, welchen Stellenwert das religiöse Studium im Schtetl hatte. Die Gemeinde übernahm nicht nur die Unterhaltung der *Jeschiwa*, sondern auch die der ärmeren Studenten. Die Ausbildung beschränkte sich fast ausschließlich auf die traditionellen Texte, d. h. den Talmud und rabbinische Gesetzessammlungen. Weltliche Fächer waren ebenso verpönt wie die Schriften des jüdischen Gelehrten Maimonides (s. S. 58 f.). Für die Studenten, die sich nicht mit dem traditionellen Stoff zufriedengaben, wurde Maimonides zur Lektüre unter der Schulbank. Galt er diesen als Inbegriff moderner Wissenschaft und Rationalität, stilisierten ihn die Traditionalisten zum Häretiker.

102 Im *Cheder*, Slonim 1938. Foto von Roman Vishniac

103 Jeschiwa-Studenten diskutieren den Talmud, Warschau 1936. Foto von Roman Vishniac

104 Jüdisches Ehepaar. Warschau, um 1846. Der Mann trägt einen schwarzen Kaftan mit Gürtel und einen *Spodek* als Kopfbedeckung. Die Frau trägt ein *Sterntichel* in Form eines Diadems und eine Schürze. An den Füßen haben beide die bis ins 19. Jh. verbreiteten pantoffel-ähnlichen Schuhe ohne Ferse.

1264 – 19. Jh.

Dank der Förderung begabter armer Studenten bestand die Chance des sozialen Aufstiegs, denn die Absolventen der *Jeschiwot* hatten ein hohes Prestige in den Gemeinden. Reiche Familien waren durchaus bereit, ihre Töchter mit armen, aber gelehrten Männern zu verheiraten und diesen ein lebenslanges Studium zu finanzieren. Da das Lernen ideell an erster Stelle der Werteskala stand, gehörten die Gelehrten im Schtetl zur Oberschicht, zu den *Schejnen Jidn*. Ein idealer *Schejner* war sowohl gelehrt als auch vermögend; er war wohltätig, hatte *Jichus* (»edle Abstammung«), und sein soziales Verhalten entsprach den Normen der ostjüdischen Kultur.

In der Unterschicht, bei den *Proste Jidn*, zeigten sich die gleichen subtilen Abstufungen wie in der Oberschicht. Die Rangfolge reichte vom selbständigen Handwerker, Kleinhändler, Hausierer und Schankwirt bis hin zu den ärmsten, den Lasten- und Wasserträgern, Musikanten, Totengräbern, Bettlern und den häufig beschriebenen »Luftmenschen«.

»Der allbekannte ›Luftmensch‹ ist einer, der in des Worts Bedeutung von Hoffnung und Wundern lebt. Er hat kein festes Geschäft, kein reguläres Einkommen. Er ist ein ›Klein-Kommissionär‹, der herumjagt, fast alles anpackt, einen Kunden aus der Luft heranschafft, ihm fast durch Hypnose etwas verkauft und dafür eine lächerlich kleine Gebühr kassiert. In jeden Versuch legt der Luftmensch seine Leidenschaft und Überzeugung, wie ein Künstler, der sein Meisterstück schafft, obgleich seine Mühe meist vergebens ist und seine Hoffnung auf Ertrag sich in Luft auflöst: sein Element.«

Mark Zborowski und Elizabeth Herzog, Das Schtetl

Das Lernen wurde bei den *Prosten* ebenfalls als höchster Wert angesehen. So versuchte auch der Ungelehrte mit Zitaten, Anspielungen und Verweisen aus den Heiligen Schriften zu glänzen, obwohl er sie aus Unwissenheit oft verdrehte und im falschen Zusammenhang vorbrachte. Tewje, der Milchmann aus dem Roman von Scholem Alejchem, ist ein bekanntes Beispiel für diesen Typ.

Typische Kleidungsstücke des Schtetls

Bei den Juden in Polen, Rußland und
Galizien gab es trotz örtlicher Unterschiede
einen spezifischen Kleidertyp, eine durch
Tradition und Sitte geprägte Tracht für Männer und Frauen.

Die Männer trugen den Kaftan, einen
langen, engen, geknöpften Mantel, zu dem oft ein
Stoffgürtel gehörte (104). Wegen seiner allgemeinen Verbreitung bei der jüdischen Minderheit wurde der Kaftan als das typisch jüdische
Kleidungsstück angesehen. Im 19. Jh. wurde er
hauptsächlich von orthodoxen Juden getragen.

105   Zwei seidene *Jarmelken*, verziert mit spanischem
Brokat (*Schpanjer*), Wol-
hynien/Podolien, 19. Jh.

Der Brauch, den Kopf stets bedeckt zu halten,
brachte eine große Anzahl von Hüten und Kap-
pen hervor, die von verschiedenen Schichten und
zu verschiedenen Gelegenheiten getragen wurden: Die *Jarmelke* ist ein Käppchen aus schwarzer
Seide oder Baumwolle, das ständig getragen wurde. Auf der Straße setzte man zusätzlich einen
Hut über die *Jarmelke*. Die *Schejnen Jidn* hatten
Jarmelken, die mit Gold und Silber kunstvoll be-
stickt waren (105). Der *Streimel* ist eine mit Fuchs,
Marder oder Zobel verbrämte Samtkappe, die
spitz ausläuft. Er wurde von wohlhabenden Juden
und *Chassidim* an Feiertagen außer Haus getragen (106). Der *Spodek*, eine hohe Form des *Strei-
mels*, war hauptsächlich eine Kopfbedeckung für
die Wochentage. An Feiertagen wurde ein mit
Zobel besetzter *Spodek* getragen (107). In traditionellen orthodoxen bzw. chassidischen Kreisen
gibt es diese Kopfbedeckungen noch heute. Bart
und *Pejes* (Schlä-
fenlocken) verlie-
hen dem erwach-
senen Mann
Würde (106).
Beide galten
schon im Mittel-
alter als jüdische

106   Portrait eines bärtigen
Juden. Isidor Kaufmann
(1854–1921). Der Mann
mit Vollbart und *Pejes* (Schläfenlocken) trägt als Kopfbedeckung einen *Streimel*. Der
helle Gebetsmantel ist am
Halsausschnitt mit Stickerei
verziert. Diese dekorative
Borte wird *Atara* (Krone)
genannt.

1264 – 19. Jh.

107   *Spodek* aus Samt und
Zobelpelz, o. J.

89

108 Schmiede in Polonnoje, 1914–16. Bei den jüdischen Arbeitern und Handwerkern setzte sich seit der Mitte des 19. Jh. die Schirmmütze, der *Kaschket* oder *Kartus*, als gängige Kopfbedeckung durch.

109 *Sterntichel* in Form eines Diadems. Rußland 19./20. Jh. Das Diadem hat eine Silberfassung und ist mit Perlen und Granaten besetzt. Es wurde über der Stirn auf einer eng anliegenden Haube, der *Kupke*, getragen. Als Schmuckmotiv in der Mitte ist ein Davidstern zu erkennen.

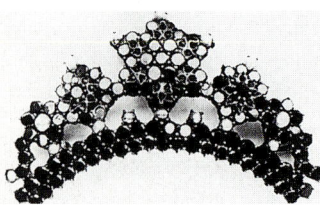

Merkmale. Der Bart galt zudem als von Gott geschaffenes Unterscheidungsmerkmal gegenüber der Frau. Das Tragen der Schläfenlocken wird auf ein biblisches Gebot zurückgeführt: »Ihr sollt euer Haar am Haupt nicht rundherum abschneiden, noch euren Bart stutzen.« (Lev 19,27). Das Abschneiden des Barts oder der *Pejes* galt als schmachvoll und demütigend. Geschah es unfreiwillig, z. B. durch Nichtjuden während eines Pogroms, wurde es von der Gemeinde stillschweigend hingenommen, um den Betroffenen nicht zu beschämen. Rasierte sich ein Mann aus eigener Initiative, wurde er der Ketzerei unter dem Einfluß der Aufklärung verdächtigt.

Seit der Mitte des 19. Jh. wurde von jüdischen Arbeitern und Handwerkern v. a. der *Kaschket*, eine Schirmmütze aus schwarzem Tuch, getragen. War der Schirm der Mütze aus Leder oder Lack, nannte man sie *Kartus* (**108**).

Mit der Ausbreitung der Aufklärung nach Osteuropa begann sich auch dort eine bürgerliche Bekleidung durchzusetzen. Drei Kleidungsstücke der jüdischen Frau erwiesen sich jedoch als widerstandsfähig gegenüber Moden und Zeitströmungen und wurden bis zum Ersten Weltkrieg getragen: Kopfbedeckungen aller Art, Brusttichel und Schürze.

Verheiratete Frauen, Geschiedene und Witwen trugen stets eine Kopfbedeckung. Das Abschneiden der Haare kurz vor oder nach der Hochzeit war aber nur bei den Jüdinnen Osteuropas im 18. und 19. Jh. weit verbreitet. Bis heute wird es von einigen orthodoxen aschkenasischen Jüdinnen praktiziert. Die sefardischen Juden kennen diesen Brauch nicht. Bei den Kopfbedeckungen gab es eine große Auswahl: Kopftücher, Haar-

1264 – 19. Jh.

bänder, Hauben, Schleier, turbanähnliche Ge-
bilde und *Sterntichel* (**109**). Im 19. Jh. war das
Tragen von Perücken weit verbreitet. Die ältesten
Perücken waren aus Stoff, der so drapiert wurde,
daß er wie ein Lockenkopf aussah, oder aus Sei-
denfransen, die langes Haar imitierten (**110**). Erst
im späten 19. Jh. ersetzten Perücken aus Kunst-
oder Echthaar die Stoffperücken. Das jiddische
Wort *Scheitel* war die übliche Bezeichnung dafür.
Die verschiedenen Kopfbedeckungen wurden
häufig miteinander kombiniert: z. B. Perücke mit
Schleier oder Kopftuch oder Haarbänder mit Haube oder Tüchern (**111**).

Dem *Brusttichel* wurden ursprünglich magische
Schutzfunktionen zugeschrieben. Es bestand aus
einem langrechteckigen Stoffstreifen und verdeck-
te die Knopfleiste
der Bluse. Oben
wurde es mit Bän-
dern um den Hals
gebunden, der unte-
re Teil in Rock oder
Schürze gesteckt
(**112**). Frauen, die
das *Brusttichel* tru-
gen, sah man häufig
in einer typischen
Pose: Sie verbargen
die Hände darin wie
in einem Muff (**111**).

112 Drei festliche Brusttichel.
Wolhynien/Podolien, 19. Jh.

110 Samthaube mit Seiden-
fransen, die langes Haar an-
deuten sollen. Wolhynien/
Podolien 19. Jh.

1264 – 19. Jh.

111 Jüdische Frau aus
Polen. Radierung nach J. P.
Norblin, 1817. Auf einer mit
Spitzen versehenen Haube,
der *Kupke*, ist ein breites
Band oder Tuch gebunden.
Die Frau trägt ein besticktes
Brusttichel, eine helle, gemu-
sterte Schürze und Schuhe mit
hohen Absätzen. Sie hat eine
Hand unter das Brusttichel ge-
steckt – eine Haltung, die auf
vielen Bildern dargestellt wird.

Das Tragen der Schürze hing mit dem weit verbreiteten Aberglauben zusammen, daß sie vor
dem bösen Geist, dem *Dibbuk*, schütze. Man trug
sie jedoch auch aus praktischen oder dekorativen
Gründen. Sie gehörte zum festen Bestandteil der
jüdischen Frauentracht, und so wurde sie, nachdem sie um die Jahrhundertwende schon aus der
Mode gekommen war, von besonders konservativen Frauen unter dem Rock auch weiterhin
getragen.

1264 – 19. Jh.

113 Klesmer-Kapelle aus Rohatyn (Galizien), Foto, 1912

Musik im Schtetl – Die Klesmer-Kapelle

Das Wort *Klesmer* ist eine Verballhornung des hebräischen *Kle Semer*, was Musikinstrumente bedeutet. Im Sprachgebrauch wird sowohl die Kapelle als solche als auch jedes einzelne Mitglied der Kapelle als *Klesmer* bezeichnet.

Jüdische Hochzeiten oder religiöse Festlichkeiten wie *Simchat Tora* und *Purim* waren im Schtetl ohne eine *Klesmer*-Kapelle (113, 114) nicht denkbar. Die *Klesmorim* spielten nicht nur ihre eigenen Lieder, sondern adaptierten auch allgemein verbreitete Melodien und Texte für ein jiddischsprachiges Publikum. Üblich war eine Besetzung aus Violine, Kontrabaß, Becken, Klarinette, Flöte und Hackbrett.

Die meist professionellen Musiker waren auch bei ihren nichtjüdischen Nachbarn gefragt, und so kam es vor, daß sie bei Hochzeiten und Festen der christlichen Oberschicht aufspielten. Es gab regelrechte *Klesmorim*-Familien, in denen sich der Beruf von Generation zu Generation vererbte.

Heute erlebt die *Klesmer*-Musik eine Renaissance: Stellvertretend für die heutige Generation der Klesmer sei hier nur der Klarinettist Giora Feidman genannt.

Die Synagogen Osteuropas

Nachdem im Mittelalter sehr wenige Synagogen errichtet worden waren, setzte im 16. und 17. Jh. in Polen eine rege Bautätigkeit ein. Die dokumen-

114 Klesmer-Kapelle. Foto, 1910–14

tierten Synagogen können aufgrund ihres Baumaterials in zwei große Gruppen unterteilt werden: Steinbauten, die v. a. in den größeren Städten errichtet wurden, und Holzbauten, die eher in kleineren Ortschaften standen. Innerhalb dieser Gruppen entwickelten sich verschiedene Bautypen.

Die älteren Steinsynagogen des 16. und 17. Jh. waren langgestreckte Räume im Renaissancestil mit einem Eingang im Westen und darüberliegender Frauenempore. Im 17. und 18. Jh. entstand ein neuer, meist quadratischer Raumtypus mit vier zentralen Stützen, der nur in Polen – und dort ausschließlich in der Synagogenarchitektur – zu finden war. Bei allen Bauten dieses Typs befand sich in Raummitte ein quadratisches Podest für die *Bima* (Vorlesepult), zu dem zwei seitliche Aufgänge hinaufführten. An den vier Ecken des Podests standen Säulen, die durch Bögen über den Kapitellen miteinander verbunden waren. Der bemalte oder durchfensterte *Bima*-Aufbau schloß mit einem horizontalen Gesims ab, auf dem das Gewölbe ruhte (115). Die *Bima* stand also nicht frei, sondern war direkt mit dem Gewölbe verbunden.

Zur gleichen Zeit entwickelte sich in Osteuropa eine weitere Besonderheit: die Wehr- oder Festungssynagogen (116). Diese glichen mit ihrer massiven, geschlossenen äußeren Form und den Schießscharten im Attika-Geschoß Festungen und waren auch als solche gedacht. Während der

115 Luzk. Synagoge, 1. Hälfte 17. Jh. Der vierstützige *Bima*-Aufbau ist reich bemalt.

1264 – 19. Jh.

116 Wilna. Festungssynagoge, 1. Hälfte 17. Jh. Modell. Die Synagoge hatte einen Wachturm, zu dem ein geschützter Gang führte. Der Innenraum folgte dem Schema mit den vier Mittelstützen.

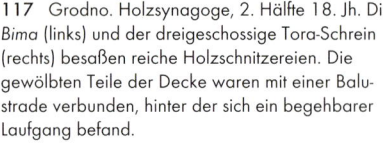

117　Grodno. Holzsynagoge, 2. Hälfte 18. Jh. Die *Bima* (links) und der dreigeschossige Tora-Schrein (rechts) besaßen reiche Holzschnitzereien. Die gewölbten Teile der Decke waren mit einer Balustrade verbunden, hinter der sich ein begehbarer Laufgang befand.

1264 – 19. Jh.

118　Kunstvoll geschnitzte und farbig gefaßte Holztür eines Tora-Schreins. Polen, 18. Jh. Der Text im Bogen lautet: »Sei dreist wie ein Leopard, rasch wie ein Adler, eilig wie ein Hirsch und stark wie ein Löwe.« (Sprüche der Väter, Abschnitt 5, 23). Die vier Bildszenen illustrieren den Text.

Kosakenüberfälle oder in anderen Notzeiten konnten sich die Juden dort verschanzen und von oben verteidigen. Nicht umsonst entstanden die meisten Festungssynagogen im Jahrhundert der Chmielnicki-Pogrome. Die Innenräume der Festungssynagogen folgten meist dem beschriebenen Schema mit den vier Mittelstützen.

In Dörfern oder kleinen Städtchen, in denen die günstigere Holzbauweise ohnehin üblich war, wurden v. a. im 18. Jh. hölzerne Synagogen errichtet. Während der Außenbau – abgesehen von den hohen, geschwungenen Dächern – eher schlicht war, kam der Reichtum dieser Synagogen im Innenraum zum Ausdruck. Der häufig mehrgeschossige Tora-Schrein, die *Bima* und die Balustraden waren mit kunstvollen Holzschnitzereien versehen (**117, 118**).

Überwältigend aber waren die reichen, farbenprächtigen Malereien, die die Wand- und Deckenflächen völlig überzogen. Horizontale hebräische Schriftbänder teilten die Wände in symmetrisch gegliederte Zonen, auf denen neben jüdischen Symbolen (Tiere, Tierkreiszeichen, Tempelgeräte) Elemente der einheimischen Volkskunst zu sehen waren (**119**). Die Namen einiger Maler waren in Schriftfeldern genannt und sind daher überliefert.

Viele Holzsynagogen waren schon baufällig und die Malereien verblaßt, als man sich im frühen 20. Jh. dafür zu interessieren begann. Was übrigblieb, wurde im Zweiten Weltkrieg von den Deutschen zer-

stört. So muß man sich heute
bei der Rekonstruktion auf alte
Schwarzweiß-Aufnahmen und
farbige Zeichnungen stützen.
Die meisten Fotos und Zeichnungen verdanken wir der
1908 in St. Petersburg gegründeten Jüdischen Historisch-
Ethnographischen Gesellschaft.
Sie organisierte Expeditionen in
die Dörfer Wolhyniens und
Podoliens, um Zeugnisse jüdischer Kultur zu sammeln. Einer
dieser Expeditionen gehörten
die Maler Issachar Ryback und
El Lissitzky an, die Malereien
aus ca. 200 Holzsynagogen
kopierten.

Bis vor kurzem ging man davon aus, daß alle
Holzsynagogen verfallen oder zerstört sind. Erst
der politische Umbruch in Osteuropa machte es
möglich, ungehindert nach Spuren jüdischer Kultur
zu suchen. So besuchten im Juli 1993 junge Wissenschaftler des Center for Jewish Art der Universität Jerusalem in Zusammenarbeit mit Mitgliedern

119 Chodorow, Mitte
17. Jh. Modell. Die Synagoge in Chodorow war ein
schlichter Bau mit Tonnen-
gewölbe. In der Mitte des
Gewölbes ist ein Doppeladler
mit zwei Hasen als Symbol
der Errettung des Volks Israel
durch Gott dargestellt, umgeben von 12 Feldern mit den
Symbolen des Zodiak.

1264 – 19. Jh.

der Jüdischen
Universität St.
Petersburg
32 Schtetl in
Litauen. Dabei
entdeckten sie
neben einigen
Steinsynago-
gen sechs Holz-
synagogen, die
heute als Spei-
cher, Kinos
oder Konzert-
halle genutzt
werden.

120 Tarnow, Polen: Von der
Steinsynagoge sind nur die
vier Mittelstützen der *Bima*
erhalten. Foto 1991

Wo immer sich Juden für längere Zeit in der Diaspora niederließen, entstanden ›Judensprachen‹. Diese waren eine Mischung aus der Sprache der jeweiligen Umwelt und den traditionellen jüdischen Sprachen Hebräisch und Aramäisch. Geschrieben wurden sie aber immer mit hebräischen Buchstaben von rechts nach links. Die beiden wichtigsten Judensprachen waren das Judäospanische (*Ladino*) und das Jüdisch-Deutsche (*Jiddisch*). Jiddisch entstand im mittelhochdeutschen Sprachraum, wo Juden seit dem 9. Jh. nachgewiesen sind (s. S. 60 ff.).

Trotz der großen Ähnlichkeit zum Mittelhochdeutschen wurden die hebräischen und aramäischen Elemente im Jiddischen von Juden und Nichtjuden als markantes Unterscheidungsmerkmal wahrgenommen. Durch die Verfolgungen seit den Kreuzzügen setzte eine Ostwanderung der *Aschkenasim* ein. Auf diese Weise geriet das Jiddische in den Einflußbereich der osteuropäischen, vornehmlich slawischen Sprachen. Hier entwickelte es sich weiter; es wurde die Alltagssprache des Schtetls (s. S. 86 ff.).

Im 19. Jh. haben v. a. zwei Bewegungen die Herausbildung einer modernen jiddischen Literatursprache gefördert: der Chassidismus und die *Haskala* (innerjüdische Aufklärung). In der Absicht, ein möglichst breites Publikum zu erreichen, bedienten sich *Chassidim* und *Maskilim* der jiddischen Sprache und brachten sie in eine neue, ansprechende literarische Form, die von Sprechern aller jiddischen Dialekte akzeptiert werden konnte. Der Chassidismus verhalf der religiösen Volksliteratur zu einer neuen Blüte, während die Aufklärer Texte veröffentlichten, in denen sie Kritik an den bestehenden Verhältnissen im Schtetl übten. Viel lieber hätten sie in der »reinen« jüdischen Sprache, dem Hebräischen, geschrieben, doch hätten sie damit die breiten Volksmassen einschließlich der Frauen nicht erreicht. So griffen sie zunächst aus pragmatischen Gründen aufs Jiddische zurück.

Die Väter der modernen jiddischen Literatur

Überzeugt von den Ideen der Aufklärung schrieb Mendele Mocher Sforim (1835–1917) ursprünglich in Hebräisch. In der Absicht, ein breites Publikum zu erreichen, wandte er sich aber bald dem Jid-

121 Titelseite von *Masasot Binjamin Haschlischi* (»Die Reisen Benjamins III.«) und *Fischke der Krummer* mit einem Portrait des Autors Mendele Mocher Sforim

122 Die Hochzeit auf dem Friedhof. Radierung von Anatoli Kaplan aus dem Zyklus *Fischke der Lahme*, 1976

dischen zu. Der nachfolgenden Schriftstellergeneration galt er als der Schöpfer und Begründer der neueren jiddischen Literatur; sie bezeichneten ihn liebevoll als ihren *Seide* (Großvater). Der Durchbruch gelang Mendele 1864 mit dem Buch *Dos kleine Mentschele*, in dem er die sich unrechtmäßig bereichernden Vorsteher im Schtetl kritisierte. Die Kritik an den Zuständen im Schtetl, aber auch die humorvolle Schilderung seiner ›wirklichkeitsfremden‹ Bewohner durchziehen sein ganzes Werk (**121, 122**).

Isaak Leib Perez

Isaak Leib Perez (1851–1915) begann in den 80er Jahren unter dem Einfluß der grausamen Pogrome nach der Ermordung des Zaren Alexander II. (1881) auf Jiddisch zu schreiben. Die Pogromwelle hatte die Assimilationshoffnungen vieler Juden und auch die von Isaak Leib Perez zerstört. Er vertrat fortan die Ansicht, daß zur jüdischen Eigenständigkeit die jiddische Sprache gehört. Ab 1891 gab er die *Jiddische Bibliothek* heraus, in der neben jiddischer Literatur auch populärwissenschaftliche Texte zum Zweck der Volksbildung erschienen. Er war Mitarbeiter vieler jiddischer Zeitungen und Journale und bemühte sich um das jiddische Theater. Zu seinen bedeutendsten Werken gehören die Erzählbände *Volkstümliche Geschichten* und *Chassidische Erzählungen*. In letzteren wird die Welt des Chassidismus erstmals als literarischer Gegenstand behandelt. Auf der Konferenz der Jiddisten in Czernowitz (1908), bei der es darum ging, die jiddische Literatur als zeitgemäßes, ernstzunehmendes Schrifttum bewußt zu machen, war Perez einer der Wortführer. Bei seinem Begräbnis sollen sich 100 000 Trauernde versammelt haben.

Scholem Aleichem

Auch Scholem Aleichem (»Friede mit Euch«, Pseudonym für Schalom Rabbinowitsch, 1859–1916) wandte sich in der Hoffnung, die Volksmassen mit Geschichten erziehen zu können, der jiddischen Sprache zu. Er beschrieb den Typ des ewig Scheiternden, der doch immer wieder Hoffnung schöpft und sich bemüht, mit Humor seinen oft trauri-

123 Bühnenmodell für die Erstaufführung von *Fiddler on the Roof*, Boris Aronson, 1964

gen Alltag zu bewältigen. Im Roman *Tewje, der Milchmann* (1894) hat er diesen Typ verewigt. Tewjes Geschichten wurden zur Vorlage des Musicals *Fiddler on the Roof* (*Anatevka*), das 1964 mit großem Erfolg am Broadway vorgestellt wurde und seither auf den Bühnen der ganzen Welt gespielt wird (**123**).

Frauen und jiddische Literatur

Für die weniger gebildeten Männer, v. a. aber für die Frauen, die nur am Rande in das traditionelle Bildungssystem einbezogen waren und die Sprache der Gebildeten, das Hebräische, nicht beherrschten, entstand eine umfangreiche Literatur in ›Weiberdeutsch‹ – wie das Jiddische nicht selten abfällig genannt wurde. Ein Beispiel dafür ist die *Zenne Renne*, eine Sammlung von volkstümlichen, frei ausgeschmückten Bibelübertragungen, die mit Erläuterungen versehen sind. Sie wurde von dem böhmischen Rabbiner Jakob Aschkenasi (1550– 1628) verfaßt und um 1620 erstmals gedruckt. In den folgenden Jahrhunderten war die *Zen-*

ne Renne das grundlegende Erziehungs- und Bildungsbuch der jüdischen Frau. Ihren Namen verdankt sie einem Zitat aus dem *Hohenlied Salomonis*: »Geht hinaus und schaut, ihr Töchter Israels.« (Hoheslied 3,11). Etwa um die gleiche Zeit entstanden die *Tchines* (von *techinna*, »Flehen«), persönliche Bittgebete für Frauen, die in einem gefühlsbetonten Stil verfaßt waren und der Erbauung dienten. Einige wurden sogar von Frauen geschrieben, ein Phänomen, das in der religiösen Literatur nicht häufig war.

Ein jiddischer Text ganz anderer Art sind die *Memoiren* der Glückel von Hameln (1646–1724), einer selbstbewußten Tochter aus reicher Hamburger Familie, Ehefrau, Mutter von zwölf Kindern und Ge-

YIVO (Yidisher Visenshaftlikher Institut): Das jiddische wissenschaftliche Institut wurde 1925 in Berlin gegründet mit dem Ziel, die jiddische Sprache, Literatur und Kultur zu erforschen. Bis 1940 war der Hauptsitz des Instituts in Wilna, danach in New York. Das YIVO besitzt weltweit die größte Sammlung jiddischer Kultur: Bücher, Zeitschriften, Plakate, Schallplatten, Filme, Fotos etc. Es bietet Jiddischkurse an, publiziert Bücher und organisiert Tagungen und Ausstellungen. Erst der politische Umbruch in Osteuropa ermöglichte den Wissenschaftlern des YIVO den Einblick in die dortigen Archive. Dabei entdeckten sie u. a. in Wilna große Teile des alten YIVO-Archivs, die seit der deutschen Okkupation 1941 als verschollen galten.

schäftsfrau. In ihren Erinnerungen, die sie für ihre Kinder schrieb, spiegelt sich das Alltagsleben der begüterten jüdischen Kreise in Norddeutschland Ende des 17. und Anfang des 18. Jh. wider. Glückel schrieb noch in Jiddisch, aber nur wenige Jahrzehnte nach ihrem Tod gaben die Juden Westeuropas im Zug der Aufklärung und ihrer Forderung nach sprachlicher Assimilation das Jiddische allmählich auf.

125 *In Vald*. Titelseite eines jiddischen Kinderbuchs von Leib Kwitko (1890–1952) mit Illustrationen von Issachar Ryback, 1922. Kwitko gehörte zu den wichtigsten jiddischen Kinderbuchautoren der Sowjetunion. Während der stalinistischen Säuberungen wurde er 1949 verhaftet und 1952 mit 30 weiteren jiddischen Schriftstellern hingerichtet.

Das Jiddische als Sprache der Weltliteratur

Noch vor dem Zweiten Weltkrieg war das Jiddische weltweit die Muttersprache von etwa 12 Mio. Menschen. Durch den Nazi-Holocaust bis 1945 und die stalinistischen Säuberungen von 1948–52 wurde die jiddische Sprache und Literatur mit ihren Autoren und Lesern in Mittel- und Osteuropa vernichtet. Seit den Pogromen im zaristischen Rußland und v. a. nach den Weltkriegen wanderten jiddischsprechende Massen nach Amerika aus.

Unter den eingewanderten Autoren bildete sich bald eine rege Literaturszene heraus. Schriftsteller wie Isaac Bashevis Singer (**124**), sein älterer Bruder Israel Joshua Singer, Scholem Asch u. a. erwiesen sich als bedeutende Erzähler, die durch Übersetzungen in europäische Sprachen auch viele Leser in nichtjüdischen Kreisen gefunden haben. Mit der Verleihung des Literatur-Nobelpreises an Isaac Bashevis Singer im Jahr 1978 wurde die gesamte jiddische Literatur geehrt.

124 Isaac Bashevis Singer (1904–91). Nach einer Schreibkrise begriff Singer, daß nicht Hebräisch die Sprache war, in der er sich ausdrücken mußte, sondern seine jiddische Muttersprache. Von da an schrieb er nur noch auf Jiddisch.

15. Jh. – 16. Jh.

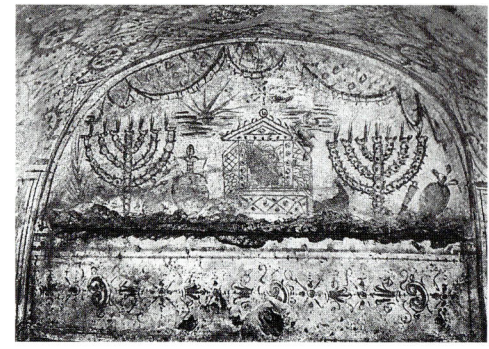

126 Katakombe der Villa Torlonia. Rom, etwa 4. Jh. n. d. Z. Die bemalte Rückwand des Arkosolgrabs zeigt einen geöffneten Tora-Schrein zwischen zwei siebenarmigen Leuchtern (*Menorot*). Die Katakombe der Villa Torlonia an der Via Nomentana ist aufgrund ihrer reichen jüdischen Symbolik die bedeutendste der sechs jüdischen Katakomben, die seit 1602 in Rom entdeckt wurden.

Das italienische Judentum ist neben dem griechischen das älteste Europas und kann auf eine kontinuierliche Geschichte von der Antike bis in die Gegenwart zurückblicken. Ähnlich wie in Deutschland war die Aufteilung in Stadtstaaten und Fürstentümer für die italienischen Juden von Vorteil. Wurden sie aus einem Ort vertrieben, so gewährte man ihnen an einem anderen Zuflucht.

Rom ist die älteste jüdische Gemeinde Italiens. Schon im zweiten vorchristlichen Jahrhundert, also zu einer Zeit, als der Tempel in Jerusalem noch stand, gab es Juden in Rom. Katakomben und Glasbecher mit jüdischen Motiven sowie die in Ostia ausgegrabene Synagoge mit *Mikwe* und Gemeinderäumen bezeugen die jüdische Existenz im antiken Rom und seiner Umgebung (**126–128**). Bis zum Ende des Kaiserreichs

127 Boden eines Glasbechers mit Goldornamentik. Rom, 3./ 4. Jh. Die Glasbecher, von denen nur noch die verzierten Böden erhalten sind, fand man in den Katakomben. Dieser Boden ist zweigeteilt. Der obere Teil zeigt den geöffneten und von zwei Löwen flankierten Tora-Schrein, im unteren Teil erscheinen zwischen zwei *Menorot* ein *Schofar* sowie Lulaw und Etrog.

lebten die Juden in Rom verhältnismäßig ungestört, dann kam es aber zu ersten Reibereien mit dem aufkommenden Christentum, und schließlich lag das Wohlergehen der römischen Juden völlig in der Hand der Päpste, die einmal tolerant, dann wieder diskriminierend auf sie reagierten.

In der Zeit der Reformation und Gegenreformation erreichte die feindselige Haltung der Päpste ihren Höhepunkt. Unter Julius III. wurde 1553 auf dem Campo dei Fiori der Talmud verbrannt. 1555 ordnete Paul IV. in seiner Bulle *Cum nimis absurdum* die Ghettoisierung der Juden an, verbot alle Synagogen bis auf jeweils eine pro Gemeinde (128), erzwang das Tragen eines Judenabzeichens und verbot jegliche kommerzielle Tätigkeit mit Ausnahme des Lumpenhandels. Noch im gleichen Jahr entstand das römische Ghetto an dem häufig von Überschwemmungen heimgesuchten Tiberufer.

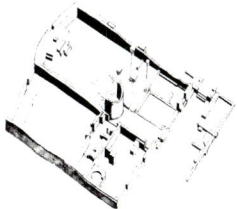

128 Die Synagoge in Ostia, dem antiken Hafen von Rom. Isometrische Rekonstruktion. Die Synagoge entstand im ersten nachchristlichen Jahrhundert und wurde im 4. Jh. umgestaltet. Sie ist nach der Synagoge auf Delos die älteste in baulichen Resten erhaltene Synagoge Europas.

Um die Juden zum Christentum zu bekehren, wurden sie gezwungen, christliche Predigten anzuhören, eine Praxis, die man in Rom bis 1847 beibehielt. 1569 vertrieb Pius V. alle Juden aus dem Kirchenstaat. Nur in Ancona und Rom war ihnen der Aufenthalt noch erlaubt. Aus den süditalienischen Gemeinden, die im Mittelalter eine führende Rolle gespielt hatten, waren die Juden schon früher vertrieben worden. Sizilien und

129 Aquarell der *Piazza delle Scuole* in Rom, 1837. Nachdem der Papst 1555 in jedem Ghetto nur noch eine Synagoge zuließ, entstand in Rom ein Gebäudekomplex, in dem fünf Synagogen untergebracht waren: die Scuola Catalana der aus Katalonien eingewanderten Juden, die Scuola Siciliana für Juden aus Sizilien, die Scuola Castigliana für Juden aus Kastilien, ferner die Scuola Nuova und v. a. Il Tempio, die Synagoge der seit der Antike bestehenden jüdischen Gemeinde Roms. Das Gebäude der Cinque Scuole fiel 1893 einem Brand zum Opfer.

15. Jh. – 16. Jh.

Sardinien waren bereits im 13. Jh. unter spanische Herrschaft gekommen, so daß das spanische Vertreibungsedikt von 1492 auch die dort lebenden Juden betraf. Viele von ihnen flohen ins Osmanische Reich, andere fanden in den norditalienischen Gemeinden Zuflucht. Dort hingen ihre Rechte und Freiheiten von den lokalen Herrschern ab. Ausgesprochen gut ging es den Juden unter den Medici in Florenz, den Gonzaga in Mantua und den Este in Ferrara.

Eine besondere Rolle nahm die Stadt Livorno ein. Die Geschichte der Juden dieser Stadt begann ausgerechnet in einer Zeit, die für alle anderen italienischen Juden die Ghettoisierung bedeutete. Die Medici warben die Juden regelrecht an. Sie sollten beim Ausbau Livornos zu einer bedeutenden Hafenstadt mitwirken. So gewährte ihnen Großherzog Ferdinand I. de Medici in den *Constituzione livornia* 1593 beispiellose Freiheiten: Die Stadt richtete nie ein Ghetto ein, die Juden mußten keine Konversionspredigten anhören, keinerlei Judenabzeichen tragen, sie besaßen volle Besitz- und Handelsrechte. Die jüdische Gemeinde erlebte im 17. und 18. Jh. eine wirtschaftliche und kulturelle Blüte. So wurde Livorno z. B. der wichtigste Druckort für hebräische Bücher in Italien. 1789 wurde hier die wohl prachtvollste Synagoge Italiens errichtet, die im Zweiten Weltkrieg durch eine Bombe zerstört und 1962 durch einen kleineren Neubau ersetzt wurde (130).

130 Tempio Maggiore in Livorno, Innenansicht. Die Synagoge wurde von dem Architekten Di Castro entworfen und 1962 eingeweiht. Der vergoldete Tora-Schrein (frühes 18. Jh.) stammt aus dem Tempio Spagnolo in Pesaro.

Das erste Ghetto der Welt: Venedig

Schon vor 1516 gab es abgeschlossene Judenviertel, z. B. die 1462 eingerichte Judengasse in Frankfurt. Aber erst seit dem 20. März 1516 existiert der Begriff Ghetto für ein abgeschlossenes Viertel, in dem die Juden zu leben gezwungen waren: An diesem Tag hielt der venezianische Patrizier Zaccaria Dolfin ein Plädoyer, in dem er forderte, die in Venedig anwesenden Juden ins festungsähnliche Ghetto Nuovo zu schicken, Zugbrücken zu errichten und Mauern hochzuziehen. Dolfins Plädoyer fand große Zustimmung; schon am 29. März 1516 wurde ein entsprechendes Dekret erlassen.

So entstand das erste Ghetto der Welt. Eine schicksalhafte ›Erfindung‹, die weltweit zum Synonym für Unterdrückung und Völkermord werden sollte. Bis heute ist die Diskussion über die ursprüngliche Bedeutung des Namens Ghetto nicht abgeschlossen. Die meisten Forscher leiten ihn von der früheren Bestimmung des Viertels als Standort von Kanonengießereien her: *gettare* heißt »gießen«, und *getto* ist das venezianische Wort für »Gießerei«.

In einem Vertrag, der sogenannten *Condotta*, waren die Bedingungen, unter denen die Juden sich im Ghetto niederlassen durften, festgelegt.

Das venezianische Ghetto gliederte sich in drei Teile (131): Das Ghetto Nuovo entstand nach dem Beschluß des Senats 1516 und wurde von deutsch- und italienischstämmigen Juden, der »Natione Tedesca« bewohnt. Diese aschkenasischen Juden waren v. a. im Geldgeschäft und als Pfandleiher aktiv. Diese Tätigkeit entsprach dem Bedürfnis der ärmeren christlichen Bevölkerung, Kredite zu einem

»Die Juden müssen alle gemeinsam in dem Komplex von Häusern wohnen, die sich im Ghetto bei San Girolamo befinden, und damit sie nicht die ganze Nacht umhergehen, seien an jener Seite des Ghetto Vecchio, wo es eine kleine Brücke gibt, und gleichermaßen an der anderen Seite der Brücke zwei Tore errichtet, das heißt je eines für die beiden genannten Orte. Jenes Tor muß morgens beim Klang der Marangona-Glocke geöffnet und abends um 24 Uhr durch vier christliche Wachen zugesperrt werden, die dafür von den Juden angestellt und bezahlt werden müssen.«

Dekret des Rats von Venedig vom 29. März 1516

15. Jh. – 16. Jh.

132   Unter einer verwitterten Arkade erinnert bei der Hausnummer 2912 eine verblaßte Inschrift an den Standort der Banco Rosso.

15. Jh. – 16. Jh.

nicht allzu hohen Zinssatz zu bekommen. Da die christlichen Herrscher die Geldprobleme der Bevölkerung nicht selbst lösen konnten, gaben sie, wie im Fall von Venedig, aus ganz pragmatischen Gründen ihre religiösen Bedenken gegenüber den Juden auf und überließen ihnen das Geldgeschäft. Die Höhe des Zinssatzes für Kredite und Pfänder wurde allerdings von der Obrigkeit in der *Condotta* festgelegt und streng kontrolliert. Die drei Banken des Ghettos hießen nach der Farbe ihrer Quittungszettel (Rot, Grün oder Schwarz) Banco Rosso, Banco Verde und Banco Negro (**132**).

Das Ghetto Vecchio wurde 1541 eingerichtet und den aus dem östlichen Mittelmeerraum stammenden »Levantinern« (**133**) und den »Ponentini«, Flüchtlingen aus Spanien und Portugal, zugeteilt. Zwischen der »Natione Tedesca« und den »Levantinern« und »Ponentini« existierten deutliche Unterschiede im Hinblick auf Sprache, Geschichte, Bräuche und wirtschaftliche Tätigkeit. Die Einwohner des ersten Ghettos waren Geldverleiher und lebten und arbeiteten seit jeher in der Stadt, die zweiten waren Großkaufleute und gewohnt, zur See zu fahren.

Das letzte und kleinste Ghetto Nuovissimo mit seinen schönen Palazzi wurde erst 1633 als reines Wohnviertel v. a. für wohlhabende *Sefardim* eingerichtet.

133   Tracht eines levantinischen Kaufmanns aus Venedig, 16. Jh.

Die Blüte des hebräischen Buchdrucks in Italien im 15. und 16. Jh.

Die jüdische Familie Soncino stammte ursprünglich aus Deutschland (**134**). Samuel und Simeon, die Söhne des Moses aus Fürth, zogen Mitte des 15. Jh. nach Italien, wo sie 1454 vom Mailänder Herzog Sforza die Erlaubnis erhielten, sich im Städtchen Soncino nahe Cremona niederzulassen. Der Name

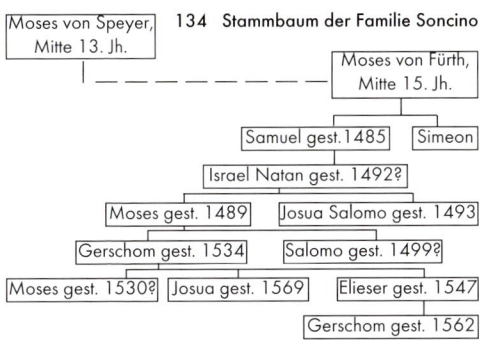

134 Stammbaum der Familie Soncino

Moses von Speyer, Mitte 13. Jh.

Moses von Fürth, Mitte 15. Jh.

Samuel gest. 1485 · Simeon

Israel Natan gest. 1492?

Moses gest. 1489 · Josua Salomo gest. 1493

Gerschom gest. 1534 · Salomo gest. 1499?

Moses gest. 1530? · Josua gest. 1569 · Elieser gest. 1547

Gerschom gest. 1562

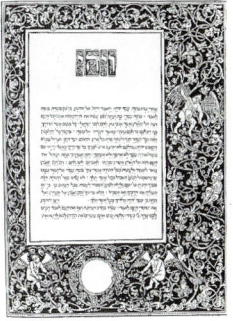

135 Eine Seite der Soncino-Bibel. Josua Salomo Soncino, Soncino 1488. Die Drucke der Soncinos zeichneten sich durch die mit Ranken, Tieren und Engeln künstlerisch gearbeiteten Initialen und Leisten aus.

15. Jh. – 16. Jh.

dieser Stadt wurde fortan als Familienname geführt und stand bald als Markenzeichen für Bücher von hoher Druckqualität.

Der erste in Soncino geborene Israel Natan Soncino, ein berühmter Arzt und Talmud-Gelehrter, ermunterte seinen Sohn Josua Salomo, das Druckerhandwerk auszuüben. Das erste Buch aus Josuas Werkstatt, der Talmud-Traktat *Berachot*, erschien 1484. Es folgten ein *Machsor* nach römischem Ritus (1486), eine vokalisierte hebräische Bibel (1488; **135**) und zahlreiche weitere Titel. Erstmals erschienen somit Bibel und Talmud-Traktate als Drucke.

Unter der Leitung von Josuas Neffen Gerschom ben Moses entwickelte sich das Druck- und Verlagshaus zu einem weltweit anerkannten Unternehmen. Neben hebräischen Büchern wurden Werke in griechischer, lateinischer und italienischer Sprache herausgegeben. 1491 wurde erstmals ein hebräisches Buch, *Meschal Hakadmoni*, die »Fabel der Alten«, mit figürlichen Holzschnitten ausgestattet (**136**). Neu war auch das handliche ›Taschenbuchformat‹, das für vielgelesene

136 *Meschal Hakadmoni*. Meir Parenzo, Venedig 1546/50. Die »Fabel der Alten« wurde 1281 von Sahula verfaßt. Er läßt in moralisierender Absicht bibel- und talmudgelehrte Tiere Dialoge führen. Sahulas Fabeln waren weit verbreitet und wurden erstmals von Gerschom ben Moses 1491 in Brescia gedruckt. Es war der erste hebräische Druck mit figürlichen Textillustrationen. Die Illustrationen dieses späteren Drucks orientieren sich an der Erstausgabe Soncinos.

137 Zwei Druckermarken von Gerschom ben Moses Soncino. Die oben abgebildete Marke wurde v. a. in den frühen italienischen Drucken verwendet, die untere in Büchern, die in Rimini, Saloniki und Konstantinopel 1522–33 gedruckt wurden.

138 Holzschnitt von Jakob Steinhardt (1887–1968) zu ausgewählten Versen von Jeschu ben Elieser ben Sirach. Hebräisch/Deutsch, Soncino-Gesellschaft, 1929

Bücher gewählt wurde. Gerschom Soncino beschäftigte ausgezeichnete Setzer, aber auch Lektoren und Korrektoren, was damals durchaus ungewöhnlich war. Er selbst unternahm ausgedehnte Reisen auf der Suche nach kostbaren Manuskripten, die ihm dann als Druckvorlage für seine Publikationen dienten. Seine Druckerpressen standen außer in Soncino und dem nahe gelegenen Casalmaggiore in Ancona, Barco, Brescia, Cesena, Fano, Ortona, Pesaro und Rimini (137).

Die zahlreichen Druckorte waren allerdings nicht das Ergebnis einer ausgedehnten Unternehmertätigkeit, sondern die unfreiwillige Folge von wiederholten Schikanen und Beschränkungen örtlicher Autoritäten. Schließlich mußte Gerschom Soncino Italien ganz verlassen. 1527 gründete er sein neues Druckhaus in Saloniki, 1530 ein zweites in Konstantinopel. Seinen eigenen Angaben zufolge wollte er mit der Herstellung wichtiger und preiswerter Bücher das Los der sefardischen Flüchtlinge mildern. Sein Tod 1534 bedeutete auch das Ende der Blütezeit des Unternehmens; von seinen Söhnen und seinem Enkel sind nur wenige Drucke bekannt.

In Berlin wurde 1924 die »Soncino-Gesellschaft der Freunde des jüdischen Buches« gegründet. Sie machte sich die Herstellung bibliophiler Bücher in der Tradition der Soncinos zur Aufgabe (138). Die Gesellschaft wurde 1937 von den Nationalsozialisten aufgelöst.

Der christliche Drucker Daniel Bomberg

Der aus Antwerpen stammende Bomberg († 1549/53) war der bedeutendste christliche Drucker hebräischer Bücher. Er brachte zwischen 1516 und 1549 in Venedig mit Hilfe jüdischer Gelehrter über 220 hebräische Schriften heraus. Den Juden selbst war dort – abgesehen von einigen seltenen

Ausnahmen – die Arbeit als selbständige Buchdrucker oder Verleger verboten. So wurden sie unentbehrliche Mitarbeiter in den bedeutenden Verlagen der Zeit. Im Haus Bomberg wurde 1517 die erste Rabbinerbibel gedruckt. Sie enthielt nicht nur den hebräischen Text, sondern auch den *Targum* (aramäische Übersetzung) und Kommentare berühmter mittelalterlicher Exegeten. Bombergs Großprojekte aber waren die ersten gedruckten Gesamtausgaben des Babylonischen (1520–23) und des Palästinischen Talmuds (1523/24). Die Bestellungen dazu kamen aus der ganzen Diaspora. Die Seitenzählung der Bombergschen Talmude wurde von allen späteren Ausgaben bis in die Gegenwart übernommen.

Um 1548 stellte Bomberg seine Aktivitäten ein. Seine berühmten hebräischen Lettern wurden von anderen Buchdruckern aufgekauft, die deren außerordentliche Qualität schätzten. Nach Bomberg machten sich in Venedig die Familien Giustiniani, Bragadin und de Gara als Drucker hebräischer Bücher einen Namen. Giustiniani und Bragadin gingen in ihrem Konkurrenzkampf so weit, sich gegenseitig bei der christlichen Obrigkeit anzuschwärzen. Sie behaupteten, daß in den Publikationen des anderen blasphemische und gegen die christliche Religion gerichtete Elemente enthalten seien. Diese Beschuldigungen fügten dem blühenden Verlagswesen beträchtlichen Schaden zu; zusammen mit den Verleumdungen einiger fanatischer Konvertiten führten sie 1553 zu den Talmud-Verbrennungen auf der Piazza San Marco in Venedig und dem Campo dei Fiori in Rom.

Im Jahr 1568 beendete eine weitere Bücherverbrennung die Blütezeit des hebräischen Buchdrucks in Venedig. Hier wurde fortan kein Talmud mehr gedruckt. Die ersten Nachdrucke, vollständig oder in Teilen, entstanden vielmehr in Lublin (1559), Saloniki (1563) und Basel (1578).

139 *Jad ha-Chasaka* (»starke Hand«), wie man Maimonides' *Mischne Tora* auch nannte. Titelblatt der zweibändigen Bomberg-Ausgabe, die 1524 in Venedig gedruckt wurde. Auf Bombergs Titel erscheint der berühmte Ausspruch »Von Moses bis Moses gab es keinen wie Moses« zum ersten Mal in gedruckter Version.

15. Jh. – 16. Jh.

7. Jh. – 20. Jh.

Die Rechtsstellung der Juden in den islamischen Ländern war in einem Pakt, der *Dhimma*, geregelt, deren erste Formulierung dem Khalifen Omar (634–644) zugeschrieben wird (s. S. 50). Die Nutznießer dieses Pakts nannte man *Dhimmis*. Als *Dhimmis* wurden alle Nichtmuslime eingestuft, die Anhänger einer monotheistischen, auf Offenbarung gegründeten Religion waren, also v. a. Juden und Christen. Die islamischen Herrscher garantierten ihren *Dhimmis* – im Gegensatz zu den verfolgten ›Heiden‹ – Unversehrtheit an Leib und Leben, freie Religionsausübung sowie freien Zugang zu allen Berufen, solange sie die Überlegenheit der Muslime anerkannten. Diese Anerkennung drückte sich in der Entrichtung einer Kopfsteuer und in der Unterwerfung unter eine Reihe von Beschränkungen aus, z. B. Kleidervorschriften und das Verbot, Waffen zu tragen. Ferner gab es Richtlinien für die Bauweise von Kultstätten, die nie höher als die Moscheen sein durften.

Zweck all dieser Bestimmungen war es, den *Dhimmi* immer an seinen niedrigen Status zu erinnern und die Überlegenheit der Muslime hervorzuheben. So trug ein freier Muslim in einer militärisch orientierten Gesellschaft selbstverständlich Waffen und ritt auf einem Pferd. Die Diskriminierung des Ungläubigen bestand nun darin, ihm diese Waffen zu verwehren und ihn nur auf einem Esel reiten zu lassen, und das ausschließlich im Damensitz. Auch die Kleidervorschriften hatten diskriminierenden Charakter. Während beispielsweise die freien muslimischen Frauen als Zeichen von Tugend und Anstand ihr Gesicht verschleierten, wenn sie das Haus verließen, wurde dies den weiblichen *Dhimmis* und Sklavinnen verboten.

Das Modell der *Dhimma* gewährte also keine Gleichheit, ließ jedoch eine friedliche Koexistenz zu. Nur in Ausnahmefällen kam es vor, daß die *Dhimmis* zu einer Entscheidung zwischen Exil, Übertritt zum Islam oder Märtyrertod gezwungen

wurden (das geschah einmal in Marokko und im
Jemen; sonst nur in Persien), während dies für
Juden und Moslems im christlichen Spanien der
Reconquista die Regel war. Die Juden waren unter islamischer Herrschaft eine unter vielen Minderheiten in einer vielfach abgestuften Gesellschaft, in
der der Grundsatz galt: leben und leben lassen.

Obwohl den Juden alle Berufe offenstanden,
konzentrierten sie sich auf bestimmte Sparten, speziell auf solche, die den Muslimen verboten waren, weil sie als unrein oder niedrig galten: Leder-
verarbeitung, Herstellung und Verkauf von Wei-
nen und Spirituosen sowie niedere Dienstleistungen aller Art. Als besonders verderblich galt den
strenggläubigen Muslimen aber jegliche Beschäfti-
gung mit Edelmetallen, egal ob es sich um die
Herstellung von Schmuck, Haushaltsgeräten,
Münzprägung oder Waffenschmiedekunst handelte. In einigen islamischen Ländern, z. B. im Jemen, wurde die Gold- und Silberschmiedekunst
ein hoch entwickeltes, typisch jüdisches Handwerk
(**140**). Außerdem mieden die Muslime alle Berufe, in denen man es mit Ungläubigen zu tun hatte.
Das führte zeitweise dazu, daß viele Juden in Di-
plomatie, internationalem Handel und Finanzwesen arbeiteten, wobei sie ihre Beziehungen zu
den im ausgedehnten islamischen Herrschaftsge-
biet verstreuten Glaubensbrüdern nutzten konnten.

140 Tora-Aufsätze zur
Bekrönung der beiden Holzstäbe der Tora-Rolle. Vergol-
detes Silber, Jemen, um
1900

7. Jh. – 20. Jh.

Der Kaufmann Benjamin aus Tudela in Spanien bereiste in der 2. Hälfte des 12. Jh.
mehrere Jahre lang große Teile der damals bekannten Welt: über Südfrankreich,
Italien, Griechenland und Kleinasien nach Palästina, dann durch Syrien und Mesopotamien bis an den Persischen Golf und schließlich nach Ägypten. Sein Reise-
bericht (*Sefer ha-Massaot* – »Das Buch der Reisen«), der viele detaillierte Angaben
zu den von ihm besuchten jüdischen Gemeinden enthält, ist eine unschätzbare
Quelle zur jüdischen Geschichte und Kultur jener Zeit. Über Bagdad schrieb er
z. B.: »In Bagdad leben ungefähr 40 000 Juden, und unter dem großen Khalifen leben sie in Sicherheit, Wohlstand und Anerkennung; unter ihnen gibt es große Gelehrte, welche die Oberhäupter der Tora-Schulen sind. In der Stadt gibt es zehn
Tora-Schulen ...«

Außer im Finanzwesen war sozialer Aufstieg v. a. im Arztberuf möglich. Da die jüdischen Ärzte oft mehrere Sprachen beherrschten und die fremdsprachige Fachliteratur lesen konnten, hatten sie mitunter einen Vorteil vor ihren muslimischen Kollegen. Ein erfolgreicher Arzt konnte hohe Beamte und sogar Herrscher zu seinen Patienten zählen, was einen direkten Zugang zum Zentrum der Macht eröffnete. Das ermöglichte ihm, eigene Interessen, aber auch die der jüdischen Gemeinschaft effektiv zu vertreten. Ein berühmtes Beispiel dafür ist Maimonides (s. S. 58 f.). Er nutzte seine einflußreiche Stellung als Leibarzt des Sultans in Kairo, um für seine bedrängten Glaubensgenossen im Jemen eine Reduzierung der hohen Steuern und Abgaben zu erwirken.

Im 19. Jh. und Anfang des 20. Jh. profitierten die Juden in vielen islamischen Ländern von der Errichtung einer direkten europäischen Kontrolle: Algerien, Tunesien und Marokko fielen unter französische, Aden, Ägypten und Irak unter britische und Libyen unter italienische Oberhoheit. Dadurch erwarb die jüdische Minderheit in diesen Ländern ein noch nie dagewesenes Maß an Sicherheit, mitunter sogar eine europäische Staatsbürgerschaft. Bezeichnenderweise kam es zu eben dieser Zeit, als die Juden nicht mehr bereit waren, sich als Bürger zweiter Klasse an die Regeln der *Dhimma* zu halten, zu gewalttätigen antijüdischen Ausschreitungen. Die Verknüpfung der Juden mit den europäischen Machthabern erwies sich letztlich als verhängnisvoll, als deren Vorherrschaft ins Wanken geriet und schließlich endete.

Marokko

Das Leben der Juden im Maghreb soll beispielhaft an der Geschichte der Juden in Marokko dargestellt werden. Schon seit der Antike gab es dort jüdische Siedlungen. Ihre Bedeutung wuchs, als das Land im 8. Jh. unter eine zunächst tolerante islami-

141 »Großes Kleid«. Festtagstracht aus Samt mit Goldstickerei. Marokko (Tetuan), Ende 19. Jh. Das »große Kleid« der Städterin wurde zu allen festlichen Gelegenheiten – erstmals bei der Hochzeit – mit viel Schmuck getragen. Es besteht aus Rock, Gürtel, reich besticktem Brusttuch, Jacke, langen Ärmeln, Kopfputz mit künstlichem schwarzem Haar und Schal, der über den Kopfputz drapiert wird.

7. Jh. – 20. Jh.

sche Herrschaft geriet und die Gemeinden mit den jüdischen Gemeinden im maurischen Spanien wirtschaftlich und kulturell enge Kontakte pflegten. Die Blütezeit des marokkanischen Judentums lag im 11. Jh. und in der ersten Hälfte des 12. Jh. Die Hauptstadt Fez mit ihren zahlreichen Lehrstätten begann, Córdoba, dem Zentrum des maurischjüdischen Spanien, den Rang streitig zu machen.

Mit der Herrschaft der fanatischen Almohaden nach 1147 verschlechterte sich die Situation der Juden in Marokko und Spanien drastisch. Die Almohaden duldeten kein Abweichen vom Islam und versagten den Juden und mehr noch den Christen die vom religiösen Recht vorgeschriebene Toleranz. Es kam zu Pogromen und Zwangsislamisierung. Die christlichen Gemeinden wurden völlig ausgelöscht. Die Juden Marokkos befanden sich von nun an, im Gegensatz zu denen in anderen islamischen Ländern, in einer besonderen Situation. Sie blieben als einzige religiöse Minderheit in einer sonst ausschließlich muslimischen Gesellschaft zurück. Dies und die Randlage Marokkos trugen dazu bei, daß man die in der *Dhimma* niedergelegten diskriminierenden Einschränkungen hier stets strenger handhabte als in den Kernländern der islamischen Kultur, in denen verschiedene nichtmuslimische Minderheiten lebten.

Nach dem Sturz der Almohaden durch die Meriniden 1269 erholte sich das jüdische Leben in den Städten des Lands wieder. Die neuen Herrscher waren toleranter als ihre Vorgänger, und vereinzelt fanden sich bis ins frühe 15. Jh. wieder Juden am Hof. Die Volksstimmung dagegen blieb feindselig, so daß die Herrscher die Einrichtung von *Mellahs*, obligatorischen jüdischen Vierteln, für notwendig hielten. Damit wurde Marokko (zeitweise auch Persien) das einzige islamische Land, in dem es Ghettos für die Juden gab.

Die erste *Mellah* wurde 1438 in Fez eingerichtet. Sie war im Gegensatz zu den beengten

142 Frisuren und Kopfschmuck aus verschiedenen Städten Marokkos. Die jüdischen Frauen in islamischen Ländern gingen im Gegensatz zu den muslimischen Frauen unverschleiert. Meist trugen sie einen verzierten Kopfputz, der tief in die Stirn gezogen wurde, das Gesicht aber frei ließ.

143 Ketubba. Marokko, 1871. Der Zierrahmen in Form eines Hufeisenbogens greift ein klassisches Motiv islamischer Architektur auf und zeigt den Einfluß der islamischen auf die jüdische Kunst.

7. Jh. – 20. Jh.

144 Jüdische Hochzeit in Marokko. Gemälde von Eugène Delacroix. Paris, Musée du Louvre. Delacroix bereiste 1832 Marokko und hielt seine unmittelbar empfangenen Eindrücke in Skizzen fest. Einige Sujets führte er später in Paris als Gemälde aus.

europäischen Ghettos zunächst noch ein ›normaler‹ Stadtbezirk. Seit dem 18. Jh. entwickelten sich die *Mellahs* jedoch immer mehr zu überfüllten Orten der Armut und Rückständigkeit. Erst 1912, mit der Einführung der französischen Gesetzgebung, wurden sie abgeschafft.

Im 14./15. Jh. kam es, wie in allen Ländern des Maghreb, zu größeren Einwanderungswellen spanischer und portugiesischer Juden, die kulturell, wirtschaftlich und im Gemeindewesen bald eine Vormachtstellung einnahmen. Im 16. Jh. dehnte sich das Osmanische Reich auf ganz Nordafrika aus; lediglich Marokko blieb unter einem eigenen Sultan unabhängig. Während die Juden unter osmanischer Herrschaft im 15. und 16. Jh. sogar eine neue Blütezeit erlebten, war das Leben ihrer Glaubensbrüder in den *Mellahs* von wachsender Armut, Erniedrigung und von Bildungsverfall geprägt. Hier setzte die 1860 gegründete »Alliance Israélite Universelle« an, deren Tätigkeit sich nicht auf pädagogisch-kulturelle Erneuerung beschränkte, sondern auch medizinische Versorgung und berufliche Umstrukturierung umfaßte. Zwei Jahre nach Gründung der »Alliance« wurde in Tetuan die erste Schule eröffnet, Unterrichtssprache war Französisch. 1867 gingen die ersten beiden Absolventen dieser Schule zur Lehrerausbildung nach Frankreich, um nach ihrem Studium selbst Schulen der »Alliance« zu leiten. 1882 wurde in Tetuan die erste Mädchenschule eröffnet.

Diese Neuerungen führten zu innerjüdischen Konflikten, denn die örtlichen Rabbiner leisteten oft erbitterten Widerstand gegen die Initiativen der »Alliance«. Bisher waren sie bei allen individuellen oder kollektiven Problemen die einzigen Autoritäten gewesen. Diese Machtstellung sahen sie nun bedroht, und zwar nicht etwa von den Moslems, sondern bittererweise von westeuropäischen Glaubensgenossen und deren Zöglingen. 1912 kam Marokko unter französische Oberhoheit, und die marokkanischen Juden wurden französische Staatsbürger. Im Zweiten Weltkrieg, in dem sich Casablanca durch den Zustrom europäischer Flüchtlinge zur bedeutendsten jüdischen Gemeinde Nordafrikas entwickelte, beschützte Sultan Mohammed V. seine jüdischen Untertanen vor den Versuchen der Vichy-Behörden, sie im Auftrag ihrer nationalsozialistischen Herren zu deportieren, während die deutsche Besetzung Tunesiens 1943 zur Verschleppung der Juden in europäische Lager führte.

Nach der Proklamation des Staats Israel 1948 und anläßlich der Kriege von 1956, 1967 und 1973 kam es in allen drei Maghreb-Staaten zu antijüdischen Ausschreitungen, die die meisten Juden veranlaßten, nach Israel oder Frankreich auszuwandern. Heute leben noch ca. 35 000 Juden in Marokko, und die »Alliance« betreibt noch 31 Schulen und Ausbildungsstätten.

Jemen

Die Anfänge jüdischen Lebens im Jemen liegen im dunkeln. Nach einer Legende sollen Juden schon zur Zeit Salomos (10. Jh. v.d.Z.) in den Jemen gekommen sein; die ersten gesicherten Beweise, datierte Grabinschriften, stammen aber erst aus dem 3. nachchristlichen Jahrhundert. Im Jahr 629 wurde der Jemen für den Islam erobert. Die vom Ende des 9. Jh. bis 1962 herrschenden zaiditischen Imame achteten besonders strikt auf die Einhaltung der einschränkenden Bestimmungen der *Dhimma*.

145 *Labbe*. Halskette für eine Frau. Gold, Jemen, 19./20. Jh.

146 »Teppichseite« aus einem Pentateuch. Jemen, 1469. Das illuminierte Manuskript zeugt von der Kunstfertigkeit jemenitischer Schreiber. Die Umrißlinien des sechsblättrigen Sterns, die zehn Fische im Rund und die Dreiecke mit Schuppenmuster bestehen aus Mikroschrift und enthalten Verse aus den Psalmen 119 und 121.

7. Jh. – 20. Jh.

147 *Teva.* Vorlesepult. Holz, geschnitzt und bemalt, Jemen, 18. Jh. In den jemenitischen Synagogen gab es für die Tora-Lesung nicht das im Raum fest installierte Podium (*Bima*), sondern ein transportables Holzpult. Aufschlußreich ist die ausziehbare Bank für kleine Jungen. Im Jemen durfte ein Junge schon vor der *Bar Mizwa* in Anwesenheit der Gemeinde aus den Heiligen Schriften lesen. Das einzige Kriterium für diese Ehre war seine intellektuelle Reife.

7. Jh. – 20. Jh.

148 Beim Studium in der Synagoge von Sanaa. Foto von Hermann Burchhardt. Jemen, zwischen 1907 und 1909

Die Juden handelten als Kleinkaufleute mit Kaffee und Gewürzen, die meisten arbeiteten jedoch als Handwerker (Gerber, Weber, Schmied) oder zogen hausierend übers Land und lebten in bescheidenen, oft ärmlichen Verhältnissen. Berühmt für ihre Kunstfertigkeit waren die jemenitischen Gold- und Silberschmiede, deren Ruf schon im Mittelalter bis nach Europa drang (**145, 149**). Sie zählten zu den wohlhabendsten und angesehensten Mitgliedern ihrer Gemeinde.

Trotz der Armut der Gemeinden und trotz der isolierten Lage im fernen Südarabien bewahrten die jemenitischen Juden die Tradition und pflegten die Verbindung zu den Zentren jüdischer Gelehrsamkeit in Nordafrika, Ägypten und Palästina. Der Gedanke an eine Rückkehr ins Heilige Land blieb bei ihnen immer eigentümlich aktuell. Um 1165 versuchte der herrschende Imam, seine jüdischen Untertanen unter Zwang zum Islam zu bekehren. In dieser Zeit der Verfolgung und Verzweiflung entstand eine messianische Bewegung. Ein selbsternannter Messias versprach, die Verzweifelten aus der Diaspora ins Heilige Land zu führen. Da wandte sich das Oberhaupt der jemenitischen Juden an die maßgebliche Autorität der Zeit, an Maimonides in Fustat. Dieser antwortete in dem *Brief an die Juden Jemens*, der in Abschriften an alle Gemeinden des Landes versandt wurde. Er tröstete seine Glaubensgenossen und bestärkte sie, an ihrem althergebrachten Glauben festzuhalten und den falschen Messias zu verwerfen. Überdies leistete Maimonides auch praktische Hilfe. Seiner Einflußnahme ist es zuzuschreiben, daß die drückenden Abgaben und Steuern reduziert wurden.

Unter osmanischer Herrschaft (1546– 1911) befand sich die jüdische Minderheit erneut in einer schwierigen Situation: Von den Eroberern wurden sie verdächtigt, mit der immer wieder rebellierenden

einheimischen Bevölkerung unter einem Hut zu stecken; diese wiederum beschuldigte sie, mit den neuen Machthabern zu kollaborieren. So hatten sie unter Mißtrauen und Schikanen von beiden Seiten zu leiden. Als die jemenitischen Juden in den 80er Jahren des vorigen Jahrhunderts von ersten jüdischen Siedlungen in Palästina hörten, kam es auch zur ersten nennenswerten Auswanderung ins Heilige Land.

Mit Erlangung der Unabhängigkeit 1918 verschlechterte sich die Lage zusehends; als »Eigentum« des Imam war es den Juden verboten, das Land zu verlassen. Nachdem die Gründung des Staates Israel im Jemen bekannt wurde, flüchteten Tausende in das britische Protektorat Aden und wurden von dort in der Aktion »Fliegender Teppich« per Flugzeug nach Israel gebracht. Bis zum Jahresende 1950 wurden auf diesem Weg ca. 50 000 jemenitische Juden umgesiedelt. Auch in der neuen Heimat pflegen sie ihre Traditionen: Mit ihrem besonderen Ritus, ihren Liedern und Tänzen sowie den Leistungen im Kunstgewerbe bereichern sie die israelische Kultur.

Ähnliche Rettungsaktionen wie im Jemen gab es auch in anderen islamischen Ländern: 1950/51 wurden ca. 110 000 irakische Juden (Operation Esra und Nehemia), 1983/84 und 1991 ca. 25 000 äthiopische Juden (Operation Mose und Operation Salomo) nach Israel geholt.

Das Osmanische Reich

Im 16. Jh. hatten die türkischen Sultane bereits große Territorien erobert: auf dem Balkan, in den slawischen Ländern, im Vorderen Orient (1516 Palästina) und in Nordafrika. So setzte sich die Bevölkerung dieses Riesenreichs aus verschiedenen ethnischen, nationalen und religiösen Minderheiten zusammen, von denen die jüdische eine unter vielen war. Die von den osmanischen Herrschern gewährten Bedingungen – Religionsfrei-

149 Jemenitische Jüdin in traditioneller Hochzeitstracht. Die Braut wird mit prächtigen Gewändern und reichem Schmuck ausgestattet, der den Landessitten entsprechend aus Ketten, Ohrgehängen, Armbändern, Broschen und Stirngehängen besteht.

7. Jh. – 20. Jh.

»Das große Türkenreich, grenzenlos wie die es umspülenden Meere, tat sich vor uns auf. Offen stehen vor dir, du Sohn meines Volkes, die Tore der Freiheit: Du darfst dich ohne Scham zu deinem Glauben bekennen, du kannst ein neues Leben beginnen, das Joch der dir von den Völkern aufgezwungenen verkehrten Lehren ... abschütteln und zu der uralten Wahrheit deiner Vorfahren zurückfinden.«
Samuel Usque, 1552

heit, Niederlassungsfreiheit, freie Berufswahl und Gemeindeautonomie – erschienen den vor Inquisition, Folter und Scheiterhaufen flüchtenden spanischen und portugiesischen Juden ebenso wie den Marranen sehr vielversprechend. Sie strömten in Scharen in das Reich und überflügelten binnen kurzem zahlenmäßig und kulturell die einheimischen griechisch sprechenden »Romanioten« und die früheren aschkenasischen Einwanderer. In Istanbul (Konstantinopel), Izmir (Smyrna), Edirne (Adrianopel) und Saloniki (Thessaloniki) – dort machten die Juden im 16. Jh. die Hälfte der Bevölkerung aus – entstanden ansehnliche Gemeinden.

Die Neuankömmlinge bewahrten in der neuen Heimat ein enges Zusammengehörigkeitsgefühl, pflegten ihre reichen religiösen, kulturellen und wirtschaftlichen Traditionen sowie ihre eigene Sprache, ein archaisches Kastilisch, das Judäo-Spanisch oder *Ladino* genannt wird. Ihre Blütezeit erlebten die *Sefardim* im 16. Jh., als auch das Osmanische Reich auf dem Gipfel seiner Macht stand. Das Gefühl der Stärke machte es den Herrschern leicht, tolerant zu sein und die einschränkenden Bestimmungen der *Dhimma* lax zu handhaben. Sie sahen in den Juden nützliche Untertanen, die ihr Vermögen, ihre internationalen Handelsverbindungen und ihre Fähigkeiten ganz in den Dienst des im Aufbau begriffenen Reichs stellten. Darüber hinaus galten sie den Sultanen auch als loyalere Untertanen als die christlichen *Dhimmis*, die bei den zahlreichen Auseinandersetzungen des Osmanischen Reichs mit christlichen Ländern schnell in den Verdacht der Kollaboration gerieten. So bekleideten Juden hohe Posten in Wirtschaft und Politik, als Minister, Diplomaten, Steuerpächter und Leibärzte der Herrscher.

Don Joseph Nassi und Dona Gracia

Als Beispiel, welch hohe Stellung die *Sefardim* erlangen konnten, seien Don Joseph Nassi (um

1515–79) und Dona Gracia (um 1510–69, **151**), seine Tante und spätere Schwiegermutter, genannt. Sie stammten aus einer reichen portugiesischen Bankiersfamilie von zwangsgetauften Neuchristen. Nach einer Irrfahrt über Antwerpen, Venedig und Ferrara ließen sie sich 1553 in Istanbul nieder, wo sie offen zum Judentum zurückkehrten. Auch hier betätigten sie sich als erfolgreiche Kaufleute.

Don Joseph Nassi zog aufgrund seiner Bildung und seiner diplomatischen Begabung bald die Aufmerksamkeit des Sultans Süleyman II. des Prächtigen auf sich und wurde mit wichtigen Staatsgeschäften betraut. Mit seinem Namen ist auch ein berühmt gewordenes Projekt verbunden: 1564 belehnte ihn der Sultan mit Tiberias und einigen benachbarten Dörfern. Don Joseph wollte dort eine Zufluchtsstätte gründen, zu der Juden aus aller Welt kommen konnten. Er ließ die Stadt wiederaufbauen und richtete Maulbeerplantagen für eine Seidenraupenzucht ein. Aber trotz des großen finanziellen Aufwands und des Engagements von Don Joseph Nassi und Dona Gracia scheiterte das ehrgeizige Projekt.

Als Selim II. 1566 Sultan wurde, ging es mit Don Josephs Karriere weiter steil bergauf. Er leitete die gesamte Außenpolitik und wurde zum Herzog von Naxos ernannt. Er und Dona Gracia gründeten neue Synagogen, förderten die jüdische Gelehrsamkeit und errichteten zur Verbreitung jüdischer Schriften eine eigene Druckerei. Mit dem Tod Selims II. sank auch der Stern seines Günstlings, der sich in seinen letzten Lebensjahren nur noch seinem Mäzenatentum widmete.

Nach ihm gelangte nie wieder ein Jude in eine derart exponierte Stellung. Andere Minderheiten

150 Jüdische Tuchhändlerin in Istanbul. Aquarell von A. Preziosi, 19. Jh. Tuchhandel und Textilherstellung gehörten zu den wichtigsten Gewerbezweigen der Sefardim im Osmanischen Reich. Das bedeutendste Zentrum war Saloniki.

7 Jh. – 20. Jh.

151 Dona Gracia, Bronzemedaillon, um 1552

begannen, den Juden ihre Stellung in osmanischen Diensten streitig zu machen.

Die Buchdruckerkunst

Die jüdischen Kaufleute, die mit den bedeutenden Städten Amsterdam, Livorno und Venedig lebhaften Handel trieben, sind nur ein Beispiel für die hervorragenden Leistungen der osmanischen Juden auf wirtschaftlichem Sektor. Auf kulturellem Gebiet leisteten sie v. a. in der Medizin und der Buchdruckerkunst Bedeutendes. Die erste hebräische Druckerei wurde 1493 in Istanbul gegründet – eine Pionierleistung, wenn man bedenkt, daß das erste gedruckte Buch in türkischer Sprache erst 1728 erschien. Im 16./17. Jh. gehörte Istanbul zu den wichtigsten Zentren des hebräischen Buchdrucks. Dort trafen sich Experten des Druckerhandwerks, aber auch Besitzer wertvoller Handschriften, die hier ungehindert gedruckt und verbreitet werden konnten. Von besonderer Bedeutung war die Druckerei des Italieners Gerschom Soncino und seines Sohns Elieser (1527–47) in Saloniki und Istanbul (s. S. 104 ff.).

Ein falscher Messias: Sabbatai Zwi

In der Mitte des 17. Jh. entstand eine Bewegung, die in der gesamten jüdischen Welt für Aufregung sorgte. Ihre Hauptschauplätze waren Städte innerhalb des Osmanischen Reichs. Die jüdische Mystik des 16. und 17. Jh. förderte messianische Erwartungen und das Bewußtsein, durch Askese, Meditation und genaue Erfüllung aller Gebote das messianische Zeitalter vorbereiten zu können.

Zentrum der mystischen Srömungen war damals die kleine galiläische Stadt Safed. Die Studien der dort lebenden Gelehrten kreisten bald ausschließlich um die genaue Bestimmung des Zeitpunkts, an dem der Messias auftreten würde. Die durch die Mystiker verbreiteten Endzeiterwar-

152 Portrait des falschen Messias Sabbatai Zwi. Zeitgenössischer deutscher Stich. Oben links ist das Schiff zu sehen, mit dem er von Izmir nach Istanbul kam, oben rechts Sabbatai Zwi als Gefangener des Sultans.

tungen machte sich der 1626 in Izmir geborene
Sabbatai Zwi (1626–76, **152**) zunutze; zunächst jedoch ohne große Resonanz. Als er
wegen gesetzeswidriger Handlungen aus Izmir
verbannt wurde (seine Gegner warfen ihm z. B.
vor, »den göttlichen Namen auszusprechen, wie
er geschrieben steht« – eine Tat, die dem Messias und der Zeit der Erlösung vorbehalten war),
gelangte er über Saloniki, Istanbul und Kairo
nach Jerusalem, wo er ein Leben in religiös-mysti-
scher Askese führte, ständig zwischen Depressio-
nen und seelischer Hochstimmung schwankend.
Dort erfuhr er von dem Kabbalisten Nathan aus
Gaza und hoffte, durch ihn von seinen Depressio-
nen geheilt zu werden. Statt dessen überzeugte
ihn dieser davon, daß er der Messias sei, und
wurde sein Prophet.

1665 ließ sich Sabbatai Zwi öffentlich zum
Messias ausrufen. Nathan von Gaza verbreitete
diese Nachricht mit Sendschreiben von Amsterdam bis in den Jemen, er verkündete den Anbruch der messianischen Zeit und rief zu Reue
und Buße auf. Dies führte zur Verbannung Sabbatais aus Jerusalem und zur Rückkehr nach
Izmir. Auch hier ließ er sich als königlicher Messias feiern und bestimmte den 18. Juni 1666 zum
Tag der Erlösung (**153**).

Von Izmir aus erfaßte die messianische Begeisterung die ganze
jüdische Welt: die den
Chmielnicki-Massa-
kern entgangenen
polnischen und ukrai-
nischen Juden und die
bedrängten jemeniti-
schen Juden ebenso
wie die vergleichswei-
se frei lebenden und
wohlhabenden *Sefar-
dim* in Amsterdam und

153 Gebetbuch der Sabba-
tianer. Amsterdam, 1666.
Das Titelblatt zeigt im oberen
Bildfeld Sabbatai Zwi als
gekrönten König, von Engeln
umgeben; im unteren am
Tisch mit den zwölf Fürsten
der wiedervereinten zwölf
Stämme Israels. Dem Druck-
vermerk zufolge erschien das
Werk »im Jahr des Messias
5426« (= 1666), Jahr 1.

154 Festliche Tunika für
einen Mann. Türkei, 19. Jh.
Die Stickerei mit Gold- und
Silberfäden war bei den
Sefardim im Osmanischen
Reich sehr beliebt.

155 *Tik.* Türkei, 1860. Zum Schutz der Tora-Rolle gibt es in orientalischen Ländern statt des in Europa gebräuchlichen Stoffmantels den *Tik*: Er besteht meist aus Holz und ist mit Samt oder Silberbeschlägen verkleidet. Die Rolle ist fest im runden *Tik* montiert. Zur Lesung wird er geöffnet, die Rolle jedoch nicht herausgenommen. Die Tora-Aufsätze sind seitlich eingesetzt, aber nicht mehr mit den Stäben der Rolle verbunden.

im Osmanischen Reich. Viele seiner Anhänger verkauften ihren Besitz, um ins Heilige Land zu gehen, und schon bald entbrannte ein langer, erbitterter Kampf zwischen seinen Anhängern und Gegnern.

Im ›messianischen‹ Jahr 1666 wurde Sabbatai Zwi von den türkischen Behörden verhaftet und vor die Wahl zwischen Hinrichtung und Übertritt zum Islam gestellt. Er entschied sich für den Übertritt und lebte mit einer türkischen Pension zunächt in Edirne, später bis zu seinem Tod in einer Festung in Albanien.

Die meisten Juden waren entsetzt und verzweifelt, als sie erfuhren, daß ihr Messias abtrünnig geworden war. Alle ihre Hoffnungen brachen zusammen. Dennoch bedeutete weder Sabbatais Abfall vom Judentum noch sein Tod das völlige Ende der sabbatianischen Bewegung, da es seinem Propheten Nathan von Gaza gelang, den Abfall in seine Theologie einzubauen und zum notwendigen Teil des Erlösungsprozesses zu erklären: Der Messias muß in die Welt des Bösen hinabsteigen und kann sich selbst und Israel nur erlösen, indem er durch Unreinheit und tiefste Erniedrigung hindurchgeht.

Diese Lehre lebte in der Bewegung der *Dönmeh* (jüdische Sekte, die mit Sabbatai Zwi zum Islam übertrat) und der *Frankisten* (jüdische Sekte, die im 18. Jh. mit ihrem Gründer Jakob Frank zum Katholizismus übertrat) in radikalisierter Form fort. Das Erscheinen des falschen Messias hat das Judentum in eine nachhaltige Krise gestürzt, deren Folgen (z. B. Ablehnung der Mystik) bis in unsere Zeit hinein spürbar blieben.

Mit dem schleichenden, aber unaufhaltsamen Verfall und dem zunehmenden europäischen Einfluß im Osmanischen Reich seit dem 17. und 18. Jh. verschlechterte sich die Lage der Juden zusehends, woran auch die rechtliche Emanzipation 1856 und die Tätigkeit der »Alliance Israélite

Universelle« nicht viel änderten. Zwischen Juden und Christen kam es aus wirtschaftlichen und religiösen Gründen wiederholt zu Spannungen.

Der zunehmende europäische Einfluß hatte die Stellung der einheimischen Christen gestärkt, die in die Positionen der Juden drängten. In diesem Wettstreit hatten sie einige Vorteile: Sie waren zahlenmäßig überlegen und genossen die Protektion des Abendlands, das sie den Juden vorzog. Die Spannungen schlugen sich seit dem 19. Jh. in Ritualmordbeschuldigungen (Damaskus-Affäre 1840) und Judenverfolgungen nieder.

Vor dem 19. Jh. hat es in islamischen Ländern kaum den Vorwurf gegeben, die Juden würden Menschenblut zu rituellen Zwecken brauchen. Derartige Beschuldigungen sind eindeutig christlich-europäischen Ursprungs. Bezeichnenderweise blieben sie in den traditionell judenfeindlicheren Ländern (Marokko, Jemen, Persien) lange Zeit so gut wie unbekannt, vermutlich weil es dort keine oder nur wenig Christen gab und der europäische Einfluß erst später einsetzte. Obwohl christlichen Ursprungs, entwickelte sich die Ritualmordbeschuldigung im Lauf der Zeit aber zum Standardthema der antijüdischen muslimischen Literatur.

Nach der territorialen Neuordnung des Balkans und Vorderasiens zu Beginn des 20. Jh. gehörten die osmanischen Juden mindestens vier verschiedenen Nationalstaaten an. Die in der türkischen Republik lebenden Juden entgingen dem Holocaust, während fast alle Juden Griechenlands, Jugoslawiens und Rumäniens durch die deutschen Nationalsozialisten ermordet wurden. Allein aus Saloniki, das jahrhundertelang ein Zentrum jüdischer Kultur gewesen war und wo die jüdische Bevölkerung bis ins frühe 20. Jh. mindestens die Hälfte der Bevölkerung ausmachte, wurden 1943 ca. 44 000 Menschen nach Auschwitz deportiert und ermordet.

7. Jh. – 20. Jh.

156 Amulett. Scherenschnitt aus verschiedenfarbigem, übereinandergelegtem Papier. David Algranati, Türkei, 19./20. Jh. Das Amulett illustriert den Text von Sacharias Vision Kap. 4, 1 – 7: »Und siehe, da steht ein Leuchter, ganz aus Gold, mit einer Schale oben drauf, auf der sieben Lampen sind ... und zwei Ölbäume dabei, einer zu seiner Rechten und einer zu seiner Linken.« Dieser Text steht in den Medaillons des Rahmens, während der siebenarmige Leuchter den Text von Psalm 67 aufnimmt.

Im traditionellen Judentum kann man nicht zwischen religiösen und profanen Lebensbereichen unterscheiden, denn nichts im Leben ist wirklich profan. Wie man sich kleidet oder was man ißt gehört ebenso zur Religion wie Gebet und Gottesdienst. Die Beachtung der Speisegesetze in einem traditionell geführten Haushalt macht deutlich, wie die Religion jeden Bereich des täglichen Lebens durchdringt. Die Speisegesetze gründen sich auf göttliche Gebote, ihre Grundbestimmungen finden sich in Bibel und Talmud.

Was darf gegessen werden?

Alle Speisen müssen koscher sein, wörtlich: rein, tauglich, geeignet. Bei Tieren unterscheidet man drei Arten: auf dem Land lebende Tiere, Meerestiere und Geflügel, die bestimmte Merkmale aufweisen müssen, um als rein eingestuft zu werden.

☛ Für die auf dem Land lebenden »tauglichen« Tiere nennt die Bibel folgende Merkmale: »Alle Tiere, die gespaltene Klauen haben, Paarzeher sind und wiederkäuen, dürft ihr essen.« (Lev 11,3). Fehlt eines der beiden Merkmale, so ist der Genuß des Fleischs verboten. Als Beispiele nennt die Tora Kamel, Kaninchen und Hase, die zwar Wiederkäuer sind, aber keine gespaltene Klauen haben. Das Schwein dagegen hat zwar gespaltene Hufe, ist aber kein Wiederkäuer und daher ausdrücklich verboten. Schon in der Makkabäerzeit galt das Essen von

Schweinefleisch als Zeichen des Abfalls vom Judentum. Bis heute verzichten auch viele Juden, die sich sonst nicht mehr strikt an die Normen und Bräuche halten, als Zeichen ihrer jüdischen Identität auf Schweinefleisch.

☛ Für Meerestiere gilt: »Alle Tiere mit Flossen und Schuppen, die im Wasser, in Meeren und Flüssen leben, dürft ihr essen.« (Lev 11,9-12). Nach diesen Kriterien sind somit Aal, Austern, Hummer, Krebse, Muscheln und Schnecken verboten.

☛ Das meiste Geflügel gilt als rein und darf gegessen werden. Die unreinen Vögel, v. a. Raubvögel, werden in zwei Bibelstellen aufgezählt (Lev 11,13-19 und Dt 14,12-18). Auch Insekten, außer vier Arten von Heuschrecken, gelten als unrein.

Verendete und durch Raubtiere gerissene und kranke Tiere dürfen generell nicht verzehrt werden.

Vor- und Zubereitung der koscheren Tiere

Da die Bibel an einigen Stellen jeglichen Genuß von Blut verbietet, entwickelte sich eine spezielle Schlachtmethode, das Schächten (von hebr. *schechita*). Der eigens ausgebildete *Schochet* (»Schächter«) durchschneidet mit einem schartenfreien Messer in einem Zug Halsschlagader, Luft- und Speiseröhre, so daß das Blut ganz ablaufen kann (157). Dem Schochet steht der *Menakker* zur Seite, der die verbotenen Fettstücke herausschneidet und die Hüftsehne

157 Rituelles Schlachten von Rindern und Geflügel. Illustration zu dem Gesetzeskodex *Arba Turim* von Jakob ben Ascher (um 1270–1340), Mantua 1435. Damit das Blut, dessen Genuß die Tora mehrmals verbietet, gut ablaufen kann, wird das Tier mit dem Kopf nach unten gehängt.

entfernt, deren Genuß seit Jakobs Kampf mit dem Engel verboten ist. *Schochet* und *Menakker* unterstehen der Aufsicht des Rabbiners. An ihn wenden sie sich auch mit allen anfallenden Problemen (**158**).

Für die Entfernung der letzten Blutreste ist die Hausfrau verantwortlich. Sie koschert das Fleisch, indem sie es eine halbe Stunde in lauwarmem Wasser einweicht, abtupft, auf allen Seiten einsalzt und dann auf eine schräge Unterlage oder ein perforiertes Abtropfbrett legt, damit das austretende Blut ungehindert ablaufen kann. Nach einer Stunde werden die eingesalzenen Fleischstücke dreimal in Wasser gespült. Danach kann man sie zubereiten. Da Fisch nicht als Fleisch betrachtet wird, muß er nicht durch Schächten und Einsalzen koscher gemacht werden.

Das Verbot des Mischens von Fleisch und Milch

In der Bibel heißt es an drei Stellen: »Du sollst ein Zicklein nicht in der

158 Koscherstempel des Rabbinats für Lebensmittel, die die Anforderungen der *Kaschrut*-Überwachung erfüllt haben, Deutschland, 2. Hälfte 19. Jh. Auf der Stempelfläche steht das hebräische Wort *kascher*, d. h. »geeignet, rein«.

159
Teller
für milchige
Speisen mit eingebrann-
ter jiddischer Inschrift »milschtig«. Nieder-
willer, Frankreich, 19. Jh.

Milch seiner Mutter kochen.« (Ex 23,19 und 34,26; Dt 14,21). Die dreifache Nennung des Verbots interpretierten die Rabbinen als drei Verbote: das Verbot des Essens, Nutznießens und Kochens von Milchprodukten zusammen mit Fleisch. Die Verschärfung dieses Verbots in der weiteren Tradition ergab eine völlige Trennung von Fleisch- und Milchprodukten. Hat man z. B. zum Hauptgericht Fleisch gegessen, so muß man warten, bis das Fleisch verdaut ist (in der Regel sechs Stunden), bevor man eine Milchspeise zu sich nehmen darf. Für Desserts oder Milch im Kaffee kann man aber auf Milchersatzprodukte, etwa Sojamilch, ausweichen. Nach Milchspeisen, die schnell verdaut werden, muß man nur eine halbe Stunde warten. Außerdem trennt man Milch-

und Fleischspeisen durch das Spülen des Munds voneinander. Auch Töpfe, Geschirr (außer Glas, das als neutral gilt), Besteck, Tisch und Küchentücher für »Milchiges« und »Fleischiges« müssen getrennt werden (159).

Da Fisch, wie erwähnt, als *parwe* (»neutral«) angesehen wird, kann man ihn sowohl mit Fleisch als auch mit Milchspeisen essen, aber nur, wenn man ihn nicht in einem »milchigen« bzw. »fleischigen« Gefäß gekocht hat. Auch alle Arten von Obst und Gemüse, Eier, Pflanzenöle und Pflanzenmargarine sind *parwe* und dürfen daher mit Fleisch und Milch gegessen werden.

Alkohol

Weine und alle Spirituosen, die aus vergorenen Trauben hergestellt werden (Most, Champagner, Cognac), müssen koscher sein, d. h. unter Aufsicht geerntet und verarbeitet werden. Alle nicht vom Weinstock stammenden Spirituosen wie Bier, Whiskey, Wodka und Liköre unterliegen dagegen keinen besonderen Vorschriften.

Regionale Besonderheiten

Unter Einhaltung dieser Speisegesetze entwickelte die jüdische Küche verschiedene kulinarische Besonderheiten, die wiederum von den jeweiligen Landesküchen stark beeinflußt wurden. Charakteristisch für die

160 Teller aus dem Kölner Konzertsaal Gürzenich für koschere Speisen. Ende 19./Anfang 20. Jh. Das türkisfarbene Banddekor wird durch die Bezeichnungen »kascher« (in hebräischen Buchstaben) und »Gürzenich« unterbrochen.

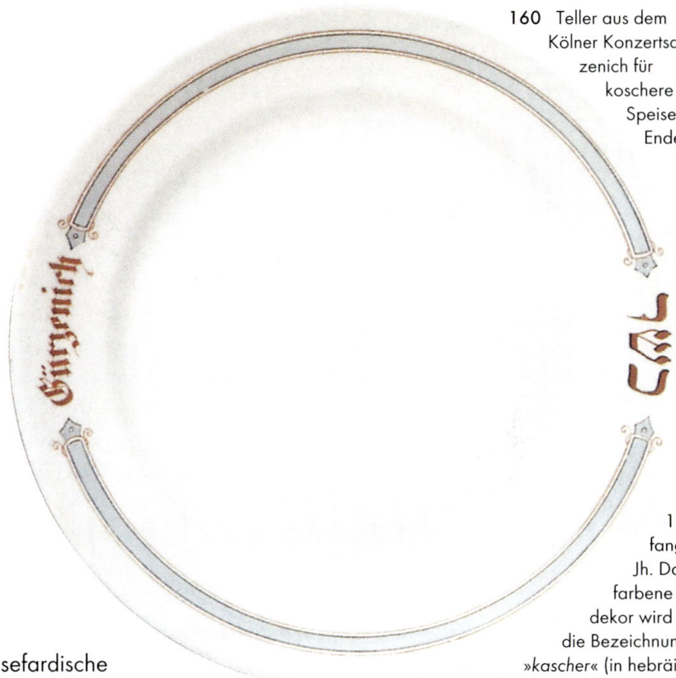

sefardische Küche ist die Verwendung von reichlich Olivenöl, Zitrone, Knoblauch sowie intensiven und oft sehr scharfen Gewürzen. Die aschkenasische Küche verwendet häufig ausgelassenes Gänse- und Hühnerfett für nahrhafte Eintöpfe, man würzt insgesamt milder mit nur wenig Knoblauch.

Für den Schabbat, an dem nicht gearbeitet und daher auch kein Feuer angezündet werden darf, gibt es landestypische Gerichte, deren Zubereitung diesem Verbot Rechnung trägt: Bei den *Aschkenasim* ist es der *Tscholent*, bei den *Sefardim* die *Dafina* und bei den Juden des Osmanischen Reichs der *Hamin*. Alle drei Gerichte sind langsam schmorende Eintöpfe, die vor Beginn des Schabbats, also am Freitag vor Sonnenuntergang, in den warmen Ofen geschoben werden und bei schwacher Hitze über Nacht bis zum Schabbat-Mittag langsam vor sich hingaren. Den Inquisitoren in Spanien galten die lang schmorenden Eintöpfe als verräterischer Hinweis auf ›judaisierende‹ Neuchristen.

An den Festtagen werden oft symbolische Speisen serviert, die die Bedeutung des jeweiligen Fests unterstreichen. Das beste Beispiel dafür ist das Pessach-Fest (s. S. 20 ff.).

16. – 18. Jh.

Amsterdam, das »Jerusalem des Westens«

Die ersten sogenannten »Portugiesen« kamen Ende des 16. Jh. nach Amsterdam. Dort gab es seit der Vertreibung der katholischen Geistlichkeit 1578 nur eine einzige zugelassene Glaubensrichtung, die calvinistisch-reformierte. Andersgläubige (Katholiken, Lutheraner, Mennoniten, Juden) wurden aber nicht verfolgt und durften ihren Glauben ausüben, allerdings nicht öffentlich. Das bedeutete beispielsweise, daß die Gotteshäuser der religiösen Minderheiten von außen nicht erkennbar sein durften. Diese Regelung galt für die Juden bis 1670. Die erste jüdische Gemeinde wurde 1602 von portugiesischen Einwanderern gegründet. Zwölf Jahre später erwarb sie außerhalb Amsterdams, in Ouderkerk an der Amstel, ein Stück Land, um hier einen Friedhof anzulegen (**161**).

Die rechtliche Stellung der Juden in den Vereinigten Niederlanden wurde nie verbindlich festgelegt. Die zwei wohlhabendsten Provinzen – Holland und Westfriesland – legten 1619 lediglich fest, daß die Städte selbst entscheiden sollten, ob und unter welchen Bedingungen Juden aufgenommen wurden. Die Städte, die Juden aufnahmen, werden allerdings ausdrücklich angewiesen, den Juden keinerlei äußere Unterscheidungsmerkmale, also irgendeine Art »Judenfleck«, abzuverlangen. Diese Regelung galt bis zur bürgerlichen Gleichstellung der Juden 1796 auch in den übrigen Provinzen. Für die Amsterdamer Autoritäten waren letztlich wirtschaftliche Gesichtspunkte ausschlaggebend, die sie trotz manch religiöser Vorbehalte bewogen, Juden in der Stadt aufzunehmen. Die sefardischen Flüchtlinge waren oft wohlhabende Kaufleute und Bankiers mit internationalen Kontakten oder angesehene Literaten und Wissenschaftler. Von ihnen erwartete man ebenso wie von den wenig später aufgenommenen Hugenotten eine Stärkung der Wirtschaftskraft Amsterdams.

161 Jüdischer Friedhof Ouderkerk. Die Zelt-Sarkophage aus Marmor sind typisch für die Gräber der *Sefardim*.

Sefardim und Aschkenasim

Neben den *Sefardim* bildete sich 1635 eine zweite »jüdische Nation«, die *Aschkenasim*. Sie stammten aus Mittel- und Osteuropa, sprachen eine eigene Sprache, Jiddisch, und hatten andere Bräuche als die *Sefardim*. Im Gegensatz zu diesen hatten sie an der kulturellen Entwicklung Westeuropas nicht teilgenommen, sondern sich ganz auf das Leben innerhalb der eigenen Gemeinschaft konzentriert. Für sie war Amsterdam v. a. ein friedlicher Zufluchtsort nach schweren Jahren der Verfolgung.

Die aschkenasische Gemeinschaft wuchs rasch und überflügelte zahlenmäßig bald die sefardische. Während sich aber die kleine Gruppe der reichen sefardischen Kaufleute und Intellektuellen weder durch Kleidung noch Lebensstil von den auf gleicher sozialer Ebene stehenden Holländern unterschied, kann man bei den ärmeren *Aschkenasim* erst im Lauf des 18. Jh. von einer Integration in die holländische Gesellschaft sprechen (162).

162   Francisco Lopes Suasso (1641–1710). Gemälde, Niederlande, um 1685. Francisco Lopes erbte von seinem Vater Einfluß, Vermögen und einen Adelstitel. Die Mitglieder dieser aus Portugal stammenden Kaufmannsfamilie galten in der besseren Amsterdamer Gesellschaft als Gleiche unter Gleichen. In der rechten Hand hält der Adlige eine Orange, eine Anspielung auf seine Beziehungen zum Herrscherhaus Oranien.

16. – 18. Jh.

Die Juden im Wirtschaftsleben Amsterdams

Viele sefardische Juden waren Großkaufleute oder Bankiers, die über ein dichtes Netz von Kontakten zur Iberischen Halbinsel, zum Osmanischen Reich und nach Brasilien verfügten. Sie handelten mit Zucker, Hölzern, Tabak und Diamanten. Unter den aschkenasischen Juden gab es v. a. kleine Handwerker und Straßenhändler.

Die Konkurrenzangst der Amsterdamer Bürger führte 1632 zu einer Verordnung, die den Juden

Sefardische Zerstreuung: Nach der Vertreibung der Juden aus Spanien (1492) und Portugal (1496/97) bedeutete die Inquisition mit ihren Scheiterhaufen für die dort verbliebenen »Neuchristen« oder »Marranen« eine ständige Gefahr, besonders wenn sie im Verborgenen an jüdischen Gebräuchen festhielten. Daher wanderten viele im 16./17. Jh. in Länder aus, in denen sie ohne Gefahr leben und sogar zum Judentum zurückkehren konnten, z. B. ins Osmanische Reich (s. S. 115f.), in die Niederlande, nach England sowie nach Süd- und Nordamerika.

163 Diamantenfabrik in Amsterdam. Foto, um 1925

die Mitgliedschaft in den Zünften untersagte und den Kleinhandel einschränkte. Davon ausgenommen blieben nur Berufe, bei denen keine Konkurrenz zu befürchten war: Apotheker, Ärzte, hebräische Buchdrucker und koschere Fleischer. Die Restriktionen trafen die aschkenasischen Juden hart. Für die *Sefardim* war der Erlaß weniger tragisch. Sie verdienten ihr Geld im Großhandel, d. h. außerhalb der Zünfte. 1674 betrug das Pro-Kopf-Einkommen der aschkenasischen Juden im Durchschnitt 3,48 Gulden gegenüber 1448,72 Gulden bei den *Sefardim*. Da die Diamantenbearbeitung im 17. Jh. als neuer Handwerkszweig entstand, gab es hierfür keine Zunft; auch für das Textilgewerbe existierte keine Zunftordnung. In diesen Handwerkszweigen fanden daher viele Juden Arbeit (**163**).

Baruch de Spinoza

Die jüdische Gemeinde Amsterdams setzte sich seit ihren Anfängen aus Juden verschiedenster Herkunft zusammen. Darunter befanden sich viele christlich erzogene Marranen, die erst in Holland zum Judentum zurückkehrten und »rejudaisiert« werden mußten. Die Angst, bei dieser Aufgabe zu versagen, veranlaßte Rabbiner und Gemeindevorsteher, das geringste Anzeichen freien Denkens, das kleinste Abweichen von der Orthodoxie und jedes Verhalten, das ihr gutes Verhältnis zur kommunalen Autorität stören könnte, streng zu bestrafen. Die härteste Strafe war der Bann: Dem Gebannten blieb die Synagoge verschlossen, und den Gemeindemitgliedern wurde jeder persönliche oder geschäftliche Kontakt mit ihm verboten.

Das berühmteste Beispiel für das Verhängen des Banns ist Baruch de Spinoza (1632–77, **164**). Der in Amsterdam geborene rationalistische Philosoph wurde 1656 wegen seiner ketzerischen Ansichten von der Gemeinde mit dem Bann belegt (**165**). Dieser konnte nur durch öffentliche

164 Portrait von Baruch de Spinoza. Öl auf Leinwand. Niederlande, um 1670

Buße und Zahlung einer Bußsumme aufgehoben werden. Da Spinoza dazu aber keinerlei Anstalten machte, bereitete der Bann seiner Tätigkeit als Kaufmann ein Ende. Zurückgezogen lebte er in ärmlichen Verhältnissen an verschiedenen Orten Hollands. Er stand mit großen Denkern seiner Zeit in regem Briefwechsel – etwa mit dem deutschen Philosophen Leibniz – und arbeitete an seinen Schriften. Seinen Lebensunterhalt verdiente er sich als Linsenschleifer. In seinem *Tractatus Theologico-Politicus*, der 1670 anonym erschien, geht es v.a. um die Freiheit der Philosophie und des Glaubens. Seine *Ethik*, in der er Gott als einzige, unteilbare und unendliche Substanz beschreibt und eine pantheistische Einheit von Gott und Natur postuliert, wurde erst postum veröffentlicht.

165 Der Bann über Spinoza im Jahr 5416 nach der jüdischen Zeitrechnung (=1656)

Die vier aschkenasischen Synagogen Amsterdams

Erst 1670 wurde es den Juden erlaubt, an ihrem Äußeren erkennbare Synagogen zu bauen (**166**). Das erste repräsentative Gotteshaus der aschkenasischen Gemeinde, die »Große Synagoge«, wurde nach den Plänen des Stadtbaumeisters Daniel Stalpaert errichtet und Pessach 1671 eingeweiht (**166, 167**). Der ständige Platzmangel machte es schon bald nötig, dahinter zwei kleinere Synagogen zu bauen: die »Obere Synagoge« (1685) und die »Dritte Synagoge« (1700). Da

16. – 18. Jh.

166 Blick auf die Synagogen von Amsterdam. Kupferstich von Adolf van der Laan, Amsterdam, um 1710. Links steht die »Portugiesische«, rechts mit den fünf Bogenfenstern die »Große Synagoge« der aschkenasischen Gemeinde. Ganz rechts in dem Häuschen mit dem Spitzdach befand sich eine Mikwe.

167 Innenraum der »Großen Synagoge«. Dieser Raum beherbergt heute die Dauerausstellung zur jüdischen Religion.

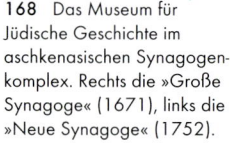

168 Das Museum für Jüdische Geschichte im aschkenasischen Synagogenkomplex. Rechts die »Große Synagoge« (1671), links die »Neue Synagoge« (1752).

16. – 18. Jh.

die Mitgliederzahl der Gemeinde weiter wuchs, entschloß man sich, noch eine vierte Synagoge zu bauen. Diese »Neue Synagoge« war größer als die drei bereits vorhandenen und wurde 1752 eingeweiht. Alle vier Gebäude dienten bis 1943 als Orte des Gebets und des Studiums.

Noch 1935 hatte man das 300jährige Bestehen der aschkenasischen Gemeinde in der »Großen Synagoge« festlich begangen. Zehn Jahre später zeigten alle vier Gebäude die Spuren des Kriegs: Kupferornamente und Lampen waren verschwunden, ebenso wie alles ablösbare Holz; die Fußböden, Galerien und ganze Balkenanlagen hatte man während des Hungerwinters 1944/45 herausgerissen und verheizt. Da die wenigen Überlebenden des Holocaust die Gebäude nach dem Krieg nicht aus eigenen Mitteln restaurieren konnten, verkauften sie 1954 den gesamten Komplex an die Stadt Amsterdam. Vorübergehend diente nun die »Große Synagoge« als Abstellplatz, in der »Neuen Synagoge« war für einige Zeit das Labor für Raumentwicklung der Stadtwerke untergebracht.

1974 wurde dann die Grundsatzentscheidung getroffen, in den aschkenasischen Synagogen das Museum für Jüdische Geschichte unterzubringen. Nach sorgfältiger Restaurierung wurde das »Joods Historisch Museum« am 3. Mai 1987 von Königin Beatrix eröffnet (**168**).

Die Portugiesische Synagoge der *Sefardim*

Die große Portugiesische Synagoge (**169**) wurde 1675 nach den Plänen von Elias Bouman errichtet. Sie ist eine der bedeutendsten Barocksynagogen und heute noch unverändert erhalten. Der hohe Bau mit barocker

symmetrischer Fassade ist in
einen Hof gestellt, den niedrige
Bautrakte umsäumen. Diese Ge-
staltung geht auf den Jerusalemer Tempel zurück. Seit der
Renaissance hatte man immer
wieder versucht, dessen Aussehen zu rekonstruieren.

169 Südwestansicht der
Portugiesischen Synagoge
(1675). Anonym, frühes
18. Jh.

Beim Bau der Portugiesischen
Synagoge dürfte das 1642 in
Middelburg erschienene Buch
Afbeeldinge van den Tempel Salomonis und das
dazugehörige Tempelmodell von Jakob Jehuda
Leone Einfluß ausgeübt haben. Dieser reiste durch
die Lande und machte regelrechte Ausstellungs-
touren mit seinem hölzernen Modell, was ihm den
Beinamen »Templo« einbrachte. Die Ähnlichkeiten
zwischen der Synagoge und Templos Modell
sprechen dafür, daß sich der Architekt Bouman
davon inspirieren ließ.

Wie in den sefardischen Synagogen üblich,
steht der Tora-Schrein im Osten, die *Bima* im Westen, und die Sitzbänke befinden sich entlang der
Nord- und Südwand (**170**). Der prachtvolle Tora-
Schrein ist wie das übrige Mobiliar aus dunklem
Jacaranda-Holz gearbeitet, das speziell aus Brasilien importiert wurde (**171**). Moses Curiel, der Stifter des Schreins, war einer der Initiatoren der Han-

16. – 18. Jh.

170 Innenansicht der
Portugiesischen Synagoge
mit Blick auf den Tora-Schrein
im Osten; im Vordergrund die
Bima. Anonym, 17. Jh.

131

delsgesellschaft »Brasiliaans Compagnie«. Das Gebäude diente zahlreichen sefardischen Synagogen auf der ganzen Welt als Vorbild: u. a. in London (1701) und Newport, USA (1763).

Das Ende der Blütezeit

In der zweiten Hälfte des 18. Jh. verlor Amsterdam seine führende Stellung als Welthafen. Der allgemeine Niedergang traf auch die jüdischen Stadtbewohner. Selbst die ehemals reichen sefardischen Bankiers und Großkaufleute kämpften nun gegen die drohende Armut. Ende des 18. Jh. erhielten 87% der aschkenasischen und 54% der sefardischen Juden Unterstützung aus der Armenkasse der Gemeinde.

Im 19. Jh. kam es dagegen mit dem Aufschwung der Diamantenindustrie zum sozialen Aufstieg des jüdischen Proletariats. In dessen Kreisen entstand 1894 die erste niederländische Gewerkschaft, der »Algemene Nederlandse Diamantenwerkers Bond«.

171 Portugiesische Synagoge in Amsterdam: Der prachtvolle Tora-Schrein aus Jacaranda-Holz mit geöffneten Türen

16. – 18. Jh.

Der Holocaust

Nach den Jahrhunderten, in denen die niederländischen Juden in Freiheit und ohne Angst vor Verfolgung leben konnten, traf sie die deutsche Okkupation im Frühjahr 1940 wie ein Schock. Antijüdische Maßnahmen der deutschen Besatzer ließen nicht lange auf sich warten: Das koschere Schlachten wurde verboten, die jüdischen Beamten entlassen usw. Im Mai 1942 wurde der Judenstern in den Niederlanden eingeführt, eine unmittelbare Vorbereitung der Deportation. Ab Juli 1942 rollten die Züge vom Durchgangslager Westerbork in die Vernichtungslager. Von den 140 000 Juden, die vor dem Krieg in den Niederlanden lebten, wurden über 100 000 ermordet.

England

1290 hatte Eduard I. die Ausweisung der Juden
aus England befohlen. Ihre Wiederansiedlung im
17. Jh. begann auf Initiative des Amsterdamer
Rabbiners Manasse ben Israel (1604–57, **172**).
Manasse stammte aus Lissabon und war mit seiner
Familie vor einem *Autodafé* (Ketzerverbrennung)
nach Holland geflohen. Schon in jungen Jahren
erwarb er sich einen Namen als Gelehrter, Druk-
ker und Verleger. Er pflegte gute Beziehungen zu
nichtjüdischen Gelehrten und Künstlern. So portrai-
tierte ihn sein Nachbar Rembrandt und steuerte
Illustrationen zu seinem Buch *Piedra Gloriosa* bei.

Manasse glaubte, daß der Messias kommen
werde, sobald sich die Juden überall, selbst am
Ende der Welt, niedergelassen hätten. Nachdem
ein Reisender berichtet hatte, daß er die zehn verlorenen Stämme Israels im Innern Südamerikas
angetroffen habe, blieb nach Meinung Manasses
nur ein Land übrig, aus dem sie gänzlich vertrieben waren und das er und seine Anhänger als
»Ende der Welt« (so deuteten sie die normanni-
sche Bezeichnung »Angleterre«) betrachteten.
Daher bemühte er sich um die Wiederansiedlung
der Juden in England. Er widmete dem englischen
Parlament seine Broschüre *Hoffnungen Israels* und
entschloß sich, persönlich nach England zu
fahren, um Oliver Cromwell zur Aufhebung des
Niederlassungsverbots zu bewegen.

Die Hoffnung auf wirtschaftlichen Aufschwung
durch kapitalkräftige Juden bewegte Cromwell,
der Bitte nachzukommen (1656). Wegen des
Widerstands in der Bevölkerung wurde die Entscheidung aber nie öffentlich bekanntgegeben
oder als Gesetz formuliert. Man ließ die Einreise
der Juden einfach stillschweigend zu und gewährte ihnen ökonomische Gleichberechtigung,
Bewegungsfreiheit im Land und freie Religionsausübung. Lediglich öffentliche Ämter blieben
ihnen bis Mitte des 19. Jh. versagt.

172 Portrait des Manasse
ben Israel. Govaert Flinck,
Amsterdam 1637

16. – 18. Jh.

Die ersten Juden, die nach England kamen, waren *Sefardim* aus Amsterdam. So ist es kein Wunder, daß sie beim Bau ihrer Londoner Synagoge 1701 die Portugiesische Synagoge Amsterdams zum Vorbild nahmen. Das Bauschema wurde in der Bevis-Marks-Synagoge nur leicht abgewandelt, indem den Säulenreihen im Norden und Süden eine weitere im Westen hinzugefügt wurde.

1693 bildete sich in London auch eine aschkenasische Gemeinde. Angesichts ihrer geringen finanziellen Möglichkeiten ließen sich die *Aschkenasim* oft in Provinzstädten wie Liverpool, Portsmouth, Bristol und Plymouth nieder. Gab es in England um 1700 noch kaum mehr als 2000 Juden, so waren es Mitte des 18. Jh. bereits 10 000 (davon 8000 in London); gegen Ende des Jahrhunderts stieg ihre Zahl auf 20 000–25 000.

Brasilien

Sefardische Juden aus Westeuropa gründeten die ersten jüdischen Gemeinschaften Amerikas. Schon mit den spanischen und portugiesischen Eroberern waren Marranen auf den Kontinent gekommen. Als die Niederlande 1630 Pernambuco in Nordost-Brasilien mit der Hauptstadt Recife von den Portugiesen eroberten, ließen sich dort auch holländische Juden nieder und bauten ein blühendes Handelszentrum auf. Einige besaßen Zuckerrohrplantagen (**173**) oder handelten mit Zucker, Tabak und Hölzern. 1645 gab es eine Gemeinde mit 1450 Mitgliedern, einer Synagoge und einem bedeutenden Rabbiner, Isaac Aboab de Francesca. Er war der erste Rabbiner auf dem amerikanischen Kontinent.

Die portugiesische Rückeroberung Brasiliens 1654 bedeutete für die jüdische Gemeinde das Aus. Ein Teil von ihnen kehrte mit ihrem Rabbiner nach Holland zurück, andere zogen

173 Zuckerherstellung auf einer brasilianischen Zuckerplantage. Frans Post, um 1650

nach Mittel- oder Nordamerika. So entstanden jüdische Gemeinschaften in Surinam und auf Curaçao, auf Barbados und Jamaika und in der Kolonie Neu-Amsterdam, dem heutigen New York.

Nordamerika

Im September 1654 erreichten 23 Juden die Kolonie Neu-Amsterdam. Der dortige Gouverneur, Peter Stuyvesant, ein engstirniger Calvinist, wollte sie sofort wieder loswerden. In seinen Briefen an die holländische Westindien-Compagnie bezeichnete er die Neuankömmlinge als »Feinde Christi«, »widerwärtig« und »betrügerisch«. Doch die Compagnie verweigerte ihm – auch unter dem Einfluß der jüdischen Aktionäre – die Zustimmung, die Juden zu vertreiben. Ebenso scheiterte der Versuch, den Juden das Abhalten von Gottesdiensten und die Anlage eines Friedhofs zu verbieten. Schon 1656 erhielt die Gemeinde die Erlaubnis, dafür Land zu erwerben. Das Wohnrecht genügte den Juden jedoch nicht, sie kämpften um ihr Bürgerrecht. So nahmen sie es nicht hin, daß ihnen der Dienst in der Bürgerwehr der Stadt versagt war und sie statt dessen eine Sondersteuer zu entrichten hatten. 1655 klagten sie dieses Recht ein, und es wurde ihnen zugesprochen. Als dem Juden Asser Levy das volle Bürgerrecht verweigert wurde, beschwerte er sich darüber in Amsterdam, da er in Holland Bürger war, und bekam Recht. So legten die ersten jüdischen Siedler die Fundamente, auf die spätere Immigranten bauen konnten.

Kurz nach 1680 gründeten Juden in Newport eine Gemeinde, die nach zeitweiligem Niedergang um 1750 wiedererstand. Führer der Gemeinde war Aaron Lopez, ein Marrane aus Portugal, der vor der Inquisition geflohen war. 1763 wurde hier eine sefardische Synagoge eingeweiht, bei der wie in London die Portugiesische Synagoge in Amsterdam Pate stand. Sie ist die älteste erhaltene Synagoge Nordamerikas (174).

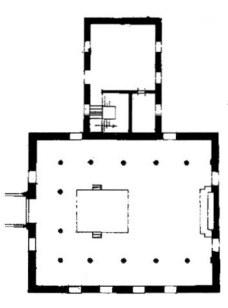

16. – 18. Jh.

174 Touro-Synagoge in Newport, Rhode Island, 1763

17. – 19. Jh.

Im Spätmittelalter hatte man die Juden aus fast allen großen Städten vertrieben (s. S. 72f.). Im 16. und 17. Jh. lebten die meisten deutschen Juden in kleinen Vorstädten oder auf dem Land. Sie arbeiteten als Viehhändler, Hausierer, Geldwechsler und Pfandleiher. Neben der meist armen Mehrheit bildete sich v. a. seit dem 30jährigen Krieg eine reiche jüdische Minderheit heraus, die Hofjuden.

Nach 1648 war Deutschland in zahlreiche kleine Fürstentümer zerfallen, der Einfluß des Kaisers nur noch minimal. Unabhängig davon, ob die Fürsten katholisch oder protestanisch waren, strebten sie einen absolutistischen Staat mit prunkvoller Hofhaltung an. Zur Verwirklichung dieses Ideals wurde der Hofjude als Bankier, Finanzberater, Heeres- und Hoflieferant oder Diplomat bald unverzichtbar. Als Dank für ihre Dienste waren sie von den Einschränkungen ausgenommen, die für ihre einfachen Glaubensgenossen galten. Sie hatten Reise- und Niederlassungsfreiheit, besaßen oft herrliche Palais, umgaben sich mit Pracht und Luxus und kleideten sich nach der neuesten Mode. Da ihnen gestattet war, ihre Familie und Bediensteten bei sich zu haben, wurde ihre Anwesenheit oft zur Keimzelle einer neuen Judengemeinde.

Im Idealfall nutzte der Hofjude seinen Kontakt zum Herrscher als Fürsprecher der Gemeinde. Ein gestürzter Hofjude konnte dagegen eine ganze Gemeinde mit ins Verderben reißen: Nach der Hinrichtung des Hofjuden Lippold 1573 in Berlin wurde allen Juden »auf ewige Zeiten« der Aufenthalt in der Mark Brandenburg untersagt.

Trotz ihres Reichtums und Einflusses blieben die Hofjuden »mächtige Sklaven«, deren Sicherheit von der Gunst des Fürsten abhing. Ohne dessen Schutz waren sie der Feindschaft der Stände und der Bevölkerung ausgesetzt, da sie im Auftrag des Fürsten oft unpopuläre Maßnahmen wie Münzverschlechterungen oder Steuererhöhungen durchzuführen hatten.

Josef Süß Oppenheimer: »Jud Süß«

Der berühmteste deutsche Hofjude war Josef Süß
Oppenheimer (1698–1738), genannt »Jud Süß«,
dessen schillernde Persönlichkeit und spektakulä-
res Ende zahlreiche Schriftsteller und Komponisten
faszinierte. 1732 trat er in den Dienst Herzog Karl
Alexanders von Württemberg und wurde bald der
wichtigste Finanzier und Berater des Fürsten. Er
kam zu Reichtum, galt als galanter Hofmann und
besaß prachtvolle Häuser in Mannheim, Frankfurt
und Stuttgart, der herzoglichen Residenz. Als Ge-
heimer Finanzrat setzte er eine neue Fiskalpolitik
durch, die den Grundbesitzern und Kaufleuten
ihre alten Vorrechte nahm und einen modernen
merkantilistischen Zentralstaat schaffen sollte.

Als Karl Alexander 1737 plötzlich in einer
durchzechten Nacht starb, wurde der Jude an seiner Seite zur Zielscheibe für den Haß der Bevölkerung. Ihm wurde das zügellose und aufwendige
Leben des Herzogs und dessen unpopuläre Politik
zur Last gelegt. Man bezichtigte ihn des Hochver-
rats, der Veruntreuung von Geldern etc. und verurteilte ihn schließlich zum Tod am Galgen (**175**).

175 Josef Süß Oppen-
heimer. Der zeitgenössische
Stich zeigt ihn umgeben von
Folterwerkzeugen; unter ihm
sieht man den Käfig, in dem
er gehängt wurde.

Berlin

Noch im 17. Jh. wurden Juden aus großen Städten ausgewiesen, so etwa 1670 aus Wien. Friedrich Wilhelm, der Große Kurfürst, nahm 1671

17. – 19. Jh.

»Wir, Friedrich Wilhelm, von Gottes Gnaden Markgraf zu Brandenburg ... bekennen hiermit öffentlich ..., daß Wir aus sonderbaren Ursachen und auf untertänigstes
Anhalten Hirschel Lazarus, Benedict Veit und Abraham Ries, Juden, bevorab zu Beförderung Handels und Wandels bewogen worden, einige von andern Orten sich
wegbegebende jüdische Familien, und zwar 50 derselben, in Unser Lande ... und
in Unseren sonderbaren Schutz gnädigst auf- und anzunehmen ... 6. Soll ihnen
zwar nicht verstattet sein, eine Synagoge zu halten, doch aber mögen sie in ihren
Häusern einem zusammenkommen, allda ihr Gebet und Ceremonien, doch ohne
gebendes Aergernis an die Christen, verrichten, bevorab sich alles Lästern und
Blasphemirens bei harter Strafe enthalten.«

Aus dem Aufnahmeedikt des Großen Kurfürsten vom 21. Mai 1671

50 der reichsten Familien der vertriebenen Wiener Juden in Preußen auf. Seine Entscheidung darf aber nicht als tolerant oder ›judenfreundlich‹ mißverstanden werden; er und seine Nachfolger brachten oft genug ihren Judenhaß zum Ausdruck.

Die preußischen Herrscher waren aber immer bereit, Konventionen über Bord zu werfen, wenn es dem Aufbau und der Stärkung des Staats diente. So ließen sie unter dem Aspekt der »Nützlichkeit« zwar Juden zu, achteten jedoch darauf, ihre Zahl klein zu halten: Möglichst viele wirtschaftlich wichtige Dienstleistungen (Geld- und Kredithandel, Gründung von Manufakturen) sollten von wenigen ortsansässigen Juden ausgeführt werden. Diese unterlagen dann kleinlichen Reglements (1671, 1714, 1730 und 1750), die genau festlegten, welche Steuern, »Schutzgelder« und sonstigen Abgaben sie zu zahlen hatten, wieviele Kinder in den Schutzbrief mit aufgenommen werden konnten, welche Berufe sie wählen und unter welcher Bedingung sie heiraten durften. Unter Friedrich II. wurden die Juden besonders zur Kasse gebeten. Zu den vielen Sonderabgaben kamen stets neue Anordnungen. Berühmt ist die Kabinettsorder an das Generaldirektorium (21. März 1769), die der angeschlagenen »Königlichen Porzellanmanufaktur« (KPM) auf Kosten der Juden zu höherem Umsatz verhelfen sollte. So mußte der Philosoph Moses Mendelssohn zur Erlangung einer Konzession 20 Porzellanaffen abnehmen, unter deren Augen er fortan seine Gäste begrüßte (**176**).

176 Meißener Porzellanaffe ähnlich dem ›Mendelssohn-Affen‹. Die Juden mußten unter Friedrich II. bei Hauskauf, Ansetzung, Todesfall oder Eheschließung völlig überteuerte Ladenhüter der »Königlichen Porzellanmanufaktur« in Berlin abnehmen, und zwar nicht nach eigener Wahl, sondern nach Belieben der Manufaktur. So kam Moses Mendelssohn unfreiwillig in den Besitz von 20 Porzellanaffen.

»Seine Kgl. Maj. in Preussen ... haben zur Beförderung des Vertriebs derer bei Dero Porcellain Manufactur verfertigten Porcellaine ... resolviret, dass die Juden bei ihrer jedesmaligen Ansetzung, auch wenn sie die Erlaubnis erhalten, ein Haus zu acquiriren, ein für allemal ein gewisses mässiges Quantum Porcellain, und zwar ein Jude, der auf ein General-Privilegium angesetzt wird oder solches erlangt, für 500 rtl., ein ordinairer Schutz-Jude für 300 rtl. und, bei Erlangung einer Concession zum Haus-Ankauf oder einer sonstigen Beneficirung, gleichfalls für 300 rtl. zu nehmen.«
Friedrich II. in der Kabinettsorder vom 21. März 1769

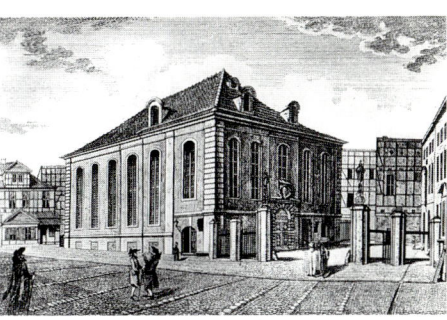

Die Berliner Juden durften die Stadt auch nur durch ein einziges Tor betreten, wo sie zudem noch den demütigenden »Leibzoll« entrichten mußten, der nur auf Juden und Vieh erhoben wurde – alles Symbole für die ›privilegierte‹ Machtlosigkeit der Berliner Juden, von denen einige zu den reichsten Männern Mitteleuropas gehörten. Die extremen finanziellen Anforderungen des Staats führten zu einer anormalen Struktur der Berliner Gemeinde. Nur die reichsten Familien konnten überhaupt eine unbeschränkte Aufenthaltsgenehmigung und die gleichen Wohn- und Arbeitsrechte wie nichtjüdische Kaufleute erhalten. Sie begannen auch als erste, sich in ihren Lebensgewohnheiten an der christlichen Oberschicht zu orientieren; zugleich nahm die Bedeutung der traditionellen Lebensweise immer mehr ab. Hier setzte der Prozeß der Angleichung an die umgebende Gesellschaft ein, der später als »Assimilation« bezeichnet wurde.

Dennoch gab es auch ärmere Juden in Berlin. Das waren v. a. die Gemeindebediensteten (Rabbiner, *Schochet*, Kantor, Religionslehrer u. ä.) und die Hausangestellten, deren Aufenthaltsgenehmigung aber nur für die Dauer ihrer Anstellung galt.

Nicht nur die Preußenkönige achteten darauf, daß nur wenige reiche Juden neue Schutzbriefe erhielten. Die Gemeindevorsteher befürworteten diese Politik gezwungenermaßen, da alle Gemeindemitglieder für das Aufkommen der hohen Steuern hafteten. Daher wurde der Zuzug fremder armer Juden in die preußischen Gemeinden auch von jüdischer Seite erschwert. Trotz dieses Lebens zwischen Edikten und Reglements entwickelte sich die jüdische Gemeinde Berlin zu einem der wichtigsten Zentren des deutschen Judentums.

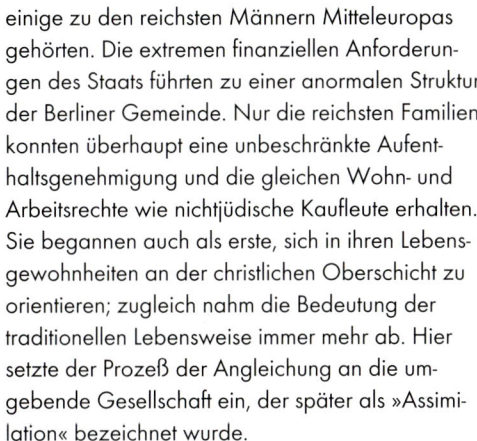

177 Die erste Berliner Gemeindesynagoge in der Heidereutergasse. Stich von F. A. Calau, 1795. Nach heftigen Streitigkeiten miteinander konkurrierender Privatsynagogen wurde ein Synagogenbau für die ganze Gemeinde beschlossen. Der einfache, rechteckige Saalbau mit hohen Rundbogenfenstern und Walmdach wurde 1712–14 von Michael Kemeter errichtet.

17. – 19. Jh.

178 Portrait Moses Mendelssohns von Johann Christoph Frisch, um 1780

179 Gotthold Ephraim Lessing (1729–81) war mit Moses Mendelssohn befreundet und arbeitete als Autor und Herausgeber eng mit ihm zusammen. Kolorierter Kupferstich von 1773 von Johann Friedrich Bause nach dem Gemälde von Anton Graf

180 Szenenfoto aus *Nathan der Weise*, Hamburg 1981

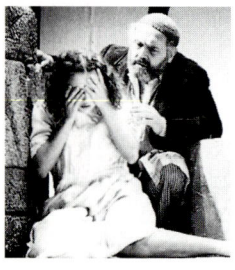

17. – 19. Jh.

Moses Mendelssohn

Im Herbst 1743 betrat der 14jährige Moses Mendelssohn, Sohn eines armen Tora-Schreibers aus Dessau, Berlin. Als Schüler David Fränkels folgte er diesem bei der Übersiedlung nach Berlin, wo Fränkel Rabbiner an der Synagoge Heidereutergasse (177) wurde. Der Rechtsstatus des Studenten war nur vage gefaßt und hing von der Anerkennung der Gemeindevorsteher ab. Die ersten sieben Jahre lebte Mendelssohn von der Hand in den Mund. Neben dem traditionellen Talmud-Studium eignete er sich das bei den Rabbinern verpönte ›weltliche‹ Wissen an: Deutsch, Französisch, Latein, Griechisch, Mathematik, Philosophie und Naturwissenschaften. Seinen Lebensunterhalt verdiente er seit 1750 beim Seidenfabrikanten Isaak Bernhard, zuerst als Hauslehrer, später als Buchhalter und dann als Mitinhaber. Bis 1763 hatte er keinen eigenen Schutzbrief und durfte nur in Berlin bleiben, da er bei dem »ordentlichen Schutzjuden« Bernhard angestellt war. Trotz der beruflichen Inanspruchnahme blieb Mendelssohn der wissenschaftlichen Arbeit zeitlebens treu.

Von großer Bedeutung erwies sich die Bekanntschaft mit Gotthold Ephraim Lessing. Dieser hatte schon 1749 in seinem Lustspiel *Die Juden* zur Aufgabe der anachronistischen Vorurteile gegen die Juden aufgerufen. Mendelssohn und Lessing verband eine lebenslange Freundschaft, von der beide in ihrem schriftstellerischen Wirken profitierten. Zusammen mit dem Schriftsteller und Verlagsbuchhändler Friedrich Nicolai entwickelten sie die Literaturkritik als wissenschaftliche Disziplin. Lessing setzte seinem Freund im Versdrama *Nathan der Weise* (1779) ein Denkmal: Die Figur des integren Nathan trägt deutlich Mendelssohns Züge.

Mit seinem philosophischen Werk *Phaedon* (1767) wurde Mendelssohn als deutscher Philosoph berühmt. Schon 1763 hatte er den ersten Preis der Königlich-Preußischen Akademie der

Wissenschaften für seine *Abhandlung über die Evidenz in metaphysischen Wissenschaften* erhalten. 1771 wurde er von der Akademie zum Mitglied gewählt, was der ›aufgeklärte Philosophenkönig‹ Friedrich II. jedoch nicht bestätigte. Als Anhänger der Ideen der Aufklärung bemühte sich Mendelssohn um eine Beendigung der sozialen und kulturellen Isolation seiner Glaubensgenossen. Die Annäherung der Juden an die deutsche Kultur sollte zu ihrer gesellschaftlichen Eingliederung führen und den Boden für die Begegnung mit Nichtjuden bereiten. Diese Begegnung wurde aber schon dadurch erschwert, daß die Mehrheit der preußischen Juden Jiddisch sprach, in hebräischen Buchstaben schrieb und das Deutsche kaum beherrschte. Um seinen Glaubensgenossen das Tor zum deutschen Sprachraum zu öffnen, übersetzte Mendelssohn die hebräische Bibel ins Deutsche. Der Text wurde zunächst weiter mit hebräischen Buchstaben gedruckt, um den jüdischen Lesern den Zugang zu erleichtern. Die Übersetzung führte zu heftigen Reaktionen in der jüdischen Gemeinschaft. Die einen nahmen sie begeistert auf; noch zu Mendelssohns Lebzeiten erschienen drei Auflagen. Die orthodoxen Rabbiner dagegen waren empört und drohten Mendelssohn mit dem Bann. Für sie war die Übersetzung der Heiligen Schrift in eine weltliche Sprache Blasphemie.

Neben der Bibelübersetzung arbeitete Mendelssohn an *Jerusalem oder Über religiöse Macht und Judentum*. Darin lehnte er jede Art religiösen Zwangs ab und definierte das Judentum als geoffenbartes Gesetz (im Gegensatz zur christlichen Religion, die auf geoffenbarter Lehre beruht). Im Judentum seien zwar verbindliche Vorschriften und Gesetze für das Leben geboten, nicht aber Vorschriften für das Denken. Mit dieser Definition leistete Mendelssohn zwar der Auffassung vom Judentum als einer vorrangig zeremonialgesetzlichen Religion Vorschub, doch schien es ihm im

181 Friedrich II. (1712– 86). Altersportrait am Stock. Zeichnung von Johann Heinrich Ramberg, 1786

17. – 19. Jh.

»Wenn meine Übersetzung von allen Israeliten ohne Widerrede angenommen werden sollte, so wäre sie überflüssig. Je mehr sich die sogenannten Weisen der Zeit widersetzen, desto nötiger ist sie. Ich habe sie anfangs für den gemeinen Mann gemacht, finde aber, daß sie für Rabbiner noch viel notwendiger ist.«
Moses Mendelssohn, 1779

> »Wenn die bürgerliche Vereinigung unter keinen anderen Bedingungen zu erhalten (ist), als wenn wir von dem Gesetz abweichen, das wir für uns noch für verbindlich halten, so thut es uns herzlich leid, was wir zu erklären für nötig erachten: so müssen wir lieber auf bürgerliche Vereinigung Verzicht thun.«
>
> Moses Mendelssohn

182 Ein jüdischer Viehhändler verkauft einem Nichtjuden eine Milchkuh. Antisemitische Bronzefigur, Deutschland ca. 1840

Vergleich zum dogmatisch gebundenen Christentum der aufklärerischen Vernunftreligion näher zu stehen. Obwohl es Mendelssohn sehr daran lag, die Juden in die westliche Kultur zu integrieren, durfte dies nach seiner Auffassung nicht um den Preis der Aufgabe des Judentums geschehen. Sein eigenes Leben entsprach dem Modell, das er für alle Juden anstrebte: an den Riten und Gesetzen der jüdischen Tradition festzuhalten und gleichzeitig voll an der Kultur der Umwelt teilzunehmen. Die jüngeren jüdischen Aufklärer sahen das anders. Die Integration in die westliche Kultur bedeutete für sie auch den Bruch mit althergebrachten Überzeugungen und Riten. Mendelssohn blieb als Vater der *Haskala* ihr großes Idol und wurde – entgegen seiner eigenen Lebensweise – zum Repräsentanten der deutsch-jüdischen Assimilation.

Steiniger Weg zur rechtlichen Gleichstellung

Unter dem Einfluß der Aufklärung und der Französischen Revolution lag der Drang nach Veränderung der rechtlichen Stellung der Juden seit dem Ende des 18. Jh. in der Luft. Er erfaßte die jüdische Gemeinschaft ebenso wie die aufgeklärten Politiker und die führende Beamtenschaft, die dafür eintraten, den Juden die Bürgerrechte zu verleihen. In Deutschland wurden diese Bemühungen unter den Begriffen der »Bürgerlichen Verbesserung« oder »Naturalisation« gefaßt. Seit den 30er Jahren des 19. Jh. tauchte der Begriff »Emanzipation« für die Befreiung der Juden aus ihrem gedrückten Status auf. Die Forderung nach Gleichstellung der Juden (ebenso wie z. B. die Forderung nach Bauernbefreiung) war ein Bestandteil der bürgerlichen Forderung nach Gleichheit aller vor dem Gesetz geworden, die die Auflösung der Stände-Gesellschaft zur Voraussetzung hatte.

Um diese Emanzipation zu erreichen, entwickelte man im wesentlichen zwei Konzeptionen: Von einer liberal-revolutionären Emanzipation spricht

17. – 19. Jh.

man, wenn durch einen einmaligen gesetzgeberischen Akt die Gleichstellung der Juden verfügt wurde. Dabei vertraute man auf die integrierende Kraft der Gesellschaft und glaubte, daß die allmähliche Aufhebung aller Unterschiede zwischen Juden und Nichtjuden ohne zusätzliche Regelungen oder Gesetze möglich sei. Dieser Vorstellung entsprach die französische Revolutionsgesetzgebung, die mit dem »Gesetz der Nationalversammlung vom 28. September 1791« die französischen Juden quasi über Nacht zu freien, gleichberechtigten Bürgern der neuen Republik machte. Alle Benachteiligungen, aber auch sämtliche Vorrechte wie die Gemeindeautonomie oder die Befreiung vom Militärdienst und von der allgemeinen Gerichtsbarkeit wurden damit beseitigt.

Von einer aufgeklärt-etatistischen Konzeption spricht man, wenn die Gleichstellung in einem langwierigen Prozeß durch eine sukzessive Gesetzgebung erreicht werden sollte. Eine fortschrittliche Beamtenschaft war in diesem Fall für die »Verbesserung« der Juden durch erzieherische Maßnahmen verantwortlich. Ihre volle Gleichstellung sollte erst der Abschluß und die Krönung des gesellschaftlichen Integrationsprozesses sein. Das Vorherrschen dieser Konzeption führte in Deutschland dazu, daß sich die Emanzipation der Juden über einen Zeitraum von knapp 100 Jahren hinzog und erst 1871 in der Verfassung des Kaiserreichs zum Abschluß kam. Sie vollzog sich nicht in einer stetig aufwärts gerichteten Entwicklung, sondern verlief wie die Befreiungsbewegung des Bürgertums, mit der sie in einem Zusammenhang gesehen werden muß, in Schüben. In Zeiten der revolutionären Umwälzungen wurden große Fortschritte erzielt, die in Zeiten der Reaktion teilweise wieder zurückgenommen wurden. Einige wichtige Stationen auf dem Weg der Juden zu gleichberechtigten Staatsbürgern seien hier genannt:

»Was ist ... diese große Aufgabe unserer Zeit? Es ist die Emanzipation. Nicht bloß die der Irländer, Griechen, Frankfurter Juden, Westindischen Schwarzen und dergleichen gedrückten Volkes, sondern es ist die Emanzipation der ganzen Welt, absonderlich Europa, das mündig geworden ist und sich jetzt losreißt von dem eisernen Gängelband der Bevorrechteten, der Aristokratie.«
  Heinrich Heine, 1828

183 Heinrich Heine (1797–1856). Als Sohn eines jüdischen Tuchhändlers in Düsseldorf wurde er zum Kaufmann ausgebildet, ehe er 1819 sein Jurastudium antrat. Kurz vor seiner Promotion 1825 trat er zum Protestantismus über. Anschließend arbeitete er als freier Schriftsteller und Redakteur. 1831 ging er nach Paris. Jüdische Themen durchziehen sein dichterisches Werk, besonders im Erzählfragment *Der Rabbi von Bacherach* (1840) und in den *Hebräischen Melodien* aus dem *Romanzero* (1851).

17. – 19. Jh.

»Über die bürgerliche Verbesserung der Juden« (1781)

Der preußische Beamte Christian Wilhelm von Dohm hat mit seiner Streitschrift *Über die bürgerliche Verbesserung der Juden* (Berlin 1781, **184**) die Diskussion der »Judenfrage« in die breite Öffentlichkeit getragen und die Emanzipationsbereitschaft in den deutschen Staaten gefördert. Er vertrat die Ansicht, »daß die Juden ebensogut wie alle andren Menschen nützliche Glieder der bürgerlichen Gesellschaft seyn können« und daß alles, was man den Juden vorwerfe, nur durch die »politische Verfassung, in der sie itzt leben, bewirkt« sei. Die »Verbesserung« mußte aber von beiden Seiten getragen werden. Der Staat sollte die Beschränkung des Wohnrechts, Berufsverbote und erniedrigende Sondersteuern aufheben und den Juden das volle Bürgerrecht zugestehen. Die Juden ihrerseits sollten sich mehr an der Kultur der Umwelt orientieren, etwa ihre Handelsbücher in der Landessprache führen und ihren »noch zu kaufmännischen Geist« ablegen.

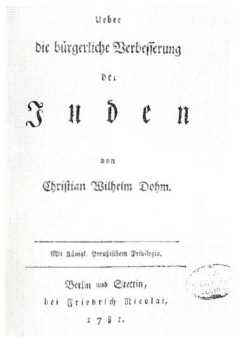

184 Titelseite des Traktats von Christian Wilhelm von Dohm (1751–1820). Dohm gehörte mit Mendelssohn und dem Verlagsbuchhändler Nicolai zu den wichtigsten Berliner Aufklärern. Seine programmatische Schrift war der Anlaß für eine lebhafte Diskussion, die auch in Frankreich und Wien fortgesetzt wurde.

Als Anhänger der physiokratischen Lehre versuchte Dohm, die Juden auf landwirtschaftliche Berufszweige zu lenken, denn »für den Staat wie für ihn selbst wird es in den meisten Fällen besser seyn, wenn der Jude mehr in der Werkstätte und hinter dem Pflug, als in den Kanzleyen arbeitet«. Anders als die späteren ›Verbesserer‹ wollte er ihnen jedoch die Gemeindeautonomie und eine eigene Gerichtsbarkeit in religiösen Fragen lassen.

Mit Dohms Schrift wurden heftige Debatten über das Für und Wider der bürgerlichen Gleichstellung der Juden eingeleitet. Nur wenige Monate nach ihrer Veröffentlichung folgten erste staatliche Maßnahmen zur Juden-Emanzipation. Das von Joseph II. in Wien verkündete »Toleranzpatent« hob die gravierendsten Beschränkungen für die Juden Österreichs auf, auch wenn es noch keine Emanzipation im modernen Sinn bedeutete.

Das Preußische Emanzipationsedikt

Das preußische Reformwerk, zu dem das Edikt von 1812 zählt, war das Resultat der vernichtenden Niederlage gegen Napoleon. Aufgeklärte Staatsmänner wie Karl August von Hardenberg und Wilhelm von Humboldt erkannten, daß Preußens ökonomische und militärische Macht nur durch eine Modernisierung des Staats wiederhergestellt werden konnte. Dazu mußten die ständischen Schranken fallen: Leibeigenschaft und Zunftzwang ebenso wie Sonderrechte für die Juden. Am 11. März 1812 wurde das umstrittene Emanzipationsedikt verkündet. Es verlieh den preußischen Juden das Bürgerrecht und das Recht, sich überall niederzulassen, Grund zu erwerben und Militärdienst zu leisten (185). Über die Zulassung zu Staatsämtern sollte ein besonderes Gesetz befinden. Dazu kam es aber nie, und so blieb es beim Ausschluß der Juden von allen öffentlichen Ämtern. Das Edikt galt zudem nur für Juden, die bereits ein Privileg oder einen Schutzbrief besaßen; alle fremden Juden waren vom Bürgerrecht ausgenommen (186). Für den weiteren Verlauf des Emanzipationsprozesses blieb es eine Belastung, daß die Reformen von oben, durch aufgeklärte Beamte, unternommen und nicht von einer breiten politischen Bewegung getragen wurden.

Ähnliche Emanzipationsgesetze wurden auch in anderen deutschen Staaten erlassen (1808 im Königreich Westfalen, 1809 im Großherzogtum Baden etc.). Mit dem Edikt von 1812 hatte die Juden-Emanzipation einen vorläufigen Gipfel erreicht. Die jüdischen Gemeinden reagierten auf ihre »Verbürgerlichung« u. a. mit der Forderung nach inneren Reformen (s. S. 151).

Das Einsetzen der Reaktion mit dem Wiener Kongreß (1814/15)

Viele Juden glaubten, mit der bürgerlichen Gleichstellung dem Ziel des Hineinwachsens in die Ge-

185 Ein jüdischer Landsturmmann verabschiedet sich von seinen Eltern und tritt in die Reihe seiner christlichen Kameraden. Holzschnitt von L. Pietsch nach einem Ölgemälde von Oskar Graf. Als Friedrich Wilhelm III. im März 1813 sein Volk zu den Waffen rief, um die französischen Besatzungstruppen aus dem Land zu vertreiben, wurden erstmals auch 170 preußische Juden – seit dem Edikt von 1812 als Staatsbürger anerkannt – eingezogen. Weitere 561 Juden meldeten sich freiwillig.

17. – 19. Jh.

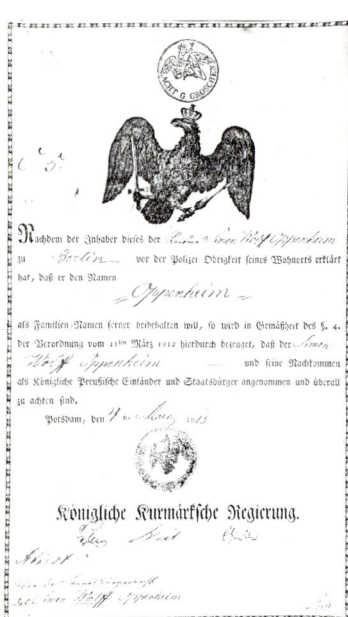

186 Urkunde, die den Bankier Simon Wolf Oppenheim nach dem Edikt von 1812 zum preußischen Staatsbürger erklärt und seinen Familiennamen festlegt. Der Erwerb der Staatsbürgerschaft war an eine Reihe von Voraussetzungen und Bedingungen geknüpft: Man mußte z. B. als »Einländer und Staatsbürger« einen festen Familiennamen führen. Bis ins Emanzipationszeitalter beschränkten sich die Juden üblicherweise auf einen Personennamen (heute: Vorname), dem zur Unterscheidung meist der Vatername (»Sohn des ...«) hinzugefügt wurde.

sellschaft näher gekommen zu sein. Die Hoffnung erwies sich aber bald als Illusion. Auf dem Wiener Kongreß wurden ihnen die aus der napoleonischen Ära stammenden Rechte und die Zugeständnisse des Edikts von 1812 wieder genommen: Artikel 16 der Wiener Schlußakte erlaubte es jedem Staat, die frühere Rechtsstellung der Juden wiederherzustellen. Das hatte zur Folge, daß in vielen Staaten, in denen durch die französische Besetzung eine Gleichstellung erfolgt war, wieder die alten Judenordnungen in Kraft traten.

Die Hepp-Hepp-Ausschreitungen

Eine weitere bittere Erfahrung für die jüdische Gemeinschaft waren die Hepp-Hepp-Ausschreitungen, durch die viele Juden in mehreren deutschen Staaten ihr Vermögen und oft genug ihr Leben verloren. Die Ausschreitungen verdanken ihren Namen dem Kampfruf Hepp-Hepp, der angeblich aus den Anfangsbuchstaben des Kreuzfahrerrufs »Hierosolyma est perdita« (Jerusalem ist verloren) gebildet wurde. Insbesondere arbeitslose Handwerksgesellen, verschuldete Bauern und Kaufleute, die ihren Lebensunterhalt durch die Gleichberechtigung der Juden bedroht sahen, stürmten die Häuser und Geschäfte von Juden und steckten Synagogen in Brand. Einige Stadtverwaltungen initiierten diese Unruhen sogar oder duldeten sie zumindest. So mußten die deutschen Juden erleben, daß der Judenhaß in der Bevölkerung zu einer Zeit neu auflebte, als sie glaubten, die rechtliche Emanzipation weitgehend erreicht zu haben.

Ein Ausweg: Emigration

Die Ära der Reaktion und die Hepp-Hepp-Ausschreitungen veranlaßten viele junge Juden, das

187 Während der Hepp-Hepp-Ausschreitungen kam es 1819 in Frankfurt und anderen deutschen Städten zu Judenpogromen mit Einbrüchen, Plünderungen, Mißhandlungen und Morden.

rückständige Europa mit seinen drückenden Fesseln zu verlassen. Ihr Ziel war Amerika, das mit unbegrenzten Entfaltungsmöglichkeiten und Freiheiten lockte. Durch die Einwanderungswelle der mitteleuropäischen Juden wuchs die jüdische Bevölkerung Amerikas zwischen 1820 und 1860 von 6000 auf 150000 Personen an. Beispielhaft für den Aufstieg vieler deutsch-jüdischer Immigranten in der zweiten Hälfte des 19. Jh. ist die Karriere des aus Buttenheim (Landkreis Bamberg) stammenden Levi Strauss (1829–1902). Er wanderte mit seiner Mutter und seinen Geschwistern 1848 aus und entwarf einige Jahre später eine neue Art Hosen für Goldsucher und Farmer aus blauem Baumwolldrillich mit Kupfernieten: die berühmte »Levi's« (188). In seinem Geburtshaus soll demnächst ein Levi-Strauss-Museum eröffnet werden.

188 Werbung für Arbeitskleidung von Levi Strauss, San Francisco, nach 1875. Levi Strauss, der Erfinder der Blue Jeans, wurde am 26. Februar 1829 im Haus Marktstraße 33 in Buttenheim, Landkreis Bamberg, geboren. Er gehört zu den zahllosen deutsch-jüdischen Emigranten, die Mitte des 19. Jh. Deutschland verließen. Seine amerikanische Karriere begann 1853 in San Francisco, wo er die erste Levi's produzierte.

»Entréebillet zur europäischen Kultur«

Die Angehörigen der gebildeten Oberschicht empfanden diese Rückschläge besonders schmerzhaft. Als Juden konnten sie weder im Staatsdienst noch an der Universität Karriere machen. Einige von ihnen sahen daher in der Taufe die einzige Möglichkeit, »das Entréebillet zur europäischen Kultur« zu erhalten, wie es Heine formulierte.

17. – 19. Jh.

189 Ludwig Börne (1786–1837). Börne wuchs als Juda Löw Baruch im Frankfurter Ghetto auf, studierte zunächst Medizin, dann Recht und Staatswissenschaften. Nach seiner Promotion war er als »Polizeiaktuar« in der Frankfurter Stadtverwaltung tätig. 1815, nach dem Ende der Befreiungskriege, wurden die alten, aus der Zeit vor Napoleon stammenden Beschränkungen wieder eingeführt und Börne als Jude entlassen. Drei Jahre später ließ er sich taufen, in der Hoffnung, schriftstellerisch freier tätig sein zu können, und nahm den Namen Ludwig Börne an. 1830 ließ er sich in Paris nieder. Durch die *Briefe aus Paris* (1832–34) wurde Börne als glänzender Stilist und radikaler Vorkämpfer für geistige und soziale Freiheit populär.

190 Rahel Varnhagen, geborene Levin (1771–1833)

Ludwig Börne, als Juda Löw Baruch in Frankfurt geboren, erfuhr am eigenen Leib, was die Rücknahme des Emanzipationsgesetzes durch den Wiener Kongreß bedeutete. Als Jude 1815 Knall auf Fall aus der städtischen Verwaltung entlassen, begann er, als Journalist zu arbeiten. 1818 nahm er den Namen Ludwig Börne an und ließ sich taufen. Nur so glaubte er, seiner publizistischen Tätigkeit unbehindert nachgehen zu können (**189**).

Andere Konvertiten, wie die Salondamen Rahel Levin und Brendel Mendelssohn, vollzogen den Glaubenswechsel nicht unter dem Aspekt der Nützlichkeit, sondern zum Teil aus religiöser Überzeugung, zum Teil aber auch, weil sie christliche Männer heiraten wollten. Aus Rahel Levin wurde Antonie Friederike Varnhagen von Ense (**190**). Brendel, die Tochter Mendelssohns, hatte schon 1794 ihren jiddischen Namen abgelegt und sich in Dorothea umbenannt. Sie heiratete 1804 in zweiter Ehe Friedrich von Schlegel und trat zum Protestantismus über. Doch damit war ihre Suche nach der wahren Religion noch nicht zu Ende. Wie andere Romantiker wurden sie und ihr Mann immer mehr von der katholischen Kirche angezogen, der sie sich schließlich anschlossen.

Aus welchen Motiven der Glaubenswechsel auch vollzogen wurde, er machte den Konvertiten das Leben nicht leichter. Rahel Varnhagen wurde noch auf ihrem Sterbebett von Zweifeln über den Sinn ihres Übertritts geplagt. Heinrich Heine und Ludwig Börne bereuten die Taufe und fühlten sich zeitlebens dem Judentum verbunden.

Insgesamt waren die Übertritte zum Christentum im 19. Jh. jedoch keine Massenbewegung, sondern ein Phänomen, das v. a. unter jungen, gebildeten und assimilierten Juden verbreitet war. Die untypische Struktur der jüdischen Gemeinde Berlins, in der diese Gruppe besonders stark war, führte dazu, daß es hier prozentual mehr Konversionen gab als im übrigen Deutschland.

Die Revolution 1848/49

Nach der Pariser Julirevolution 1830 begannen auch in Deutschland die liberalen Strömungen wieder zu erwachen. Männer wie Gabriel Riesser (1806–63, 191) sahen im politischen Kampf für die jüdische Emanzipation eine Alternative zu Konversion oder Emigration. Riesser wurde nach der Märzrevolution 1848 in die Frankfurter Nationalversammlung gewählt und bemühte sich, die liberalen Abgeordneten davon zu überzeugen, daß die von ihnen geforderte Freiheit und Gleichheit vor dem Gesetz notwendigerweise auch die Gleichberechtigung der Juden einschließen müsse. Es ist seinem Einsatz zu verdanken, daß in die »Grundrechte des deutschen Volkes« eine Emanzipationsklausel aufgenommen wurde: »Durch das religiöse Bekenntnis wird der Genuß der bürgerlichen und staatsbürgerlichen Rechte weder bedingt noch beschränkt.«

Doch auch diese von Hoffnungen erfüllte Periode fand mit der Niederlage der Revolution ihr Ende. Die folgende Zeit der Reaktion bedeutete erneut den Verlust der in der Revolution erworbenen Rechte. Noch einmal vergingen zwei Jahrzehnte, bis der Prozeß der rechtlichen Emanzipation abgeschlossen war. Das 1869 für den Bereich des Norddeutschen Bunds erlassene Gesetz: »Alle noch bestehenden, aus der Verschiedenheit des religiösen Bekenntnisses hergeleiteten Beschränkungen der bürgerlichen und staatsbürgerlichen Rechte werden hierdurch aufgehoben. Insbesondere soll die Befähigung zur Theilnahme an der Gemeinde- und Landesvertretung und zur Bekleidung öffentlicher Ämter vom religiösen Bekenntniß unabhängig sein«, wurde nach der Gründung des Kaiserreichs 1871 auch Reichsgesetz. Anders als in Frankreich und in England hatte es in Deutschland mehrerer Gesetzgebungswellen und immer wieder neuer Diskussionen bedurft, um die volle rechtliche Gleichstellung der Juden zu erreichen.

»Aber nach allem, ich wollte, es gäbe mir einer die drei Louis d'or zurück, die ich für mein Christentum dem Pfarrer verehrt. Seit achtzehn Jahren bin ich getauft, und es hilft mir nichts. Drei Louis d'or für ein Plätzchen im deutschen Narrenhause! Es war eine törichte Verschwendung.«
Ludwig Börne, 1836

191 Gabriel Riesser (1806–63) setzte sich für die Gleichberechtigung der deutschen Juden ein und wandte sich gegen den Vorwurf, die Juden hielten neben Deutschland einer anderen »Nation« die Treue: »Aber wo ist denn der andere Staat, gegen den wir Pflichten zu erfüllen haben? Wo ist die andere Obrigkeit, die ihre Befehle den Befehlen unserer gesetzlichen Obrigkeit an die Seite zu stellen wagte? Wo ist das andere Vaterland, das uns zur Verteidigung ruft? Uns vorzuhalten, daß unsere Väter, vor Jahrhunderten oder Jahrtausenden, eingewandert sind, ist so unmenschlich als es unsinnig ist ... Wir sind entweder Deutsche, oder wir sind heimatlos.«

19. – 20. Jh.

In der zweiten Hälfte des 18. Jh. gab es noch fast keine religiöse Reformen. Die Aufklärer dieser Zeit bemühten sich v. a. um die Erneuerung des jüdischen Erziehungswesens. Ihr Ziel war es, der Jugend statt der traditionellen talmudorientierten Erziehung die deutsche Sprache und Schrift sowie weltliche Bildung zu vermitteln. Sie glaubten, der Hauptgrund für die Vorurteile gegen die Juden bestünde in ihrer Umgangssprache, dem Jiddischen. Wenn die Juden sich an ein reines Deutsch als Umgangssprache gewöhnten, so hofften sie, würden die Vorbehalte gegen sie ebenso verschwinden wie mit der Zeit auch die rechtlichen Beschränkungen. Diese Idee veranlaßte David Friedländer (192) und Daniel Itzig auf Anregung Mendelssohns 1778 die »Jüdische Freischule« in Berlin zu gründen. Es war die erste jüdische Schule, in der neben Hebräisch auch Deutsch und Französisch unterrichtet wurden; Unterrichtssprache war Deutsch.

Die weltlichen Fächer waren das Kernstück des Lehrplans. »Hebräisch« und »Religionslehre« wurden erstmals zu Unterrichtsfächern, wenn ihnen im Lehrplan auch nur geringe Bedeutung zugemessen wurde. So etwas hatte es bisher nicht gegeben. Im traditionellen Erziehungswesen hatte das jüdische Kind durch eine allmähliche Einführung in die biblischen und talmudischen Quellen und durch die an das Religionsgesetz gebundene Lebensführung zu Hause von früh an ganz selbstverständlich die Grundsätze der jüdischen Religion eingesogen. Nun wurde Judentum »gelehrt«, und als Ersatz für das Studium der Texte wurden Lehrbücher der jüdischen Religion verfaßt.

Mit der Gründung weiterer Reformschulen – 1791 in Breslau, 1799 in Dessau, 1801 die Jacobson-Schule in Seesen und 1804 das Philanthropin in Frankfurt – setzte eine neue Ära jüdischer Pädagogik ein.

Religiöse Reformen

Das Judentum hat es nie gegeben. Das Fehlen
einer zentralen Lehrautorität hatte schon in der
Antike die Entfaltung verschiedener Strömungen
jüdischen Lebens ermöglicht. Im Mittelalter entwickelten sich das sefardische und aschkenasische
Judentum (s. S. 50 f. und 60 f.). Sie unterscheiden
sich bis heute in Brauchtum und Ritual; deshalb
gibt es z. B. in Israel zwei unabhängige Oberrab-
biner. Tiefgreifender sind jedoch die Unterschiede
zwischen dem reformierten, konservativen und
orthodoxen Judentum. Diese Strömungen entwickelten sich aus den Reformbestrebungen seit
dem Ende des 18. Jh. in Mitteleuropa.

Das Reformjudentum

Der Eintritt der Juden in die bürgerliche Gesellschaft konnte innerjüdisch nicht ohne Folgen bleiben. Viele »verbürgerlichte« Juden empfanden die
traditionellen jüdischen Ausdrucksformen als un-
passend und forderten Reformen. Von Anfang an
war ihr Hauptanliegen die Neugestaltung des syn-
agogalen Gottesdienstes. Der herkömmliche Gottesdienst war ein scheinbar regelloses Durchein-
ander von betenden Stimmen, die den Vorbeter
übertönten und überschrien. Dieser individuelle
und unformale Gottesdienst erschien den Refor-
mern in einer Umwelt, die Wert auf Schicklichkeit

192   David Friedländer
(1750–1834). Schüler und
anerkannter Nachfolger
Mendelssohns. Als engagier-
ter Vertreter der Aufklärung
und Vorkämpfer der Juden-
emanzipation in Preußen
bemühte er sich darum, das
Judentum als eine Konfession
formenbefreiter Ethik zu definieren. Er gründete 1778
die »Jüdische Freischule« in
Berlin und verfaßte ein
Lesebuch für jüdische Kinder
(1779).

193   Synagoge in der Roonstraße, Köln. Innenaufnahme,
um 1920. Die Neuerungen der jüdischen Reformer hatten
auch eine veränderte Raumkonzeption in der Synagogenarchitektur zur Folge. Sie traten z. B. dafür ein, die *Bima*
von ihrem traditionellen Platz in der Raummitte nach Osten
vor den Tora-Schrein zu verlegen. Damit war in der Synagoge die Orientierung der Betenden auf eine Richtung
vollzogen. Die Sitze wurden nun nicht mehr um die *Bima*
gruppiert, sondern als Bankreihen in Richtung Osten auf-
gestellt. Ferner wurde die Predigt in der Landessprache
eingeführt, zu der eine Kanzel benötigt wurde, die oft
einer Kirchenkanzel glich. Die Forderung, Männer und
Frauen im Gottesdienst nun nicht mehr voneinander zu
trennen, setzte sich jedoch in der Regel nicht durch: Es gab
weiterhin in den meisten Synagogen Frauenemporen.

19. – 20. Jh.

151

194 Neue Synagoge in der Oranienburger Straße. Emile de Cauver, Öl auf Leinwand, Berlin, 1865. Am 5. September 1866 wurde die größte Synagoge Deutschlands eingeweiht. Ihr Reformritus – Orgel, gemischter Chor, einige Gebete in der Landessprache – war Ausdruck eines etablierten jüdisch-deutschen Bürgertums. Während des Novemberpogroms 1938 bewahrte der mutige Polizeireviervorsteher Wilhelm Krützfeld das Gotteshaus vor größerem Schaden. Im November 1943 wurde der Synagogenraum, der bis zu 3000 Personen faßte, zerbombt, 1958 sprengte man seine Reste auf Anordnung der DDR-Regierung. Die Restaurierung des ehemaligen Vorraums durch die »Stiftung Neue Synagoge – Centrum Judaicum« begann 1988, am 7. Mai 1995 fand seine Einweihung als Forschungs- und Begegnungsstätte statt. Es handelte sich dabei nicht um eine Wiedereröffnung der Neuen Synagoge. Für die Rekonstruktion des ursprünglichen Betraums sieht Jerzy Kanal, Vorsitzender der Berliner jüdischen Gemeinde, derzeit keinen Bedarf: »Wir wollen nicht irgendwelche Monumente aufbauen, die nicht benutzt werden, und ein Bedarf für eine solch große Synagoge ist momentan eben nicht zu erkennen.« So ist der ursprüngliche Synagogenraum nur noch eine in Stein ausgelegte Freifläche; innerhalb des Hauses liegt ein kleiner Synagogenraum für 80 Personen. »Wir haben«, so Jerzy Kanal, »den Synagogenraum nicht bebaut. Bei Bedarf können dann die nächsten Generationen über einen Neubau entscheiden.«

und Zurückhaltung legte, nicht mehr am Platz. Der Gottesdienst sollte »würdiger« und »erbaulicher« gemacht werden, wie sie es nannten. Als Vorbild diente der protestantische Gottesdienst, denn in der protestantischen Kultur Norddeutschlands hatten die Reformbestrebungen ihren Ursprung.

Man führte Synagogenordnungen ein, die das Verhalten der Beter genau vorschrieben. An die Stelle des Singsangs des Vorbeters traten Choräle eines ausgebildeten Chors mit Orgelbegleitung, die *Drascha*, der bibelexegetische Lehrvortrag, wurde durch die erbauliche Predigt in deutscher Sprache ersetzt. Und da sich die Reformer als Deutsche fühlten und nicht mehr glaubten, daß die jüdische Existenz in Deutschland ein Exil sei, entfernten sie die Stellen aus der Liturgie, die die Hoffnung auf die Rückkehr ins Land Israel, auf die Wiedererrichtung des Tempels und die Wiedereinführung der Tieropfer ausdrückten (**194**).

Die ersten reformierten Gottesdienste fanden im privaten Kreis statt: 1810 in Seesen im Rahmen eines Schulgottesdienstes und ab 1815 in Berlin im Haus des Bankiers Jakob Herz Beer. Der erste Reform-Tempel wurde 1818 in Hamburg gegründet. Schon die Bezeichnung »Tempel« sollte den Unterschied zur herkömmlichen Synagoge unterstreichen. Die Orthodoxen in den Gemeinden widersetzten sich allen Neuerungen und klagten v. a. in Preußen die Reformer bei den staatlichen Behörden als Sektierer an. Aufgrund solcher Beschwerden wurde z. B. in Berlin 1823 der reformierte Gottesdienst auf königlichen Befehl hin verboten.

Abraham Geiger

Führender Reformrabbiner war Abraham Geiger (1819–74, **195**). Er war Reformer, Historiker des Judentums und berühmter Prediger, der nicht das Leben nach dem Religionsgesetz, sondern die prophetische Tradition sozialer Gerechtigkeit als treibende Kraft im Judentum ansah. Immer wieder hob er den hohen sittlichen Rang der jüdischen Religion hervor und bemühte sich, modernen Juden zu zeigen, wie sie ihren alten Glauben mit einer neuen Welt in Einklang bringen könnten.

Sein Ziel war es, allgemeine Prinzipien für die Unterscheidung fundamentaler und marginaler Glaubenssätze im Judentum zu finden. Deshalb forderte er, an die Frage der jüdischen Tradition wissenschaftlich heranzugehen und die Vorschriften und Bräuche, die keinen wesentlichen Teil des Mosaischen Gesetzes bildeten, sondern Produkt späterer Perioden und deshalb für die moderne Gesellschaft ungeeignet waren, aufzugeben. Geiger war Mitbegründer der liberal ausgerichteten »Hochschule für die Wissenschaft des Judentums« in Berlin (1872).

195 Abraham Geiger (1810–74), Haupttheoretiker der Reformbewegung, Rabbiner in Wiesbaden, Breslau, Frankfurt am Main und Berlin. Bei den Synoden der Reformrabbiner 1845 und 1846 war er eine der führenden Persönlichkeiten. Er war auch Mitbegründer der »Hochschule für die Wissenschaft des Judentums« in Berlin 1872, als deren Leiter er bis zu seinem Tod fungierte.

Die Rabbinerversammlungen

Während der 1840er Jahre trafen sich reformgeneigte Rabbiner in drei Rabbinerversammlungen

Die Constitution der Religion: »Wir haben die jetzige Constitution des Judenthums darauf zurückgeführt, daß sie bloß durch Beobachtung des Gesetzes erhalten werde. Allein der Leser wird gewiß aus vorhergehender treffender Schilderung ersehen, daß das Gesetz für uns noch einen geringen Grad von Autorität hat, und daß es auch diesen bei der zunehmenden Aufklärung und bei dem jetzigen Gang der Sachen verlieren muß.

Welche übel Folgen dies nicht allein für die ganze Bildung unserer Nation und sogar auch für unseren Glauben haben kann, hierüber habe ich ebenfalls einige Winke gegeben. – Ich frage daher: ob man mich als Ketzer oder Feind unsers Glauben ansehen kann, wenn ich aus moralischen Gründen behaupte: daß unsere Nation anders keine reelle Verbesserung haben kann, als wenn wir eine positive Reformation im Gesetze vornehmen?« *Saul Ascher (1767–1822), einer der frühesten Verfechter einer religiösen Reform 1792*

196 Zacharias Frankel (1801–75). Gründer der sogenannten konservativen oder positiv-historischen Richtung des Judentums. Seit 1854 war er Direktor des »Jüdisch-Theologischen Seminars« in Breslau sowie Gründer und 17 Jahre lang Herausgeber der *Monatsschrift über Geschichte und Wissenschaft des Judentums.*

(Braunschweig 1844, Frankfurt/Main 1845 und Breslau 1846). Hier versuchten sie gegenüber den wichtigsten Fragen eine gemeinsame Stellung zu beziehen. So wollte die Mehrheit der Rabbiner etwa den Schabbat weiterhin am Samstag feiern, obwohl er für die deutschen Juden in der christlichen Umwelt ein Werk- und Schultag war. Nur besonders radikale Reformrabbiner wie Samuel Holdheim sprachen sich dafür aus, den Schabbat auf den Sonntag zu verlegen. Bei der ersten Tagung in Braunschweig sprach man sich für die Erlaubnis von Mischehen zwischen Juden und Christen aus. In der Breslauer Versammlung wurden Vorschläge zur religiösen Emanzipation der jüdischen Frau gemacht, die bisher in der Synagoge nicht als gleichberechtigt betrachtet worden war.

Das folgenreichste Ergebnis der Rabbinerversammlungen aber war Zacharias Frankels (1801–75, **196**) Proklamierung eines »positiv-historischen Judentums«, das sich zu einer eigenen religiösen Strömung zwischen Reformjudentum und Orthodoxie entwickelte. Frankel hatte 1845 die Frankfurter Versammlung unter Protest verlassen, als man dort eine Entschließung annahm, wonach die hebräische Sprache keine Notwendigkeit für den Synagogengottesdienst darstelle.

Konservatives Judentum

Die konservative Richtung unter Zacharias Frankel verstand sich als Verfechterin eines »positiv-historischen Judentums«, d. h. eines Judentums, das, obwohl es der historischen Entwicklung unterlag, einen unantastbaren Kern der geoffenbarten Religion in sich trug, den es jenseits aller historischen Kritik zu bewahren galt. Frankel akzeptierte also eine gewisse Anpassung des Judentums an die Erfordernisse der Gegenwart, gleichzeitig war er jedoch davon überzeugt, daß die traditionellen Rituale auch für die Juden seiner Zeit einen tiefen Sinn hätten. Sein Ziel war es, diese zu erhalten, allerdings mit einem besseren Verständnis ihrer Ursprünge und Entwicklung. Aus diesem Grund war für ihn die Abschaffung des Hebräischen als Hauptgebetssprache in der Synagoge undenkbar.

Bleibende Bedeutung erlangte Frankel auch durch die Gründung von zwei Institutionen, die mit seinem Namen verknüpft sind und bis zum Zweiten Weltkrieg existierten: 1851 begründete er die *Monatsschrift für die Geschichte und Wissenschaft des Judentums* (MGWJ), und 1854 wurde er Direktor des »Jüdisch-Theologischen Seminars« in Breslau. Die *Monatsschrift* wurde in ihren 83 Jahrgängen das große internationale Organ der Wissenschaft des Judentums, bis die Gestapo 1939 den letzten von Leo Baeck edierten Band beschlagnahmte. Er erschien erst 1963 als Reprint. Das »Jüdisch-Theologische Seminar« mit Frankel als Direktor war die erste akademische Ausbildungsstätte für Rabbiner in Deutschland. Berühmte Gelehrte bildeten hier Generationen von Studenten aus. Zu den Dozenten gehörte z. B. der Historiker Heinrich Graetz (1817–91), der während seiner Lehrtätigkeit eine monumentale elfbändige *Geschichte der Juden von den ältesten Zeiten bis zur Gegenwart* schrieb. Neu war, daß die Studenten neben ihrer siebenjährigen Ausbildung am Seminar einen akademischen Grad an der Universität Breslau erwerben mußten.

Weltweit wurde das Breslauer Seminar zum Vorbild für ähnliche Institutionen. Besondere Berühmtheit erlangte das 1887 gegründete »Jewish Theological Seminary« in New York. Es wurde in Amerika zum geistigen Mittelpunkt des konservativen Judentums und zu einem weltberühmten Zentrum judaistischer Forschung (197).

197 Das »Jewish Theological Seminary« in New York. Foto, 1993

19. – 20. Jh.

Die Neo-Orthodoxie

Der wichtigste Erneuerer orthodoxer Tradition und Begründer der sogenannten Neo-Orthodoxie war Samson Raphael Hirsch (1808–88). Sein Wahlspruch, zugleich der der ganzen Neo-Orthodoxie, ist ein Satz von Rabbi Gamaliel aus den Sprüchen der Väter: »Jafé Talmud Tora im Derech Erez«, »Schön ist das Studium der Tora vereint mit weltlicher Bildung.« (Sprüche der Väter 2,2).

Für Hirsch war die Tora die Essenz des Judentums, und er forderte die strenge Einhaltung aller, auch der kleinsten religiösen Gebote. Trotz seiner Traditionstreue räumte er aber der weltlichen Bildung einen hohen Stellenwert ein, und trotz des Festhaltens an der messianischen Hoffnung begrüßte er die Emanzipation. Durch Beseitigung des rechtlichen und politischen Drucks gebe sie größere Möglichkeit und Freiheit zur Erfüllung der Gebote. Sie dürfe aber bei den Juden nicht die entgegengesetzte Wirkung hervorrufen: die neue Freiheit zur Loslösung von den göttlichen Geboten zu mißbrauchen. Sein Ideal war der aufgeklärte Mensch, der sich zugleich an die Gebote des Judentums hält.

1851 wurde Hirsch Rabbiner der orthodoxen »Israelitischen Religionsgesellschaft« in Frankfurt, die er zu einer Modellgemeinde ausbaute. Anfangs sah er noch keinen Grund für eine Abspaltung von der Gemeinde, als aber die Reformbewegung nach einer Rabbinerkonferenz in Braunschweig beschloß, u. a. die jüdischen Speise- und Ehegesetze zu annullieren, änderte er seine Meinung. 1876 gelang es ihm, im Preußischen Landtag das sogenannte Austrittsgesetz durchzusetzen. Damit konnten Juden aus religiösen Gründen die jüdischen Ortsgemeinden verlassen und sich zu Seperatgemeinden mit öffentlich-rechtlichem Charakter zusammenschließen, d. h. eigene Synagogen, Friedhöfe (198) und Schulen nach ihren Vorstellungen einrichten. Doch bildeten sich nur wenige »Austritts«-Gemeinden im Sinne Hirschs (in Frankfurt, Berlin, Köln, Wiesbaden, zeitweise in Königsberg). Die Ortsgemeinden begannen, auf ihre gesetzestreuen Mitglieder Rück-

198 Der Friedhof der orthodoxen Kölner Austrittsgemeinde »Adass-Jeschurun«. Foto Maren Heyne. Die Kölner Austrittsgemeinde erwarb 1910 ein Grundstück in Köln-Deckstein, um darauf einen eigenen Friedhof einzurichten. Die Beisetzungen erfolgten dort streng nach jüdischem Gesetz und jüdischen Beerdigungsriten. So verbietet die 1911 in Kraft getretene Friedhofsordnung das Beerdigen in Särgen und die Beisetzung von Aschenresten. Die Grabsteine durften (außer Name, Geburts- und Sterbedatum) nur hebräische Inschriften haben.

19. – 20. Jh.

sicht zu nehmen, die in den Großstädten meist die Minderheit bildeten. Für sie wurden besondere Gottesdienste (in Synagogen ohne Orgel) abgehalten und häufig auch besonders gesetzestreue Rabbiner angestellt. Diese Lösung, die zuerst in Breslau nach einem langjährigen Streit zustande kam, wurde von vielen Großgemeinden übernommen. Dadurch konnte das traditionelle Prinzip der Einheitsgemeinde gewahrt werden.

Die orthodoxe Gemeinschaft gründete 1873 als letzte ihr eigenes Rabbinerseminar in Berlin. Sogar hier wurde nun von den Studenten zusätzlich zur traditionell-religiösen eine säkulare Ausbildung verlangt. Die Wissensbasis der zukünftigen orthodoxen Rabbiner in Deutschland sollte über den engeren Bereich der *Jeschiwa* hinausreichen.

Rabbiner neuen Typs: Der Rabbiner-Doktor

Bis ins 19. Jh. war der Rabbiner ein durch gründliche Kenntnis des Talmuds und der religionsgesetzlichen Literatur ausgezeichneter Gelehrter. Er war in erster Linie die halachische Autorität, deren Rat man im Zweifelsfall suchte, der Richter in allen Dingen, die unter das Religionsgesetz fielen (v. a. das Familienrecht), und letzte Instanz in allen Fragen der *Kaschrut* (s. S. 122 ff.). Als Tora-Gelehrter war er natürlich auch Lehrer der Gemeinde, meist stand er einem Lehrhaus vor, in dem er die talmudische Literatur unterrichtete. Man erwartete von ihm jedoch nicht die Leitung des Gottesdienstes oder regelmäßige Lehrvorträge in der Synagoge.

Dieser traditionelle Rabbinertyp erschien der neuen Generation überholt und nicht geeignet, eine moderne Gemeinde zu leiten. Die Talmud-Gelehrsamkeit erschien vielen aufgeklärten Juden zweitrangig oder gar wertlos, denn sie hatte auf ihr Leben keinen direkten Einfluß mehr. Dagegen wurden die Leitung des Gottesdienstes und das Predigen als Schwerpunkte im Aufgabenbereich eines modernen Rabbiners betrachtet.

199 Leo Baeck (1873–1956), Ölgemälde des jüdischen Künstlers Ludwig Meidner (1884–1966), 1931. Baeck war ein typischer ›Rabbiner-Doktor‹. Er war Rabbiner und einer der bedeutendsten Vertreter des Reformjudentums sowie seit 1912 Dozent an der Hochschule für die Wissenschaft des Judentums in Berlin. Seit 1933 war er Präsident der »Reichsvertretung der deutschen Juden« (s. S. 180). Er lehnte es ab zu emigrieren und amtierte als letzter Rabbiner in Berlin, bis er 1943 nach Theresienstadt deportiert wurde. Nach seiner Befreiung ließ er sich in London nieder, unterrichtete jedoch zeitweise am Hebrew Union College in Cincinnati, Ohio. 1955 wurde ein Institut zur Erforschung der deutsch-jüdischen Geschichte seit der Aufklärung gegründet, das nach Leo Baeck als dem letzten großen Repräsentanten des deutschen Judentums benannt wurde. Das Leo Baeck Institut mit Niederlassungen in New York, Jerusalem und London besitzt die wichtigste Sammlung zur Geschichte des deutschen Judentums.

19. – 20. Jh.

200 Regina Jonas, die erste Rabbinerin Deutschlands. Sie wurde am 27. Dezember 1935 ordiniert.

Es zeichnete sich bald das Bedürfnis nach neuen Führungspersönlichkeiten ab. Ein moderner Rabbiner – ob liberal oder orthodox – sollte eine umfassende, durch einen Universitätsgrad nachweisbare Allgemeinbildung besitzen und ein guter Redner sein; er sollte die jüdische Gemeinschaft nach außen würdig vertreten können. So entstand im 19. Jh. der neue Typ des deutschen und später auch des westeuropäischen Rabbiners, der an den genannten akademischen Rabbiner-Seminaren ausgebildet wurde: der »Rabbiner-Doktor«.

Eine Frau als Rabbinerin?

Seit den Rabbinerversammlungen in den 1840er Jahren erfaßte das Streben nach voller Gleichberechtigung der Frau breite Kreise des Judentums, am radikalsten natürlich in den reformierten und liberalen Gemeinden und fast ebenso im konservativen Flügel. Dennoch dauerte es bis ins 20. Jh., bis die erste Frau zur Rabbinerin ordiniert wurde: Am 27. Dezember 1935 erhielt Regina Jonas (**200**) von Rabbiner Max Dienemann die *Hattarat Hora'a* (Lehrbefugnis und Ermächtigung zur Entscheidung religionsgesetzlicher Fragen). Er war vom Liberalen Rabbinerverband gebeten worden, sie der Rabbinatsprüfung zu unterziehen.

Regina Jonas hatte seit 1924 an der liberalen »Hochschule für die Wissenschaft des Judentums« in Berlin studiert und dort 1930 zwei Abschlußarbeiten vorgelegt, und zwar eine biblische über das *Lexikalische bei Raschi im ersten Buch Mose* sowie eine halachische mit dem Titel *Kann eine Frau das Amt des Rabbiners bekleiden?* Es dauerte aber noch weitere fünf Jahre, bis ein Rabbiner es wagte, ihr als erster Frau die rabbinische Autorisation zu erteilen.

Selbstverständlich war die Ordination von Regina Jonas umstritten. Zeitungsartikel aus jener Zeit spiegeln die unterschiedlichen Positionen wider. Große Zustimmung erhielt sie in jüdisch-liberalen Blättern, Ablehnung wurde in orthodoxen Organen laut. Dort wurde die Ordination als Tat eines Rabbiners verspottet, der »es nun auch für richtig (halte), bei seiner liebenswürdigen Ritterlichkeit gegen die Damen, diesen die Kanzel und das Amt der rabbinischen Entscheidung freizugeben«.

Regina Jonas wurde 1942 nach Theresienstadt deportiert. Überlebende berichten, daß sie bis zu ihrem Transport nach Auschwitz im Oktober 1944 ihre ganze Kraft der Weitergabe jüdischen Wissens und der Seelsorge widmete. Sie blieb sich treu, denn sie war Rabbinerin geworden wegen »meines Glaubens an die göttliche Berufung und meiner Liebe zu den Menschen«. Als erste Frau in den USA wurde Sally Priesand 1972 am liberalen »Hebrew Union College« in Cincinnati ordiniert. 1984 erhielt die erste Frau am konservativen »Jewish Theological Seminary« in New York das Rabbinerdiplom. Derzeit sind über 200 Rabbinerinnen in Israel, den USA und Europa tätig.

Heute treten die in Deutschland entstandenen Strömungen am deutlichsten in den USA in Erscheinung: Reformiertes, konservatives und orthodoxes Judentum sind dort in eigenen Synagogenverbänden, Schulen und Rabbinerseminaren organisiert (»Hebrew Union College« der Liberalen, Cincinnati 1875; »Jewish-Theological Seminary« der Konservativen 1887 und »Yeshiva University« 1897 der Orthodoxen, beide New York).

In Deutschland, dem Ursprungsland der Reformbewegung, gibt es gegenwärtig nur eine Synagoge in Berlin, in der ein liberaler Ritus mit Orgel – jedoch mit Trennung der Geschlechter – praktiziert wird. Alle religiösen Strömungen befinden sich hier aber unter dem Dach der sogenannten Einheitsgemeinden. Inwieweit sich diese Strukturen bei zunehmenden Mitgliederzahlen ändern werden, wird die Zukunft zeigen.

201 *Reform Judaism*, Quartalsschrift der Organisation der Reformgemeinden in den USA vom Sommer 1991. In dieser Ausgabe wird von der Veränderung des Rabbinats durch den Einfluß der Rabbinerinnen berichtet.

19. – 20. Jh.

»Anders als in den Vereinigten Staaten, wo die Mitgliederzahl in manchen Kongregationen größer ist als die eines Landesverbandes in Deutschland, kann die Existenz der jüdischen Gemeinschaft bei uns nur in einer Einheitsgemeinde gewährleistet werden.«

Ignatz Bubis, Vorsitzender des Zentralrats der Juden in Deutschland, 1995

Die Beschneidung (*Brit Mila*)

Nach den Bestimmungen des Religionsgesetzes, der *Halacha*, ist Jude, wer von einer jüdischen Mutter geboren ist. Heiratet ein jüdischer Mann eine nichtjüdische Frau, gelten seine Kinder nicht als Juden, umgekehrt aber wohl. Der als Jude geborene Knabe wird aber erst durch den Akt der Beschneidung in den Bund Gottes mit Abraham aufgenommen.

203 Instrumente eines *Mohel* mit Beschneidungsmesser und -becher, Klemmen, Phiole mit blutstillendem Pulver und einem Buch mit Vorschriften und den speziellen Gebeten.

Die Beschneidung ist das unauslöschliche Zeichen der Zugehörigkeit zu diesem Bund. Da das biblische Gebot die Beschneidung am achten Tag ausdrücklich anordnet, hält man sich an diesen Termin, auch wenn er auf einen Schabbat oder hohen Feiertag fällt. Aufgeschoben wird die Beschneidung nur, wenn der Säugling zu schwach oder krank ist, denn die Achtung vor dem Leben hat Vorrang vor allen Geboten. Bei der Zeremonie sollen zehn jüdische Männer, ein *Minjan*, als Vertretung der Gemeinde Israels, in die das Kind aufgenommen wird, zugegen sein. Der festlich gekleidete Säugling wird zunächst auf den ›Elias-Stuhl‹ gelegt. Nach der Tradition ist der Prophet Elias wegen seines Eifers für den »Bund des Herrn« (1. Kön 19,10) bei jeder Beschneidung als unsichtbarer Ehrengast anwesend. Die Beschneidung ist

202 Beschneidungsteller, 20. Jh.

Aufgabe des *Mohel*, eines religiös und medizinisch geschulten »Beschneiders« (**203**). Dem Paten wird die größte Ehre zuteil. Er hält den Säugling während der Beschneidung auf dem Schoß. Nach der Beschneidung wird zum ersten Mal der hebräische Name des Kindes laut verkündet (daneben gab und gibt es in vielen jüdischen Diasporagemeinden einen Namen in der Landessprache). Mit ihm wird der Junge bei allen religiösen Anlässen genannt: beim Aufruf zur Tora-Lesung, bei der Hochzeit und auf dem Grabstein.

Anschließend folgt die sogenannte Pflichtmahlzeit, ein Festmahl, bei dem der Neugeborene beschenkt und gesegnet wird. Mehrfach wird der Segensspruch wiederholt: »Er wachse heran zur Tora, zur *Chuppa* (Traubaldachin, d. h. Ehe) und zu guten Werken.« Dieser Spruch erscheint gestickt oder gemalt auch auf den sogenannten Tora-Wimpeln. Sie wurden v. a. in Deutschland aus der Beschneidungswindel hergestellt und von dem Knaben bei seinem ersten

Synagogenbesuch der Gemeinde gestiftet. Mit den Wimpeln bindet man die auf zwei Stäbe gewickelte Tora-Rolle zusammen (**204**).

Bei einer Tochter verkündet man ihren Namen am Schabbat nach der Geburt vor der versammelten Gemeinde, wenn ihr Vater zur Tora-Lesung aufgerufen wird. In Frankreich, Holland und Deutschland gab es den Brauch, den Namen des Mädchens bei der *Hollekreisch*-Zeremonie zu verkünden: Kinder heben die Wiege des Neugeborenen gemeinsam hoch und rufen: »Hollekreisch (von *haut la crèche*, »hoch die Krippe«), wie soll das Kindchen

205 Hollekreisch. Ölgemälde von Alice Guggenheim, 20. Jh.

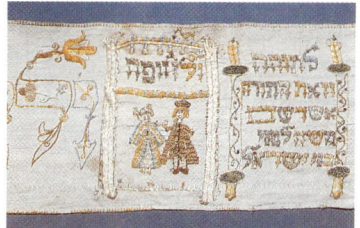

204 Tora-Wimpel. Zur Illustration der Worte »zur Tora« und »zur Chuppa« ist eine geöffnete Tora-Rolle und ein Traubaldachin mit Brautpaar auf den Leinenstreifen gestickt.

heißen?« Der Vater nennt hierauf den Namen des Kinds. Dies wird dreimal wiederholt, und danach erhalten die Kinder Geschenke (**205**).

Die Feier der Religionsmündigkeit: *Bar Mizwa* bzw. *Bat Mizwa*

»Ein Fünfjähriger ist reif für die Bibel, ein Zehnjähriger für die Mischna, ein Dreizehnjähriger für die Erfüllung der Gebote ...« (Sprüche der Väter 5, 24). Mit Vollendung des 13. Lebensjahrs wird der jüdische Junge mündig, ein *Bar Mizwa* (Sohn des Gebots). Er ist nun vollwertiges Mitglied der Gemeinde mit allen Rechten und Pflichten, die das Religionsgesetz festlegt. Zum erstenmal wird er beim *Minjan* mitgezählt und darf das Morgengebet mit *Tefillin* (**206**) sprechen.

Der Beginn der Mündigkeit wird am folgenden Schabbat in der Synagoge festlich begangen. Der Höhepunkt der Feier besteht darin, daß der *Bar Mizwa* zum erstenmal zur Tora aufgerufen wird. Er spricht die Segenssprüche, liest einen Teil oder die ganze Wochenperikope und oft auch den Prophetenabschnitt. Nach Beendigung der Tora-Vorlesung durch den *Bar Mizwa* sagt der Vater: »Gepriesen sei, der mich von der Verantwortung für diesen Knaben losspricht.« Denn von

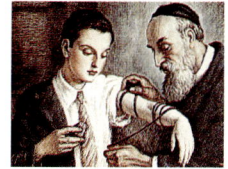

206 *Bar Mizwa*, Radierung, nach 1900

diesem Tag an ist er aus der Erziehungspflicht entlassen, und der *Bar Mizwa* ist selbst für sein Tun mit allen daraus folgenden Konsequenzen verantwortlich.

Beim anschließenden Festmahl ist es üblich, daß der Junge über den von ihm vorgelesenen Abschnitt einen kleinen Lehrvortrag (*Drascha*) hält (**207**). Dabei kann er den Gästen zeigen, was er bis zu jenem Tag gelernt hat und seinen Eltern und Lehrern für ihre Erziehung danken.

Die Mädchen werden bereits mit Vollendung des zwölften Lebensjahres volljährig. Von der Zwölfjährigen wurde früher erwartet, daß sie mit der Haushaltsführung und der *Kaschrut* vertraut war. Aufgrund ihrer Pflichten im Haus ist das Mädchen wie jede Frau von der Erfüllung aller an eine feste Zeit gebundenen Gebote befreit. In Kreisen des Reformjudentums gibt es für die Mädchen seit dem 19. Jh. auch eine Feier, in der sie als *Bat Mizwa* (Tochter des Gebots) vorgestellt werden. Orthodoxe

208 Mädchen lesen aus der Tora. Foto von Bill Aron

Gemeinden lehnen diese Feier sowie das öffentliche Vorlesen aus der Tora durch Frauen jedoch bis heute ab (**208**).

Heirat und Ehe

Zu heiraten und Kinder zu haben gehört im Judentum zur natürlichen und gottgewollten Lebensordnung. Schon dem Säugling wünscht man, daß er/sie zur »Ehe heranwachse«, und im Talmud (*Jewamot 62b–63a*) stellen die Rabbinen fest, daß ein Mensch erst dann vollkommen sei, wenn er einen Ehepartner hat.

Die Braut geht vor der Eheschließung erstmals in die *Mikwe*. Am Hochzeitstag selbst fastet das Paar bis nach der Hochzeitszeremonie, um sich würdig auf das Ereignis vorzubereiten. Die Trauung wird von einem Rabbiner durchgeführt, der sich in den Vorschriften für die Eheschließung auskennt. Sie kann überall stattfinden; gern wird im Freien oder in der Synagoge gefeiert. Ein *Minjan* ist erwünscht, aber nicht zwingend erforderlich. Dagegen sind zwei männliche Zeugen vorgeschrieben, die nicht mit dem Brautpaar verwandt sein dürfen.

207 Bar-Mizwa-Vortrag. Lichtdruck nach einem Gemälde von Moritz Oppenheim

Bei der Trauung steht das Paar unter der *Chuppa*, dem Traubaldachin, die das Heim des Paars symbolisiert (210). Im ersten Teil der Zeremonie, der *Erussin* (Angelobung), spricht der Rabbiner den Segen über einen Becher Wein, aus dem beide Brautleute trinken. Dann folgt im Beisein der zwei Zeugen der eigentliche Rechtsakt: Der Mann streift der Frau einen Ring auf den Zeigefinger der rechten Hand und sagt dabei: »Durch diesen Ring bist du mir angelobt nach dem Gesetz Moses und Israels.« (209). Anschließend verliest der Rabbiner die *Ketubba*, den Ehevertrag.

Nach dem Vorlesen händigt der Bräutigam der Braut den Ehevertrag aus. Darauf folgt die eigentliche Eheschließung (*Nissuin*). Der Rabbiner spricht die sieben Hochzeitssegenssprüche, und wieder trinkt das Brautpaar einen Schluck Wein. Während der Bräutigam mit dem rechten Fuß ein Glas zertritt, um auch im Augenblick der Freude an die Zerstörung des Tempels zu erinnern, rufen die Gäste »Masel tow« (»viel Glück«). Zum Ende der offiziellen Zeremonie läßt man das Paar als Bild der ehelichen Vereinigung kurz in einem Raum allein (*Jichud*).

210 Die Trauung. Lichtdruck nach einem Gemälde von Moritz Oppenheim. Das Paar unter dem Baldachin trägt traditionelle Hochzeitsgürtel. Der Rabbiner verliest den Ehevertrag, der Bräutigam steckt der Braut den Hochzeitsring an den rechten Zeigefinger.

Ein wesentliches Ziel der Ehe sind Kinder. »Seid fruchtbar und mehret euch« (Gen 1,28), gilt als wichtiges Gebot;

209 Hochzeitsring, Gold, Anfang 20. Jh.

sich der Fortpflanzung zu verweigern ist Sünde.

Die *Ketubba* – Der Ehevertrag

Ohne eine *Ketubba*, einen geschriebenen Ehevertrag, ist eine Ehe nicht gültig. Die ältesten erhaltenen *Ketubbot* stammen aus dem 5. Jh. v. d. Z. aus Elephantine in Ägypten. Der aramäische Text wurde im Lauf der Zeit standardisiert. Nur die persönlichen Angaben wie Namen, Datum und Ort variieren. Der Mann verpflichtet sich in diesem Dokument, seine Frau zu ehren, zu kleiden, zu ernähren und ihre sexuellen Bedürfnisse zu befriedigen. Außerdem verspricht er, der Braut 200 Sus zu geben. Ist die Braut verwitwet oder geschieden, zahlt er nur die Hälfte –

nicht weil eine Witwe oder Geschiedene weniger wert ist, sondern weil sie schon von ihrem vorigen Mann die *Ketubba* ausbezahlt bekam und man davon ausgehen kann, daß sie schon eine gewisse finanzielle Sicherheit besitzt. Diese Mindestsumme kann durch den Ehemann beliebig erhöht werden. Außerdem wird die Mitgift der Frau festgehalten, deren Verwaltung und Nutznießung dem Mann zufällt. Die *Ketubba*summe wird vom Bräutigam und den zwei Zeugen unterschrieben.

Mit diesem Ehevertrag verfolgten die Rabbinen zwei Absichten: die finanzielle Absicherung der Frau und die Erschwerung der Scheidung für den Mann. Stirbt der Mann oder läßt sich scheiden, erhält die Frau die gesamte *Ketubba*summe gegen Rückgabe des Ehevertrags. Ist die Scheidung durch die Frau verschuldet, erlischt zwar ihr Anspruch auf die *Ketubba*summe, nicht aber auf ihre Mitgift. Die Regelungen waren im Vergleich mit der in Antike und Mittelalter üblichen Behandlung der Frau sehr fortschrittlich.

Tod und Begräbnis

Seit dem Mittelalter hat fast jede Gemeinde eine *Chewra Kaddischa*, eine Beerdigungsbruder- bzw. -schwesternschaft, die die Aufgabe hat, Kranke zu besuchen, Sterbenden in der Todesstunde beizustehen und nach dem Tod für eine würdige Bestattung zu sorgen. Auch die

Totenwaschung, die nach genauen Vorschriften durchgeführt wird, obliegt ihr. Auf den meisten Friedhöfen ist dafür ein spezielles Gebäude vorhanden, das *Tahara*-(Reinigungs-) Häuschen. Nach der Waschung werden dem Toten schlichte Sterbekleider aus Leinen angelegt. Den Männern wird zusätzlich ihr Gebetsmantel um die Schultern gelegt, von dem die Schaufäden abgerissen sind, deren Anblick zu Lebzeiten an die Einhaltung der Gebote erinnern sollte. Da nach Auffassung der Rabbinen die in Jerusalem Begrabenen bei der Ankunft des Messias als erste auferstehen, ist bis heute der Wunsch lebendig, dort begraben zu werden. Für die meisten Juden in der Diaspora ist dies aber nicht möglich. Daher legt man dem Verstorbenen ein Säckchen mit Erde aus dem Heiligen Land unter den Kopf. Der Tote wird (außer in Israel) nicht mehr unmittelbar ins Grab, sondern in einen schlichten, aus einfachen Brettern gezimmerten Sarg gelegt. Traditionell findet das Begräbnis noch am Todestag statt. Aus diesem Grund werden in Israel die Todesfälle sofort durch Zettel an Bäumen und Mauern angezeigt, um so eine Beisetzung innerhalb weniger Stunden zu ermöglichen. Außerhalb Israels wird in der Regel aber eine Wartefrist von mindestens 48 Stunden verlangt. Die Trauerfeier findet meist in einer Leichenhalle statt. Üblicherweise hält der Rabbiner dort eine Trauerrede, dann spricht der Sohn des Toten bzw. der nächste Angehörige das *Kaddisch*, das Totengebet, in dem Gott, der König, gepriesen wird. Auf dem Friedhof reißen sich die Angehörigen als Zeichen der Trauer ihre Kleider ein, heute meist symbolisch eine Krawatte oder ein auf die Kleidung geheftetes Band. Danach wird der Verstorbene zu seinem Grab begleitet. Dem Toten das letzte Geleit zu geben gilt als *Mizwa*, als religiöse Pflicht und gute Tat. Beim Verlassen des Friedhofs wäscht man sich die Hände, ohne sie abzutrocknen, um die Erinnerung an den Verstorbenen zu verlängern. Vom Friedhof fahren die Trauernden zum Haus des Verstorbenen, um dort *Schiwa* zu sitzen. *Schiwa* bedeutet »sieben« und bezeichnet die siebentägige Trauerperiode, die auf das Begräbnis folgt. Während dieser Zeit bleiben die Trauernden zu Hause, verrichten keine Arbeit, sitzen auf niedrigen Schemeln, tragen keine ledernen Schuhe und verzichten auf Baden, Rasieren, Schminken, Haareschneiden und Geschlechtsverkehr. Selbst das Tora-Studium ist verboten, da es ein Quell der Freude ist. Nur Klagetexte wie Hiob, die Klagelieder und Teile aus Jeremia dürfen gelesen werden. Mit dem Ende der *Schiwa* beginnt die 30tägige Trauerzeit (*Schloschim*), die vom Zeitpunkt der Beerdigung an gezählt wird und in der gelockerte

Trauervorschriften gelten. Handelt es sich um Vater oder Mutter, verlängert man die 30 Trauertage zu einem Trauerjahr. Am Jahrestag des Todes oder des Begräbnisses begeht man die »Jahrzeit«. Die Hinterbliebenen besuchen die Synagoge und sagen *Kaddisch*. Ein Jahrzeitlicht brennt während des ganzen Tags. Bei der ersten Jahrzeit wird gewöhnlich auch der Grabstein gesetzt.

Der Friedhof hat als Ort des Gedenkens an die Toten einen besonderen Stellenwert. Als »Haus der Ewigkeit« kann er nicht aufgelöst werden; nach talmudischer Vorschrift soll die Grabesruhe auf ewig gesichert sein. Das erklärt den Widerstand besonders von orthodoxen Juden gegen jegliche Bebauung auch bei aufgegebenen und in fremden Besitz geratenen Friedhöfen.

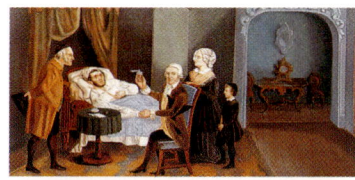

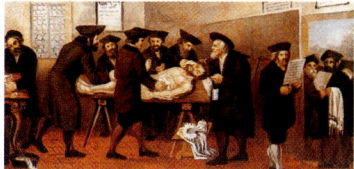

211 Sterben und Begräbnis. Drei Gemälde, die ursprünglich im Sitzungssaal der Prager Beerdigungsbruderschaft hingen, um 1780

1870 – 1933

Nur wenige Jahre nach der rechtlichen Gleichstellung der Juden im deutschen Kaiserreich (s. S. 149) publizierte der antijüdisch eingestellte Journalist Wilhelm Marr Hetzschriften, in denen er die Probleme des Staats als Kampf auf Leben und Tod zwischen Juden und Germanen darstellte, bei dem die Juden im Begriff seien, die Oberhand zu gewinnen (*Der Sieg des Judenthums über das Germanenthum*, 1879). Aus seinem Umfeld stammt der Ausdruck »Antisemitismus« (**212**). Der Begriff bezeichnete eine neue Variante der Judenfeindschaft, die im Vergleich zum früheren religiös und ökonomisch motivierten Judenhaß neue Merkmale aufwies: Je mehr die alten Argumente in den Hintergrund traten, desto stärker begannen sich pseudo-wissenschaftliche Anschauungen zu verbreiten, die die Judenfeindschaft »biologisch« zu fundieren suchten. Die Antisemiten der 1870er Jahre griffen dabei auf Theorien zurück, die bereits im frühen 19. Jh. formuliert worden waren. Schon der Philosoph Johann Gottlieb Fichte und Turnvater Jahn hatten völkische Doktrinen vertreten, die von einer »biologisch« begründeten Höher- bzw. Minderwertigkeit bestimmter Völker oder Volksgruppen ausgingen. Aber erst durch die von Arthur von Gobineau und seinen Nachfolgern entwickelte Rassentheorie (*Essay sur l'inégalité des races humaines*, 1854) wurde der Rassismus ideologischer Bestandteil des Antisemitismus. Den Juden wurden feststehende, negative »Rasseneigenschaften« zugeschrieben, die man als angeboren und unveränderlich definierte. Das Stereotyp des diabolischen Juden aus dem mittelalterlichen Judenhaß war im aufgeklärten 19. Jh. also nicht etwa verschwunden, sondern tauchte – auf pseudo-rationale Basis gestellt – in säkularisierter Form wieder auf. Damit gewann der Rassismus eine neue, eminent gefährliche Qualität.

Zu den bekanntesten Propagandisten des - Rassen-Antisemitismus in Deutschland gehörten der Philosoph und Nationalökonom Eugen Dühring und Houston Stewart Chamberlain, der Schwiegersohn Richard Wagners. Dühring beschrieb in seinem populären Werk *Die Judenfrage als Racen, Sitten und Kulturfrage* (1881) eine unüberbrückbare Kluft zwischen der nordisch-arischen und der semitischen Rasse und rief die »Arier« dazu auf, die Reghettoisierung der Juden einzuleiten.

In Chamberlains Buch *Die Grundlagen des 19. Jahrhunderts* (1899) wird die »edle arische Rasse« der »verderbten semitischen« gegenübergestellt. Erstere war nach Chamberlain schöpferisch und konstruktiv, letztere hingegen schädlich und destruktiv. Das Buch, das jeder wissenschaftlichen Grundlage entbehrte, wurde in zahlreichen Auflagen verbreitet. Der Kaiser las es seinen Kindern vor und machte den Vorschlag, seine Lektüre in den Lehrplan von Kadettenschulen aufzunehmen.

Der Antisemitismus besaß auch eine antikapitalistische Komponente. In der Zeit der Industrialisierung und Urbanisierung beobachteten namentlich Adel, Geistlichkeit, Bauern und Kleinbürger, d. h. die Teile der Bevölkerung, die an der Industrialisierung und Modernisierung kaum oder keinen Anteil hatten, mit wachsender Unruhe und Neid den Erfolg der Juden im Wirtschaftsleben. Sie stilisierten die Juden zu Vertretern des Handelskapitals schlechthin und gaben ihnen die Schuld an der Wirtschaftskrise sowie allen nega-

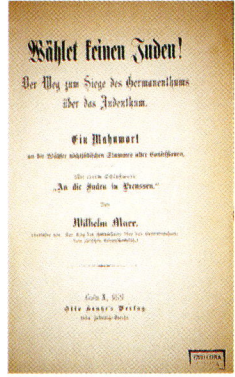

212 Der Journalist Wilhelm Marr (1818–1904) schrieb zahlreiche antisemitische Bücher und gründete 1879 die »Antisemiten-Liga«.

1870 – 1933

Alija, pl. **Alijot**: Wörtl. »Aufstieg«; bezeichnet die Einwanderung nach Israel.
Zion/Zionismus: Zion war ursprünglich die Bezeichnung für einen Hügel Jerusalems und die auf ihm angelegte Burg, die David um 1000 v. d. Z. eroberte und die nach ihm den Namen Davidsstadt erhielt. Als diese sich nach Norden ausdehnte, wurde auch der angrenzende Tempelbezirk mit dem Zentralheiligtum Zion genannt. Später wurde Zion eine dichterische Bezeichnung für Jerusalem und dann, noch weiter gefaßt, für das gesamte Heilige Land. Ziel der Zionisten im 19. und 20. Jh. war der Erwerb Zions als eigenes Territorium für das jüdische Volk.

tiven Erscheinungen der sich rapide ändernden Gesellschaft.

Der Antisemitismus formierte sich zunächst im politischen Bereich. Ab 1880 bildeten sich Parteien, in deren Programm der Antisemitismus ein fester Bestandteil war und sich eine fortschritts- und demokratiefeindliche Weltanschauung dokumentierte. Auf dem Höhepunkt ihres politischen Einflusses 1893 gab es im Reichstag 16 Abgeordnete antisemitischer Parteien. Zwar nahm deren Bedeutung stetig ab, aber der Antisemitismus wurde die verbindende Ideologie vieler nationaler Verbände und integraler Bestandteil der bürgerlichen Kultur.

Frankreich: Die Dreyfus-Affäre

In Frankreich kam der Antisemitismus in der Dreyfus-Affäre geballt zum Ausbruch. Hauptmann Alfred Dreyfus, Elsässer und Jude – also ein doppelt »unsicherer Kantonist« –, wurde am 22. Dezember 1894 aufgrund gefälschter Papiere wegen Landesverrats degradiert und zu lebenslanger Haft auf den Teufelsinseln verurteilt. Obwohl seine Unschuld bald erwiesen und der wahre Verräter gefunden war, widersetzten sich reaktionäre Militärkreise der Wiederaufnahme des Falls.

Dieser offensichtliche Justizskandal führte zu einer ungekannten Polarisierung der französischen Öffentlichkeit, die sich bis in die Familien hinein in »Dreyfusards« und »Anti-Dreyfusards« spaltete. Für die Gegner von Dreyfus (und der Republik) – Militär, Monarchisten und katholische Kirche – bot die Affäre einen willkommenen Anlaß für antisemitische Argumentationen und Ausschreitungen (213). Sie versuchten, eine Wiederaufnahme des Prozesses zu verhindern. Republikaner, Bürgerrechtler, Sozialisten und Intellektuelle setzten sich dagegen für Dreyfus ein. Legendär wurde der 1898 veröffentlichte Brief Emile Zolas an den Präsidenten: J'accuse (Ich klage an). Darin warf er dem Generalstab vor, die Wahrheit zu verschlei-

213 Le Traître (»Der Verräter«). Dreyfus als Lindwurm. Antisemitische Karikatur aus der Plakatserie »Musée des Horreurs«, Paris, 1899

1870 – 1933

ern und den tatsächlichen Spion zu schützen. Ein Jahr darauf wurde der Fall Dreyfus wiederaufgenommen (**214**), zu Freispruch und Rehabilitation kam es aber erst 1906.

Für die Geschichte des Zionismus war die Dreyfus-Affäre von großer Bedeutung: Theodor Herzl, der ihren Verlauf als Berichterstatter der Wiener *Neuen Freien Presse* in Paris aus nächster Nähe verfolgte, schrieb unter ihrem Einfluß das Buch *Der Judenstaat* (s. u.).

214 Dreyfus vor dem Kriegsgericht in Rennes. Anonymer Stahlstich, 1899. In Rennes fand 1899 der Revisionsprozeß gegen Dreyfus statt, nachdem die Zweifelhaftigkeit des Belastungsmaterials immer deutlicher ans Licht gekommen war.

Antisemitismus als offizielle Regierungspolitik

Nach der grausamen antijüdischen Politik unter Zar Nikolaus I. (1825–55) besserte sich die Situation für die russischen Juden unter Alexander II. (1855–81) etwas: Der Militärdienst wurde von 25 auf 5 Jahre reduziert, reiche jüdische Kaufleute durften sich außerhalb des Ansiedlungsrayons (s. S. 85) niederlassen, ihre Kinder erhielten Zutritt zu den höheren Schulen und Universitäten.

Die Ermordung des Zaren am 1. März 1881 verschlechterte ihre Situation jedoch schlagartig. Um die Unzufriedenheit im Volk von der unfähigen Regierung und dem morschen System abzulenken, verbreiteten reaktionäre Kreise die Behauptung, die schlechte Lage sei eine Folge der Ausbeutung durch die Juden. Außerdem wurde das Gerücht verbreitet, Juden seien an der Ermordung des Zaren beteiligt gewesen. Kurz darauf

215 Nach dem Pogrom von 1881 bietet diese jüdische Straße ein Bild der Verwüstung.

1870 – 1933

kam es in über 100 jüdischen Gemeinden der Ukraine zu *Pogromen* (Verwüstungen; **215**) – so nannte man nun die mit Plünderung und Mord einhergehenden Judenverfolgungen im zaristischen Rußland. Die Behörden zeigten sich unfähig und v.a. unwillig, die jüdische Bevölkerung zu schützen. Zwar wurde nie geklärt, wer die Pogrome initiierte, aber die Schnelligkeit, mit der sie sich verbreiteten, spricht dafür, daß sie von oben provoziert oder zumindest unterstützt wurden (**216**).

Den Pogromen folgte erneut eine extrem judenfeindliche Politik. Alexander III. wollte die »Hauptbevölkerung vor jüdischer Ausbeutung schützen«, und verkündete am 3. Mai 1882 die »provisorischen Verordnungen«, die die Juden in ihrer Bewegungs-, Gewerbe- und Berufsfreiheit beschränkten und sie in noch größere Armut stürzten. Diese Verordnungen wurden in den beiden letzten Jahrzehnten des Jahrhunderts durch zusätzliche Verbote erweitert und blieben bis zur Revolution von 1917 in Kraft.

216 Pogrome im »Ansiedlungsrayon« 1881–1906

Für die Herrschenden wurde die judenfeindliche Gesetzgebung zum politischen Instrument. Sie täuschte eine Verbesserung der Beziehungen mit der »schutzbedürftigen« Bevölkerung vor. Die immer wieder aufflackernden Pogrome (etwa in Kischinew und Gomel 1903 oder in Bialystok und Siedlce 1906) sah man offenbar auch als geeignetes Ventil für soziale Unzufriedenheit; man setzte 1905 den Antisemitismus gar bewußt als Mittel gegen die Revolution ein. Es war kein Zufall daß die *Protokolle der Weisen von Zion* 1905 erstmals in Rußland publiziert wurden. Die zaristische Geheimpolizei benutzte die gefälschte Schrift über Pläne zur Errichtung einer »Jüdischen Weltherrschaft« zur antisemitischen Hetze, die erneut in blutigen Pogromen endete.

Die katastrophalen Lebensbedingungen in Rußland riefen verschiedene Reaktionen hervor: eine Massenemigration nach Westen, v. a. nach Amerika; eine Radikalisierung und Politisierung jüngerer Juden, die sich auf die Überwindung der Zarenherrschaft konzentrierten; und das Anwachsen der nationaljüdischen Bewegung. Der Gedanke an die Rückkehr nach Zion war angesichts der drükkenden Verhältnisse bei den osteuropäischen Juden ungleich lebendiger als bei den Juden Westeuropas: Pogrome, Ausnahmegesetze und Vertreibungen hatten zur Erkenntnis geführt, daß mit einer Emanzipation von außen nicht zu rechnen und das jüdische Problem durch das Aufgehen in der russischen Mehrheitsgesellschaft nicht zu lösen sei.

Eine andere Lösung der jüdischen Frage propagierte der BUND, die erste, 1897 in Wilna gegründete jüdisch-sozialistische Partei. Sie lehnte die Zionsidee wie überhaupt den Gedanken einer territorialen Lösung der Judenfrage ab und glaubte, daß die volle Gleichberechtigung der jüdischen Arbeiterschaft nur in den Ländern erkämpft werden sollte und könnte, in denen sich die jüdischen Massen befanden. So kämpfte der BUND für eine national-kulturelle Autonomie in Osteuropa mit Jiddisch als Nationalsprache (**217**).

Antisemitismus im deutschen Kaiserreich

In Deutschland traten neben Wilhelm Marr v. a. der evangelische Hofprediger Adolf Stoecker und der Berliner Geschichtsprofessor Heinrich von Treitschke mit antisemitischen Äußerungen hervor. Stoecker versuchte mittels antisemitischer Parolen, die stark von der Theologie Luthers geprägt waren, in der Wirtschaftskrise nach der Reichsgründung den unzufriedenen Mittelstand und die sozialdemokratische Arbeiterschaft für Kirche und Monarchie zurückzugewinnen. Er predigte die Einschränkung der jüdischen Bürgerrechte, den Ausschluß von Juden aus öffentlichen Ämtern und

217 Wahlplakat des BUND (»Algemeyner Yidischer Arbeter Bund in Lite, Polyn un Rusland«), Kiew 1918. Das jiddische Motto lautet: »Dorten, wo mir leben, dort is unser Land!«

1870 – 1933

218 Adolf Stoecker (1835–1909), Foto 1902. Der Hofprediger und Politiker Adolf Stoecker gründete 1878 die antisemitische »Christlich-Soziale Arbeiterpartei«. Seine Predigten und Reden provozierten antijüdische Ausschreitungen. So lautet eine Pressenotiz: »Auch in Stettin kam es am 15. und 16. August zu tumultuarischen Kundgebungen gegen die Juden. Glücklicherweise sind in der pommerschen Hauptstadt hinreichende polizeiliche und militärische Kräfte zur Hand, und so gelang es, die Aufläufe in kürzester Zeit zu zerstreuen. Die Urheber der Bewegung, Dr. Henrici und Hofprediger Stökker, suchen jetzt die Verantwortung für diese unwürdigen Ausschreitungen abzulehnen.«

219 Maccabea, zionistischer Studentenbund, um 1906. Als Reaktion auf den zunehmenden Antisemitismus an den Universitäten gründeten jüdische Studenten Ende des 19. Jh. eigene Studentenorganisationen, die sich in ihren Formen an den Burschenschaften orientierten. Das Spektrum reichte von deutschnationalen bis zu linkszionistischen Vereinigungen.

die Verminderung des jüdischen Einflusses im Banken- und Pressewesen. Mit der Gründung seiner antisemitischen »Christlich-Sozialen Arbeiterpartei« 1878 trug er maßgeblich zur politischen Instrumentalisierung des Antisemitismus bei (**218**).

Der angesehene Historiker Treitschke veröffentlichte 1879 den ersten aus einer Reihe von Artikeln über die »jüdische Frage«. Er verstand sich nicht als Antisemit, aber seine Parteinahme für die antisemitische »Berliner Bewegung« verlieh deren Agitation den Anschein von Wissenschaftlichkeit und machte den Antisemitismus in bürgerlichen Kreisen salonfähig.

Bildung jüdischer Vereine und Verbände

Während sich Juden in den ersten Jahren nach der Reichsgründung v. a. in allgemeinen politischen Organisationen engagiert hatten, führte die Verlangsamung des Integrationsprozesses durch den Antisemitismus in den 1890er Jahren zur Gründung jüdischer Organisationen, deren Ziel die Selbstverteidigung, die Bekämpfung der antisemitischen Propaganda und die Stärkung der jüdischen Selbstachtung war (**219**).

Die bedeutendste dieser Vereinigungen war der 1893 in Berlin gegründete »Central-Verein deutscher Staatsbürger jüdischen Glaubens« (CV), der die Mehrheit der assimilierten, bürgerlich-liberalen Juden repräsentierte. Der CV ging davon aus, daß eine Synthese von Deutschtum und Judentum möglich und wünschenswert sei und betonte die deutsche Volkszugehörigkeit. Die aufkommende national-jüdische Bewegung und das Streben nach einem jüdischen Staat lehnte der CV als unzeitge-

mäß, ja schädlich ab: Die zionistische Auffassung, es gäbe eine jüdische Nation mit einer eigenen Geschichte, Kultur und Zukunft, untergrabe die Bemühungen des CV, der in der Öffentlichkeit immer wieder betonte, daß die Loyalität der deutschen Juden in erster Linie Deutschland galt. Der CV sah seine Hauptaufgabe in der Abwehr von Angriffen auf die staatsbürgerliche und gesellschaftliche Gleichberechtigung der deutschen Juden: Er organisierte Kampagnen gegen antisemitische Parteien und deren Kandidaten, unternahm juristische Schritte, um Juden, die in der Öffentlichkeit verunglimpft wurden, zur Wiedergutmachung zu verhelfen, und versuchte durch Aufklärungsarbeit die Kenntnis des Judentums zu erweitern und das jüdische Selbstbewußtsein zu stärken (**219**).

Der Zionismus

Obwohl die religiöse Sehnsucht nach einer Rückkehr ins Heilige Land im Judentum immer präsent geblieben war, kam erst im 19. Jh. in Ost- und Westeuropa fast gleichzeitig und unabhängig voneinander ein politischer Zionismus auf, für dessen Entstehen es verschiedene Gründe gab: Das positive Beispiel von Nationalbewegungen, die ihre Ziele erreicht hatten, beeinflußte auch jüdische Denker. Moses Hess war einer der ersten, der in seinem Buch *Rom und Jerusalem* (1862) die »Wiedergeburt des jüdischen Volkes« mit der »Konzentration in seinem Heimatland« propagierte. Nach der Einigung Italiens 1861 und der bevorstehenden Einigung Deutschlands betrachtete er die Judenfrage als »letzte Nationalitätenfrage« (**221**, **222**). Er ging davon aus, daß die Juden eine Schicksalsgemeinschaft bildeten, aus der sich keiner nach Belieben ausgliedern könne. Jeder Jude sei solidarisch mit seiner ganzen Nation. Dieser Gedanke bedeutete eine eindeutige Absage an Emanzipation und Assimilation in der Diaspora. Obwohl Hess bereits vieles niedergelegt hatte,

220 *Im Deutschen Reich*, bis 1922 das Publikationsorgan des CV. Danach erschien bis 1938 die *C.V.-Zeitung*. Eine spezielle Monatsausgabe diente v. a. der Aufklärung der christlichen Mitbürger und wurde an Mitglieder aller Glaubens- und politischen Richtungen versandt.

1870 – 1933

221 Moses Hess (1812–75). Der »Kommunistenrabbi« Moses Hess beeinflußte Marx und Engels, die jedoch in ihrer Auffassung der ›Klassenfrage‹ einen radikaleren Weg einschlugen. Während der Zusammenarbeit mit Marx stand Hess dem Judentum ambivalent gegenüber. Das Scheitern der Revolution von 1848 und das Andauern der Judenfeindschaft bewirkten jedoch eine Besinnung auf seine jüdische Herkunft, die sich mit der Idee eines modernen Nationalstaats verband.

Rom und Jerusalem

die

letzte Nationalitätsfrage.

Briefe und Noten.

von

M. Hess,

Correspondierendes Mitglied der Berliner philosophischen Gesellschaft.
Redakteur der ehemaligen Rheinischen Zeitung etc.

Zweite unveränderte Auflage.

Mit einem Bilde des Verfassers
und einer Vorrede von Dr. Bodenheimer.

Leipzig.
M. W. Kaufmann.
1899.

222 *Rom und Jerusalem. Die letzte Nationalitätenfrage.* Titelblatt der zweiten Auflage von 1899. In der Epoche des modernen Nationalismus in Europa entwickelte Hess die Idee eines sozialistischen Prinzipien aufgebauten jüdischen Nationalstaats in Palästina.

was Jahrzehnte später Kernpunkte des zionistischen Programms wurde, blieben seine Ideen im Zeitalter der Emanzipation und des Liberalismus ohne Resonanz.

In Rußland hatten die Pogrome auch der assimilierten Intelligenz vor Augen geführt, daß eine Integration in die Mehrheitsgesellschaft problematisch war. Seit dem Winter 1881/82 bildeten sich in vielen Städten Vereine, die »Selbstbefreiung« und Palästina-Kolonisation propagierten. Sie nannten sich »Zionsliebende« oder »Zionsfreunde« und arbeiteten darauf hin, den »bedrängten Stammesgenossen« eine neue Heimat zu schaffen. 1882 setzte die erste *Alija* (»Einwanderungswelle«) russischer und rumänischer Juden nach Palästina ein. Die Zahl der Immigranten war zwar nicht groß (bevorzugtes Auswanderungsziel waren die USA; lediglich 3000 der Auswanderer zogen nach Palästina), aber sie kamen mit dem klar umrissenen Ziel ins Land, landwirtschaftliche Kolonien als Basis für die jüdische Ansiedlung in der historischen Heimat zu gründen. Russische Studenten, die *Biluim* (Akronym aus den Anfangsbuchstaben von Jes 2,5: »Kommt nun, ihr vom Hause Jakob, laßt uns wandeln.«), gründeten mit Hilfe der »Zionsfreunde« die erste landwirtschaftliche Kolonie *Rischon le Zion* (»Erste in Zion«, **223**).

Die Pogrome von Kischinew (1903, **224**) und während der Revolution 1905 lösten eine zweite *Alija* aus (1904–14), in deren Verlauf etwa 40 000 junge russische Juden nach Palästina kamen. Bis 1914 stieg die jüdische Bevölkerung dort auf ca. 85 000 Personen an.

Auch in Westeuropa begann sich das jüdische Selbstbewußtsein zu regen und der Zionsgedanke Anhänger zu gewinnen. In Wien wurde 1882 die

national-jüdische Studentenorganisation *Kadima*
(»Ostwärts«, d. h. in das Land Israel, und »Vor-
wärts«) gegründet. Gründungsmitglied und treibende Kraft des Kreises war der aus Wien stammende Nathan Birnbaum. In seiner Schrift *Die
nationale Wiedergeburt des jüdischen Volkes in
seinem Land* (1893) trat er für eine völkerrecht-
liche Gleichstellung der Juden ein und schuf mit
dem Wort »Zionismus« die fortan geläufige
Bezeichnung für die nationaljüdische Bewegung.

Überall gab es Menschen, die den Gedanken
eines autonomen jüdischen Volkslebens begeistert
aufnahmen. Aber erst Theodor Herzls Buch *Der
Judenstaat. Versuch einer modernen Lösung der
Judenfrage* (1896), entstanden unter dem Ein-
druck der Dreyfus-Affäre, gab den entscheidenden Anstoß zur organisatorischen Zusammenfas-
sung der bestehenden nationaljüdischen Vereine
und schuf das, was wir heute unter politischem
Zionismus verstehen. Herzl hatte Frankreich als
Land des Fortschritts und der Kultur gesehen. Um
so schockierter war er über die antisemitischen
Ausbrüche während der Dreyfus-Affäre. Dies führte dazu, daß er sich gründlich mit der »Judenfrage« auseinandersetzte und nach möglichen Lö-
sungen suchte. Er kam zu der Einsicht, daß der
Antisemitismus niemals verschwinden würde und
das Streben nach Assimilation an die nichtjüdische
Umwelt ein zum Scheitern verurteilter Irrweg sei.
Die Judenfrage könne nur durch die Sammlung
der Juden in einem eigenen Land gelöst werden.
Aus seinen Äußerungen geht hervor, daß er dem
nationalstaatlichen Denken des 19. Jh. weit mehr
verhaftet war als den traditionell-religiösen Über-
lieferungen: Im *Judenstaat* findet sich kaum eine
Andeutung des religiösen Zionsgedankens. Herzl
selbst war es prinzipiell gleichgültig, wo der zu
gründende Staat liegen sollte. Er wäre auch bereit
gewesen, den Judenstaat in Ostafrika oder Süd-
amerika zu gründen.

223 Entwicklung und
Kolonisierung in Palästina
1881–1914

224 »Den Märtyrern von
Kischinew«. E. M. Lilien,
1903. Im Osterpogrom von
Kischinew wurden 45 Men-
schen getötet, ca. 700
Häuser und 600 Geschäfte
zerstört. Unter dem Schock
dieser Vorgänge gestaltete
der jüdische Graphiker Lilien
(1874–1925) das Gedenk-
blatt für die Opfer des
Pogroms.

1870 – 1933

»Ich halte die Judenfrage weder für eine soziale noch eine religiöse, wenn sie auch so und anders färbt. Sie ist eine nationale Frage ... Wir sind ein Volk, ein Volk.«
Theodor Herzl

225 Theodor Herzl (1860–1904). Foto von E. M. Lilien, aufgenommen während des 5. Zionistenkongresses in Basel 1901. Herzl, Begründer und erster Vorsitzender der Zionistischen Weltorganisation, wuchs in dem Glauben heran, daß die Assimilation möglich und für die Juden wünschenswert sei. Erfahrungen mit dem Antisemitismus, speziell der Dreyfus-Affäre, veranlaßten ihn, für die Gründung eines jüdischen Nationalstaats einzutreten.

Herzl löste mit seinem Buch bei den Zionisten weltweit große Begeisterung aus, und es gelang ihm in erstaunlich kurzer Zeit, sie zu einer internationalen Organisation zusammenzuschließen. Der 1. Zionistenkongreß trat unter Beteiligung von ca. 200 gewählten Delegierten am 29. August 1897 in Basel zusammen. Dort einigte man sich auf das »Baseler« oder »zionistische Programm«, dessen Kernsatz lautete: »Der Zionismus erstrebt für das jüdische Volk die Schaffung einer öffentlichrechtlich gesicherten Heimstätte in Palästina.«

Herzl wollte sein Ziel mittels politisch-diplomatischer Aktivitäten erreichen. Er führte zahlreiche Verhandlungen, u. a. mit dem türkischen Sultan und Wilhelm II., die jedoch ohne Erfolg blieben und ihm Kritik aus den eigenen Reihen einbrachten. Seine Kritiker waren der Meinung, die Befreiung des jüdischen Volks müsse von diesem selbst in die Hand genommen und nicht von äußeren Kräften abhängig gemacht werden.

Auch nach Herzls Tod 1904 kam es wiederholt zu heftigen Auseinandersetzungen zwischen den »politischen« und »praktischen« Zionisten, die durch Schaffung von Tatsachen, z. B. die energische Besiedlung Palästinas, das Entstehen des Judenstaats vorantreiben wollten.

Von diesen Auseinandersetzungen abgesehen, gab es noch eine Vielfalt ideologischer Gruppierungen innerhalb der Bewegung, die sich damit erklären lassen, daß die Juden, die sich zur zionistischen Idee bekannten, aus den verschiedensten Gesellschaftsordnungen, Kulturbereichen und Milieus kamen. Die vier ideologischen Hauptrichtungen formierten sich in sozialistischen, neutralbürgerlichen, religiösen und völkisch-nationalen Parteien, die jeweils eigene Vorstellungen vom Entstehen und Aussehen des Judenstaats hatten.

Außerhalb der zionistischen Weltbewegung bildete sich unter den orthodoxen, aber auch bei vielen assimilierten Juden Widerstand gegen die

Idee des »Judenstaats«. Die einen beschimpften Herzl als Ketzer, der sich gegen das »göttliche Schicksal des Exils« auflehne, statt demütig die Ankunft des Messias zu erwarten, der das jüdische Volk erlösen und das neue Reich aufrichten werde. Die anderen hielten den Antisemitismus für eine »heilbare Krankheit« und die Wiederherstellung eines jüdischen Staats weder für möglich noch für notwendig, da sie sich in ihren Ländern als gleichberechtigte Staatsbürger fühlten und durch die Bestrebungen des Zionismus nur eine Verschlechterung ihrer Lage befürchteten. So hatte die zionistische Bewegung in Ländern, wo die Integration geglückt schien, weniger Anhänger als in Osteuropa; in Deutschland waren es vor dem Ersten Weltkrieg nie mehr als 9000.

In Palästina bedeutete der Erste Weltkrieg für das Siedlungswerk zunächst einen herben Rückschlag. Die Gelder aus Europa flossen spärlich, und die Auseinandersetzung zwischen der Türkei und England hatte verheerende Folgen für die Siedler, die nur im Land bleiben durften, wenn sie die türkische Staatsbürgerschaft annahmen. Einige führende Zionisten wie Chaim Weizmann erkannten aber die politische Chance, die der Krieg und die widerstreitenden Interessen der kriegführenden Mächte den Zionisten boten. Unter seinem Einfluß kam es 1917 zu der nach dem britischen Außenminister Arthur J. Balfour genannten Deklaration der britischen Regierung, die gegenüber Baron Lionel W. Rothschild erklärte, daß sie »die Schaffung einer nationalen Heimstätte in Palästina mit Wohlwollen« betrachte und »die größten Anstrengungen machen [werde], um die Erreichung dieses Ziels zu erleichtern«. Die Balfour-Deklaration erkannte die nationalen Hoffnungen der Juden in Palästina erstmals offiziell an: ein großer politischer Erfolg der zionistischen Bewegung. 1922 wurde sie als Teil der Präambel in das Völkerbundsmandat für Palästina aufgenommen.

> »In Basel habe ich den Judenstaat gegründet. Wenn ich das heute laut sagte, würde mir ein universelles Gelächter antworten. Vielleicht in 5 Jahren, jedenfalls in 50 wird es jeder einsehen.«
>
> *Tagebucheintrag Theodor Herzls nach dem 1. Zionistenkongreß in Basel*

226 *Die Welt.* Zentralorgan der zionistischen Organisation von 1897 bis 1914

1933 – 1945

In den ›guten‹ Jahren der Weimarer Republik profitierten die deutschen Juden wie andere Bürger von der Besserung der Verhältnisse nach Krieg und Nachkriegschaos. In der Zeit des wirtschaftlichen und kulturellen Aufschwungs gab es ernsthafte Versuche, den Antisemitismus zu bekämpfen. Allerdings wurde die Republik nur von wenigen Bürgern geliebt. Viele gaben ihr die Schuld am demütigenden Friedensschluß von Versailles, dem man auch die wirtschaftlichen Probleme zuschrieb. Nach dem Börsenkrach im Oktober 1929 und dessen katastrophalen Auswirkungen auf die deutsche Volkswirtschaft fanden extreme Ideologien in ungekanntem Maß Gehör. Viele Deutsche waren bereit, die junge Demokratie gegen ein autoritäres Regime einzutauschen, was am 30. Januar 1933 mit Hitlers Ernennung zum Reichskanzler geschah.

Die Ausgrenzung der Juden

Unter dem NS-Regime wurde der latente Antisemitismus zum staatlich diktierten Terror. Mit welchen Methoden man zu regieren gedachte, war schnell klar. Schon im März 1933 wurde in Dachau bei München das erste Konzentrationslager für politische Gegner eingerichtet, am 1. April 1933 ein Boykott gegen jüdische Ärzte, Rechtsanwälte und Geschäftsleute organisiert. SA-Männer postierten sich vor jüdischen Praxen, Kanzleien und Geschäften und pöbelten jeden an, der sie betreten wollte (**227**). Am 7. April folgte das »Gesetz zur Wiederherstellung des Berufsbeamtentums«, de facto der Ausschluß jüdischer (und politisch mißliebiger) Beamter aus dem Staatsdienst. Die »Nürnberger

227 Der Boykottag vom 1. April 1933. Der mit militärischen Orden dekorierte jüdische Kaufmann Richard Stern vor seinem Kölner Geschäft neben einem SA-Mann. In einem Flugblatt erinnerte er an die Verdienste der jüdischen Frontsoldaten des Ersten Weltkriegs und appellierte an die Solidarität der Kölner Bevölkerung: »Es ist uns nicht bange darum, daß es in Köln auch heute noch die Zivilcourage gibt, die Bismarck einst forderte, und Deutsche Treue, die gerade jetzt zu uns Juden steht.«

Gesetze«, verabschiedet auf dem Reichsparteitag der NSDAP in Nürnberg am 15. September 1935, stempelten die Juden endgültig zu Bürgern zweiter Klasse: Als Staatsbürger »nicht-deutschen oder artverwandten Blutes« wurden sie von der »Reichsbürgerschaft« ausgeschlossen und verloren sämtliche politischen Rechte. Eheschließungen und außereheliche Beziehungen zwischen Juden und Nichtjuden wurden unter Androhung von Zuchthausstrafen verboten; in jüdischen Haushalten durften keine nichtjüdischen weiblichen Angestellte unter 45 Jahren beschäftigt werden.

Prozesse und Verurteilungen wegen »Rassenschande« gehörten bald zum Alltag. Berufsverbote und die zahlreichen »Arisierungen« jüdischer Betriebe entzogen den deutschen Juden die wirtschaftliche Basis. Viele Menschen konnten sich nicht mehr aus eigenen Kräften versorgen. Im letzten Vorkriegswinter erhielt ein Viertel der Juden in Deutschland Unterstützung von der »Jüdischen Winterhilfe« (**228**).

Das Jahr 1938

Der »Anschluß« Österreichs an das Deutsche Reich im März 1938 lieferte auch die österreichischen Juden den deutschen Rassegesetzen aus. Im August mußte jeder jüdische Mann in amtlichen Dokumenten zwischen Vor- und Zunamen »Israel« und jede jüdische Frau »Sara« eintragen lassen. Anfang Oktober wurden die Pässe der deutschen Juden eingezogen und neue, mit einem »J« gekennzeichnete ausgegeben (**229**).

Ende Oktober 1938 wurden überraschend ca. 15 000 Juden, formal polnische Staatsbürger, die

JEDER KOPF
denkt an den
EINTOPF
für die Jüdische Winterhilfe
am Sonntag, dem 12. Dezember

228 Werbung für den Eintopf-Sonntag zugunsten der Jüdischen Winterhilfe, Dezember 1937. Schon vor 1933 hatte eine Jüdische Winterhilfe existiert, die innerhalb der allgemeinen Winterhilfe arbeitete. Die Jüdische Winterhilfe als eigenständige Organisation wurde geschaffen, als im Oktober 1935 die jüdischen Bedürftigen von den Leistungen des Winterhilfswerks des Deutschen Volkes ausgeschlossen wurden. Jüdische Familien wurden an bestimmten Sonntagen verpflichtet, auf Braten u. ä. zu verzichten und sich mit einem Eintopf als Mittagsmahl zu begnügen. Die eingesparte Summe wurde dann von ehrenamtlichen Helfern der Jüdischen Winterhilfe kassiert.

1933 – 1945

Holocaust/Schoa: Das überwiegend im angelsächsischen Bereich verwendete Wort *Holocaust* (griech./lat.: »Brandopfer, Ganzopfer«) und der hebräische Begriff *Schoa* (Vernichtung) bezeichnen die ideologisch vorbereitete und fabrikmäßig durchgeführte Ermordung von 6 Mio. Juden im nationalsozialistischen Machtbereich 1933–45.

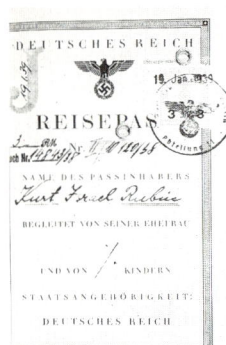

229 Der Paß von Kurt »Israel« Rubin, 19. Januar 1939. Links oben der »J«-Stempel.

230 Die zerstörte Kölner Synagoge in der Glockengasse. Foto, ohne Datum

schon seit Jahren in Deutschland lebten, zusammengetrieben, auf Lastwagen verladen und zur polnischen Grenze geschafft. Die polnischen Behörden weigerten sich, sie ins Land zu lassen, und nach Deutschland durften sie nicht zurück. So wurden sie frierend und hungrig einige Zeit hin- und hergestoßen, bis die Polen unter politischem Druck die Grenze öffneten. Unter den Menschen, die in der »Polenaktion« abgeschoben wurden, waren auch die Eltern des 17jährigen, in Paris lebenden Herschel Grynszpan, der daraufhin den deutschen Botschaftssekretär Ernst vom Rath in Paris ermordete.

Die Nachricht vom Tod des Botschaftssekretärs bot Goebbels die Handhabe für den Aufruf zum Pogrom am 9. November vor den in München versammelten Parteiführern. In der Nacht vom 9. zum 10. November, der »Kristallnacht«, wurden Hunderte von Synagogen in Deutschland und Österreich in Brand gesetzt (**230**), etwa 7500 jüdische Geschäfte zerstört und geplündert, rund 25 000 Juden in Konzentrationslager gebracht und 91 ermordet. Zynischerweise machte man die Juden für die Brände und Verwüstungen jener Nacht verantwortlich und verlangte von ihnen als »Sühneleistung« die Zahlung von 1 Mrd. Mark.

Jüdische Selbstbehauptung in Deutschland

Die NS-Verfolgung trug dazu bei, die Bindung zwischen den einzelnen Juden und der jüdischen Gemeinschaft zu stärken. Im September 1933 gründete eine Gruppe jüdischer Persönlichkeiten in Berlin die »Reichsvertretung der deutschen Juden«, um die jüdische Gemeinschaft unter den schwierigen Bedingungen zu vertreten. Die Hauptaufgaben der Reichsvertretung waren: Organisation der Auswanderung, Ausbildung in neuen Berufen, Unterhalt jüdischer Schulen und Unterstützung von Juden, die um ihre Erwerbsmöglichkeiten gebracht worden waren.

Die Vertreibung aus dem Kulturleben zog die Gründung »Jüdischer Kulturbünde« nach sich, die Konzerte, Theateraufführungen, Vorlesungen und Ausstellungen veranstalteten. Die Einrichtung der Kulturbünde war auch eine Reaktion auf die Gründung der nationalsozialistischen Reichskulturkammer, der Juden nicht angehören durften. Öffentliches künstlerisches Wirken war aber nur noch Mitgliedern der Reichskulturkammer erlaubt, d. h., die jüdischen Künstler waren von heute auf morgen arbeits- und mittellos geworden.

Hatte die zionistische Bewegung bei der Mehrheit der deutschen Juden nie viel Anklang gefunden, änderte sich das nach der Machtübernahme Hitlers. Die Mitgliederzahl stieg von 7500 im Jahr 1932 auf 43 000 zwei Jahre später. Die Zionisten handelten der Regierung sogar das Zugeständnis ab, daß nach Palästina auswandernde Juden wenigstens einen Teil ihres Vermögens mitnehmen durften. Sie förderten die Jugend-*Alija*, die es Tausenden von Jugendlichen ermöglichte, Deutschland zu verlassen und nach Palästina zu gehen, und bereiteten sie in speziellen Programmen auf ihr Leben in der neuen Heimat vor.

Der Holocaust

Mit dem Überfall auf Polen begann im September 1939 der Zweite Weltkrieg. In den folgenden Jahren besetzte und kontrollierte Deutschland Länder, in denen mehrere Millionen Juden lebten. Allein in Polen kamen ca. 3 Mio. Juden in Hitlers Machtbereich. Die deutsche Judenpolitik stieß in den eroberten Gebieten fast nirgends auf nennenswerte Opposition. In manchen Ländern – in Polen, Ungarn, Rumänien und in den baltischen Staaten – fand sie gar Zustimmung. Auch von seiten der christlichen Kirchen wurde, von einzelnen abgesehen, kein Protest laut (**231, 232**). Lediglich in den Niederlanden, Finnland, Bulgarien und Dänemark versuchten breite Kreise, jüdische Mit-

»Wir wollen jüdischen Künstlern Brot geben und dadurch, daß sie überhaupt wieder künstlerisch arbeiten können, ihnen materiell und seelisch helfen ... Uns selbst aber bereiten wir so den Weg, den wir nötiger denn je haben: uns aufzurichten in Zeiten, die uns seelisch so tief niederbeugen.«
Dr. Paul Moses, Vorsitzender des »Jüdischen Kulturbundes Rhein-Ruhr« im Herbst 1933 über Sinn und Zweck des Kulturbunds

231 Papst Pius XII. Während der NS-Herrschaft sprach sich der Vatikan nie gegen die Ermordung der Juden aus. Im Dezember 1942 lehnte Pius es ab, sich einer Resolution der Alliierten anzuschließen, die die NS-Verbrechen verurteilte. Während der deutschen Besetzung Roms (9/1943–6/1944) wurden unter den Augen des Papstes ca. 2000 Juden nach Dachau, Bergen-Belsen und Auschwitz deportiert.

1933 – 1945

232 »Reichsbischof« Ludwig Müller begrüßt Hitler beim Nürnberger Reichsparteitag 1934. Nach der Machtübernahme Hitlers schlossen sich viele protestantische Pfarrer der Bewegung der »Deutschen Christen« (DC) an, die in einer »Reichskirche« die Zersplitterung des deutschen Protestantismus durch das »Führerprinzip« zu überwinden suchte. Die Aufnahme von »Nichtariern« in die Gemeinden wurde ausgeschlossen, was die enge Anlehnung weiter Teile der DC an die NS-Rassenideologie zeigt. Nicht von ungefähr setzten die Siegermächte die »Deutschen Christen« auf die Liste der verbotenen Organisationen.

233 Anne Frank (1929 –45) wurde mit ihrer Familie von Juli 1942 bis August 1944 von Niederländern auf dem Dachboden eines Amsterdamer Hauses versteckt. Am 4. August 1944 wurde die Familie von der Gestapo entdeckt, in Konzentrationslager deportiert und dort mit Ausnahme des Vaters ermordet. Annes Tagebuch vermittelte der Welt ein erschütterndes Bild vom Leben einer jüdischen Familie während des Holocaust.

1933 – 1945

bürger zu retten (233). In Dänemark gelang es der Untergrundbewegung mit Hilfe der Bevölkerung, ca. 7000 Juden ins neutrale Schweden zu schmuggeln.

Seit dem 1. Dezember 1939 mußten die Juden im besetzten Polen einen blauen Judenstern auf weißer Armbinde tragen und wurden gezwungen, in Ghettos zu ziehen (Abriegelung der Ghettos Lodz Mai 1940 und Warschau November 1940). In den völlig übervölkerten Ghettos starben immer mehr Menschen aufgrund der katastrophalen hygienischen Verhältnisse und der extrem niedrigen Nahrungsrationen. 1941 lebten im Warschauer Ghetto ca. 13 Personen in einem Raum; jedem Ghettobewohner standen 183 Kalorien pro Tag zu (234).

Der deutsche Überraschungsangriff auf die Sowjetunion im Juni 1941 führte zu einer katastrophalen Beschleunigung des Vernichtungskriegs gegen die Juden Europas: Nach der Invasion kam es in Wilna, Kowno, Riga, Bialystok, Minsk und anderen Städten zu Massenerschießungen durch ›Einsatzgruppen‹ im Gefolge der Wehrmacht. Nach sorgfältig geführten deutschen Statistiken wurden bis Ende des Sommers 250 000 baltische und weißrussische Juden ermordet.

Auch die ca. 220 000 auf deutschem Reichsgebiet verbliebenen Juden saßen in der Falle. Ab dem 1. September 1941 mußten sie den Gelben Stern tragen (235), am 14. Oktober begann die

systematische Deportation in die Ghettos im Osten, und am 23. Oktober

234 Im Warschauer Ghetto. Fotografie des deutschen Soldaten Heinz Joest, September 1941

1941 erließ Himmler ein Auswanderungsverbot (etwa 280 000 Juden hatten bis dahin Deutschland verlassen, **236**, **237**). Seit Mitte 1941 begann man, »Vernichtungslager« im Osten des Reichs aufzubauen, Mordfabriken, die keiner anderen Bestimmung dienten, als die Gefangenen unter geringstmöglichem Aufwand umzubringen. Das erste der Todeslager war Chelmno. Es folgten Auschwitz-Birkenau, Belzec, Majdanek, Sobibor und Treblinka. An die Stelle der »Vertreibung« war das Konzept der »Endlösung« getreten, so der Tarnbegriff der Nazis für den millionenfachen Mord an den europäischen Juden. Auf der »Wannseekonferenz« vom 20. Januar 1942 wurde die »Endlösung« bürokratisch organisiert und »die verschiedenen Arten der Lösungsmöglichkeiten besprochen« (so das Protokoll). Was die Nazis mit »Lösungsmöglichkeiten« umschrieben, waren die Gaskammern und Krematorien der Vernichtungslager (**238**). 1942 begann auf Himmlers Befehl die Liquidierung der Ghettos. Ab Juli mußte etwa der Warschauer Judenrat täglich 6000 Juden für die Transporte in das Vernichtungslager Treblinka zusammenstellen – »zur Umsiedlung nach dem Osten«.

237 Unter den 280 000 deutsch-jüdischen Emigranten befanden sich zahlreiche namhafte Wissenschaftler und Künstler, wie Martin Buber, Erich Fromm, Walter Benjamin, Ernst Bloch, Albert Einstein, Else Lasker-Schüler, Lion Feuchtwanger, Arnold Zweig und Nelly Sachs (von oben nach unten rechts).

»Wir sehen täglich bettelarme, vor Hunger geschwollene Gestalten, wir sehen Kinder, zu Skeletten abgemagert, mit Hungergeschwüren bedeckt, kraftlos auf der Straße liegen. Den Menschen bleibt nur eines übrig: Der Tod auf der Straße.«
Polnische Untergrundpresse im April 1942

235
»Judenstern«. Am 1.9.1941 wurde im deutschen Reichsgebiet das Tragen des Sterns verordnet.

236 Felix Nussbaum, Selbstbildnis mit Judenpaß, 1943. Der Versuch des Malers, den Nazis zu entkommen, indem er ständig seinen Wohnort wechselte, scheiterte. Er wurde mit seiner Frau im Sommer 1944 verhaftet, deportiert und in Auschwitz ermordet.

1933 – 1945

238 Die Fotomontage zeigt eine Gruppe Jugendlicher an den Öfen des Krematoriums von Auschwitz.

1933 - 1945

Der Aufstand im Warschauer Ghetto

Im Gegensatz zu dem verbreiteten Vorurteil, die Juden hätten sich »wie Lämmer zur Schlachtbank führen lassen«, hat es vielfach Widerstand jüdischer Einzelpersonen und Gruppen gegeben. Zur wichtigsten militärischen und symbolischen Aktion kam es im Warschauer Ghetto: Der Aufstand brach am 19. April 1943 los, kurz bevor das Ghetto liquidiert werden sollte. Die Widerständler waren vorwiegend junge Leute, die – abgeschnitten von der Außenwelt, halb verhungert und praktisch unbewaffnet – das Ghetto verteidigten. Ihr Widerstand war keine Wahl zwischen Tod oder Leben, sondern eine symbolische Geste, die die Welt beschämen mußte. Am 16. Mai 1943 meldete SS-Obergruppenführer Stroop: »Das ehemalige Wohnviertel in Warschau besteht nicht mehr. Die Gesamtzahl der erfaßten und nachweislich vernichteten Juden beträgt insgesamt 56 065.«

Der Holocaust hat die jüdische Welt radikal verändert (**240**). Insgesamt fielen der »Endlösung« zwischen 5 und 6 Mio. Menschen zum Opfer. Die Zerstörung des osteuropäischen Judentums bedeutete nicht nur die Ermordung von Millionen, sondern auch das Ende einer jahrhundertealten Kultur mit eigener Sprache, religiösen Traditionen und Gebräuchen. Jeder Versuch, die Einzigartigkeit des Holocaust zu relativieren, ihm durch Analogien mit anderen Regimen einen Anstrich von »Normalität« zu verleihen, ist eine Verhöhnung der Toten wie der Überlebenden.

Jüdisches Leben in Deutschland heute

1947 lebten in Deutschland etwa 182 000 jüdische DPs (*Displaced Persons*). Davon stammten über 80% aus Polen. Mit der Gründung Israels 1948 begann die Auflösungsphase der DP-Lager. Anfang der 50er Jahre zählte die jüdische Gemeinschaft in der BRD nur noch ca. 15 000 Mitglieder. Die neuen kleinen Gemeinden sahen die

Notwendigkeit einer überregionalen Organisation im neuen Deutschland. Daher wurde 1950 der »Zentralrat der Juden in Deutschland« gegründet. Bis 1989 wuchs die jüdische Gemeinschaft auf 30 000 Mitglieder und seither auf 50 000 Mitglieder an (ca. 10% der jüdischen Vorkriegsbevölkerung).

Das rapide Wachstum der letzten Jahre ist v. a. auf die Zuwanderung von Emigranten aus der einstigen Sowjetunion zurückzuführen. Heute sind Zeichen des Neubeginns überall sichtbar. Selten wurden seit 1945 so viele neue Synagogen eingeweiht (Gießen, Aachen, Oldenburg) und so viele jüdische Gemeinden gegründet (Emmendingen, Lörrach) wie 1995. Seit 1994 gibt es in Deutschland wieder einen *Bet Din* (»Haus des Gerichts«), einen jüdischen Gerichtshof.

Neue Impulse gibt es auch in anderer Hinsicht. Teile der jüngeren Generation in den Gemeinden stellen die tradierten Formen des religiösen jüdischen Lebens in Frage. Sichtbarster Ausdruck dafür ist die Berufung der Rabbinerin Bea Wyler, die seit dem 1. August 1995 die Gemeinden Oldenburg und Braunschweig betreut. Sie ist damit die erste Rabbinerin in Deutschland seit Ende der Nazi-Herrschaft (**241**). Ihre Ernennung ist jedoch nicht unumstritten. Dies hat sie mit Regina Jonas, der ersten deutschen Rabbinerin gemein, die, wie erwähnt, im Jahr 1935 ordiniert wurde (s. S. 158f.).

239 Gefangene Aufständische im Warschauer Ghetto.

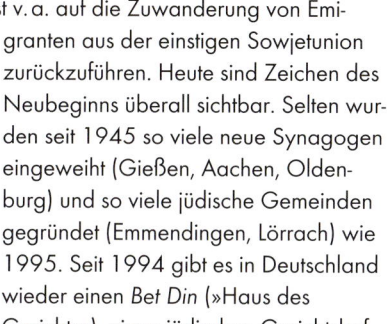

240 Jüdische Bevölkerung vor Kriegsausbruch – Ermordete Juden 1939–1945

■ Jüdische Bevölkerung vor dem Krieg

■ Ermordete Juden 1939–45

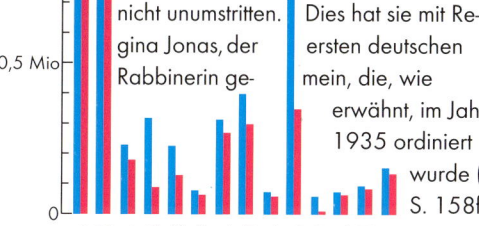

3,3 Mio — 3 Mio — 2,5 Mio — 2 Mio — 1,5 Mio — 1 Mio — 0,5 Mio — 0

Polen · UdSSR · Deutschl. · Frankreich · Benelux · Österreich · Tschechosl. · Ungarn · Jugosl. · Rumänien · Bulgarien · Griechenl. · Lettland · Litauen

241 Bea Wyler, die erste Rabbinerin in Nachkriegsdeutschland

1933 – 1945

Für die Juden in der Diaspora waren der messianische Gedanke und die Idee der Wiedererrichtung eines jüdischen Staats immer lebendig geblieben. Daher zogen über Jahrhunderte hinweg immer wieder einzelne Juden aus religiösen Gründen nach Palästina. Doch blieb diese Einwanderung politisch bedeutungslos. Erst Ende des 19. Jh. entstand die moderne, in erster Linie säkular verstandene jüdische Nationalbewegung, der Zionismus, für den Palästina zur angestrebten »Heimstatt« wurde (s. S. 173 ff.). Zwischen 1881 und 1948 veränderten mehrere Einwanderungswellen die Bevölkerungsstruktur Palästinas. Die jüdische Bevölkerung wuchs von 24000 auf ca. 630000 Personen an und machte damit kurz vor der Unabhängigkeitserklärung etwas mehr als ein Drittel der Gesamtbevölkerung aus.

Die Einwanderungswellen bis 1948

Bei der ersten Einwanderungswelle, *Alija* (»Aufstieg«, 242), kamen in den Jahren von 1882 bis 1904 ca. 25000 osteuropäische Juden ins Land. Diese ersten Einwanderer waren v. a. an der Errichtung einer eigenständigen landwirtschaftlichen Lebensgrundlage interessiert. Die ca. 40000 Einwanderer der zweiten Alija (1904–14), die v. a. aus Rußland kamen, verließen ihre Heimat wegen der Pogrome und der gescheiterten Revolution von 1905. Sie waren mehrheitlich sozialreformerisch oder sozialrevolutionär eingestellt und gründeten in Deganya den ersten Kibbuz und mit Tel Aviv die erste jüdische Stadt im modernen Palästina (1909). Die dritte Alija (1919–23) brachte 35000 Einwanderer aus Polen und Rußland ins Land, die vierte (1924–31) ca. 80000 Menschen, ebenfalls vorwiegend aus Osteuropa. Mit ihr kamen erstmals privatwirtschaftliche Ansätze

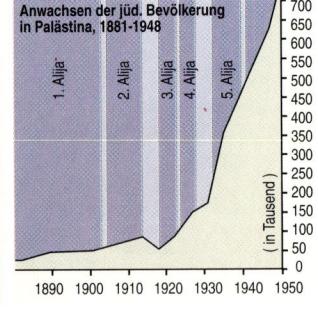

242 Anwachsen der jüdischen Bevölkerung in Palästina 1881–1948

1881 – heute

in den *Jischuw* (bewohnter Ort; die jüdische Gemeinschaft in Palästina). Bei der fünften Alija (1932–39) immigrierten über 200 000 Menschen, v. a. Flüchtlinge aus Nazi-Deutschland und Mitteleuropa. Sie trug entscheidend zum Wachstum der Städte bei. Viele Einwanderer dieser Alija waren akademisch gebildet und übten selbständige Berufe aus (**243**).

Palästina unter britischem Mandat

Während des Ersten Weltkriegs hatte die britische Regierung in der Balfour-Deklaration den Zionisten die Errichtung einer »nationalen Heimstätte in Palästina« versprochen (s. S. 177). Gleichzeitig machte sie den Arabern Hoffnung auf die Einbeziehung Palästinas in ein unabhängiges großarabisches Reich. Diese doppelzüngige Politik trug wesentlich zur israelisch-arabisch-palästinensischen Problematik bei. Nach dem Krieg wurde Palästina britisches Völkerbundsmandat. Die Araber sahen sich in ihren nationalen Hoffnungen enttäuscht und begannen, gegen die wachsende jüdische Einwanderung zu opponieren. Die Zusammenstöße in den 20er und 30er Jahren gipfelten 1929 in einem Massaker an der jüdischen Gemeinde in Hebron und im großen arabischen Aufstand von 1936–39. Im Juli 1937 wurde im Bericht der Peel-Kommission erstmals der Gedanke einer Teilung Palästinas in einen jüdischen und einen arabischen Teil geäußert. Kurz vor Ausbruch des Zweiten Weltkriegs änderte Großbritannien seine bis dahin eher pro-jüdische Politik zugunsten einer pro-arabischen Orientierung. In einem »Weißbuch« begrenzte die britische Regierung die jüdische Einwanderung.

Die NS-Judenverfolgung brachte indessen immer mehr Flüchtlinge nach Palästina. Um die arabische Welt für sich einzunehmen, versuchten die Briten, die jüdische Immigration zu verhindern. Jüdische Untergrundorganisationen begannen

243 Deutsch-jüdische Immigranten in Naharija, 1938. Der Container im Hintergrund, in dem das Hab und Gut der Familie nach Palästina geschickt worden war, diente zunächst als Unterkunft, ein zweiter wurde zu einer provisorischen Augenarztpraxis umfunktioniert.

1881 – heute

> »Vom April dieses
> Jahres an werden
> innerhalb der nächsten
> fünf Jahre 75 000 Ein-
> wanderer zugelassen
> ... Nach fünf Jahren
> wird keine jüdische
> Einwanderung mehr
> gestattet, es sei denn,
> die Araber wären hier-
> zu bereit ... Die Regie-
> rung Seiner Majestät
> ist entschlossen, die
> illegale Einwanderung
> zu verhindern.«
> *Britisches Weißbuch
> vom 17. Mai 1939*

244 Das stark beschädigte
Einwandererschiff *Exodus
1947* im Hafen von Haifa.
Die Briten ließen die Flüchtlinge nicht an Land gehen,
sondern brachten sie nach
Deutschland zurück.

daher, die illegale Einwanderung zu organisieren
(zwischen 1940 und 1948 ca. 100 000 Menschen). Nach Kriegsende verschärfte die britische
Regierung ihre restriktive Politik. Auch die Überlebenden des Holocaust durften nicht einwandern.
Ein amerikanischer Bericht vom Herbst 1945 faßte die Lage der KZ-Überlebenden in Deutschland
treffend zusammen: »Sie sind befreit, aber nicht
frei.« Tatsächlich verbrachten die meisten Überlebenden die ersten Nachkriegsjahre erneut in
Lagern, den DP-Lagern, die sie ohne Erlaubnis
nicht verlassen durften.

Die »Exodus«-Affäre

Die Affäre um das Flüchtlingsschiff *Exodus 1947*
(**244**) führte der gesamten Welt die mißliche Lage
der in Deutschland festgehaltenen DPs vor Augen.
Das Schiff hatte etwa 4500 DPs an Bord, die in
Palästina ein neues Leben aufbauen wollten. Vor
der Küste Palästinas angekommen, wurde die *Exodus* von der Royal Navy endeckt und nach einem
kurzen Kampf, der mehrere Opfer forderte, geen-
tert. Englands Außenminister, der strikt am Einwan-
derungsverbot festhielt, wollte den Flüchtlingen
eine Lektion erteilen: Sie wurden nicht wie andere
gestrandete illegale Einwanderer in britische Inter-
nierungslager auf Zypern gebracht, sondern in
das Land ihrer Peiniger zurückverfrachtet.

Die Staatsgründung

Der internationale Skandal sowie Proteste in der
ganzen Welt beschleunigten die Lösung des Nah-
ostproblems. Mitglieder des »United Nations Special Committee for Palestine« (UNSCOP) erklärten
später, daß die »Exodus«-Affäre wesentlichen
Einfluß auf ihre Entscheidung hatte, einen Teilungs-
vorschlag für Palästina vorzulegen. Während die
jüdische Führung dem Plan zustimmte, lehnten die
Araber ihn ab. Am 29. November 1947 stimmte
die UN-Vollversammlung für die Teilung Palä-

stinas, am 15. Mai 1948 endete nach UN-Be-
schluß das britische Mandat. Wegen des bevorstehenden Schabbats wurde der Staat Israel am
Freitagnachmittag, dem 14. Mai 1948, von David Ben Gurion proklamiert (246). Noch am 15.
Mai griffen die Armeen Ägyptens, Transjorda-
niens, Syriens, Libanons und des Iraks den neuen
Staat Israel an. Der erste israelisch-arabische
Krieg, der Unabhängigkeitskrieg, hatte begonnen.

245 Der Teilungsplan des
»United Nations Special
Committee for Palestine«, der
von der UN-Vollversammlung
mit Zweidrittelmehrheit angenommen wurde
(29. November 1947).

Die Kriege mit den arabischen Nachbar-
staaten und den Palästinensern

Der Staat Israel hat bis heute fünf Kriege mit den
arabischen Nachbarstaaten und den Palästinensern geführt: 1948 Unabhängigkeitskrieg, 1956
Suez-Krise, 1967 Sechs-Tage-Krieg, 1973 Jom-
Kippur-Krieg, 1982 Libanonkrieg. Dazu kam seit
Dezember 1987 der Kampf gegen die *Intifada*
(»Abschütteln«, gemeint ist das Abschütteln der israelischen Besatzungsmacht) in den besetzten Gebieten. Die permanente Kriegssituation,
die Angst vor Terror und Gewalt, haben
neben dem Holocaust das Bewußtsein
der israelischen Gesellschaft geprägt: Es
entstand ein Sicherheitstrauma.

Am Ende des Unabhängigkeitskriegs
1949 sah sich Israel im Besitz eines
Gebiets, das größer war, als es der UN-
Teilungsplan vorsah, jedoch ungünstige
Grenzlinien aufwies. Das Westjordanland war von Transjordanien annektiert worden,
das Gesamtgebiet hieß nun Jordanien. Tel Aviv
lag somit nur ca. 20 km vom ersten jordanischen
Militärposten entfernt. Der Gazastreifen kam unter
ägyptische Verwaltung. Aus den von Israel
eroberten Gebieten waren die meisten Araber
geflohen (Schätzungen schwanken zwischen
600 000 und 1 Mio.). Dies geschah teils infolge
arabischer Propaganda, die eine Rückkehr nach
einem schnellen Sieg versprach, teils aus Panik

246 Der spätere Ministerpräsident David Ben Gurion
(1886–1973) verlas am 14.
Mai 1948 die Unabhängig-
keitserklärung Israels, die am
folgenden Tag in Kraft trat.

1881 – heute

189

247 Soldaten tanzen vor der Klagemauer. Neujahrskarte zum Sieg von 1967. Die jordanischen Behörden verwehrten den Juden seit 1948 den Zutritt zur Klagemauer. Mit der Einnahme Ost-Jerusalems im Sechs-Tage-Krieg kam auch die Altstadt unter israelische Herrschaft. Über die religiöse Bedeutung hinaus ist die Klagemauer zu einem nationalen Symbol geworden.

248 Golda Meir (1898–1978) war 1969–74 Ministerpräsidentin. Innenpolitische Auseinandersetzungen über ihre Amtsführung vor und während des Jom-Kippur-Kriegs veranlaßten sie 1974 zum Rücktritt. Nachfolger der »großen alten Dame« wurde Jizchak Rabin, der seinen Rivalen um das Amt des Ministerpräsidenten, Schimon Peres, als Verteidigungsminister in sein Kabinett holte.

angesichts des Terrors extremistischer jüdischer Organisationen und teils unter israelischem Druck. Die Flüchtlinge wurden von den arabischen Nachbarländern nicht eingegliedert, sondern dauerhaft in Lagern untergebracht. Seither ist das Flüchtlingsproblem im Nahen Osten akut und belastet alle Bemühungen um eine Lösung des Konflikts.

Im Mai 1967 sah sich Israel von angriffsbereiten arabischen Armeen eingekreist. Am 5. Juni 1967 führte das Land daher einen Präventivschlag gegen Ägypten, den Jizchak Rabin in seiner Funktion als Generalstabschef plante, was sein Bild in der israelischen Öffentlichkeit nachhaltig prägte. Im Sechs-Tage-Krieg besetzten israelische Truppen den Sinai, den Gazastreifen, das Westjordanland, die syrischen Golanhöhen und Ost-Jerusalem (247, 250). Der Krieg verschärfte das Palästinenserproblem in Israel, denn Hunderttausende von Palästinensern kamen nun unter israelische Besatzung und Militärverwaltung.

Am 6. Oktober 1973, an Jom Kippur, dem höchsten jüdischen Feiertag, verübten die Ägypter und Syrer einen Überraschungsangriff auf Israel. Nach Anfangserfolgen der arabischen Armeen gewannen die israelischen Streitkräfte in erbitterten Kämpfen die Oberhand und rückten fast bis nach Kairo vor. Erst durch Vermittlung des US-Außenministers Kissinger kam es zwischen Israel und Ägypten 1974 und 1975 zu Truppenentflechtungsabkommen. Der Jom-Kippur-Krieg, besonders die für Israel kritische Situation zu Beginn der Kämpfe, zeigte Israel auch die Grenzen seiner militärischen Macht. Der Ausgang dieses vierten Nahostkriegs ebnete den Weg zu einer Neuorientierung in der Nahost-Politik. Dies galt besonders für Israels Schutzmacht, die USA, die Israel zu einer flexibleren Haltung gegenüber den Arabern drängten, aber auch die gemäßigten arabischen Staaten Ägypten und Jordanien von der Notwendigkeit der Anerkennung Israels überzeugten.

Ägypten war das erste arabische Land, das diesen Schritt wagte. Dieser Durchbruch setzte einen komplizierten Verhandlungsprozeß in Gang. Durch Vermittlung des amerikanischen Präsidenten Jimmy Carter kam es im September 1978 in Camp David zu einem Rahmenabkommen für den Frieden zwischen Israel und Ägypten (**249**); am 26. März 1979 unterzeichneten Begin und Sadat vor dem Weißen Haus den Friedensvertrag.

249 Menachem Begin, Anwar es-Sadat und Carter in Camp David, 1978

Seit Ende der 70er Jahre war der Norden Israels Terrorakten der PLO ausgesetzt, die sich im Südlibanon eine Operationsbasis geschaffen hatte. Am 6. Juni 1982 nahm dies die israelische Führung zum Anlaß für einen militärischen Vorstoß in den Libanon. Israelische Truppen stießen bis Beirut vor und zerschlugen die militärische Infrastruktur der PLO. Erstmals in der Geschichte der Nahostkriege fand die Militäraktion aber nicht den ungeteilten Beifall der israelischen Bevölkerung. Am 25. September 1982 gingen 350 000 Menschen in Tel Aviv auf die Straße, um gegen das vom israelischen Militär geduldete Massaker christlicher Milizen in den Palästinenserlagern Sabra und Schatila bei Beirut zu protestieren und den Rückzug aus dem Libanon zu fordern. Die nach den Knesset-Wahlen 1984 gebildete »Koalition der nationalen Einheit« aus dem national-konservativen Likud-Block und der Arbeitspartei machte den Rückzug zur außenpolitischen Priorität, der bis Juni 1985 vollzogen wurde.

In den Golfkrieg (1990–91) ließ sich Israel nicht hineinziehen. Die vom Irak auf Israel abgeschossenen Scud-Raketen lösten trotz ihrer geringen militärischen Wirkung jedoch bei vielen Men-

250 Israel seit 1967

seit 1967 von Israel besetzte Gebiete

1881 – heute

251 Israels Wasserleitungsnetz. Israel nutzt heute etwa 85 bis 90% des auf seinem Gebiet verfügbaren Wassers, ein Spitzenwert, der aber den steigenden Bedarf nicht decken kann. Deshalb experimentiert man mit Klärung und Wiederverwendung von Abwässern, Meeresentsalzungsanlagen, Tiefbohrungen und künstlichem Regen.

Israel: Land, Leute, Sprache, Staatsform, Außenpolitik

Israel hat eine Fläche von 20 770 km². Dieses Kernland schließt das 1967 eingegliederte Ost-Jerusalem, nicht aber die besetzten Gebiete des Westjordanlands, des Gazastreifens und der Golanhöhen ein. Israels Fläche entspricht in etwa der des deutschen Bundeslands Hessen. Israel gehört zu den wasserarmen Ländern der Welt. Die vorhandenen Wasserressourcen sind räumlich und zeitlich ungleichmäßig verteilt. So fallen im Norden des Lands in den Wintermonaten rund drei Viertel der Jahresniederschläge. Um das Wasser auch in die südlichen Landesteile zu bringen, wurden ein landesweites Wasserleitungsnetz errichtet und sparsame Bewässerungssysteme entwickelt (251, 252). Das ermöglicht die landwirtschaftliche Nutzung von Böden, die sonst brachliegen müßten. Israels Erfahrung in der Bekämpfung des Wüstenwachstums, das auch andere Länder der Region bedroht, kann ein Kooperationspotential für die Zukunft sein.

Die israelische Bevölkerung – 5,46 Mio. Menschen, die aus etwa 80 Ländern stammen – ist ethnisch, religiös und kulturell äußerst vielfältig. 81,1% der Bevölkerung sind Juden, 18,9% Nichtjuden (davon 14,2% Moslems, 3% Christen und 1,7% Drusen). Einen sehr kleinen Prozentsatz stellen andere Minderheiten wie z. B. Tscherkessen und Angehörige der jüdischen Sekten der Karäer und Samaritaner. 90,4% der jüdischen und arabischen Bevölkerung leben in Städten, 5,8% in Gemeinschaftssiedlungen (d. h. in den 280 *Kibbuzim* und über 400 *Moschawim*) und 3,8% in Dörfern. Israel versteht sich als historische Heimat des gesamten jüdischen Volks. Bezeichnenderweise heißt daher das Gesetz, das jedem Juden die Möglichkeit gibt, nach Israel einzuwandern und die israelische Staatsbürgerschaft zu erhalten, nicht »Einwanderer-«, sondern »Rückkehrgesetz«, womit eine Rückkehr nach zwei Jahrtausenden Exil gemeint ist. Das Gesetz wurde am 5. Juli 1949 von der Ersten *Knesset* verabschiedet. In den ersten vier Jahren nach der Staatsgründung erlebte Israel eine Masseneinwanderung, durch die sich die Bevölkerung in etwa verdoppelte. Danach verlangsamte sich der Zustrom, obwohl es immer wieder zu kleineren Einwanderungswellen kam. Nach den 80er Jahren, in denen kaum Neueinwanderer nach Israel kamen, verzeichnete man in den 90er Jahren infolge der Liberalisierung der Auswanderungspolitik der Sowjetunion einen sprunghaften Anstieg der Einwandererzahlen. Von den 634 000 Einwanderern der Jahre 1990–93 waren rund 90% aus der ehemaligen Sowjetunion. Israelischen Schätzungen zufolge dürften 1995–99 weitere 300 000 Menschen aus der GUS in Israel eintreffen.

Seit 1948 ist *Iwrit*, Neu-Hebräisch, Staatssprache. Arabisch ist zweite Amtssprache. In einem Einwanderungsland, dessen Bevölkerung aus 80 verschiedenen Ländern stammt, trug (und trägt) das moderne Hebräisch wesentlich zur Bildung einer israelischen Nation bei.

Israel ist die einzige funktionierende parlamentarische Demokratie im Nahen und Mittleren Osten. Eine Verfassung ist bis heute hauptsächlich wegen der Uneinigkeit zwischen religiösen und nichtreligiösen Parteien nicht zustande gekommen, statt dessen wurden eine Reihe von »Grundgesetzen« erlassen, die einzelne Bereiche des staatlichen Lebens regeln. Sie müssen von der *Knesset* (Versammlung), dem israelischen Parlament, mit absoluter Mehrheit angenommen werden. Die Knesset besteht aus 120 Abgeordneten, die alle vier Jahre gewählt werden. Die Trennung zwischen Religion und Staat ist in Israel nicht eindeutig vollzogen. Dies zeigt sich u. a. darin, daß für die jüdischen Israelis bei allen Fragen der Staatsbürgerschaft sowie der Ehe und Ehescheidung nicht die weltlichen Gerichte, sondern die Rabbinats-Gerichte zuständig sind. Moslemische, christliche und drusische Gerichte haben für ihre jeweilige Bevölkerungsgruppe ähnliche Kompetenzen im Bereich des Personenstandsrechts.

Außenpolitisch waren und sind für Israel die Beziehungen zu den USA am wichtigsten. Seit über zwei Jahrzehnten leisten sie umfangreiche Militärhilfe und arbeiten mit Israel in vielen Bereichen (Nachrichtendienst, Terrorismusbekämpfung etc.) zusammen. Eine starke Stütze der amerikanisch-israelischen Beziehungen ist die jüdische Gemeinschaft in den USA, mit etwa 6 Mio. Angehörigen die größte der Welt. Die BRD schloß 1952 mit Israel ein »Wiedergutmachungsabkommen«, während die DDR jede Verantwortung für die nationalsozialistische Verfolgung ablehnte. Die Anerkennung jüdischer Ansprüche auf »Wiedergutmachung« ebnete den Weg für Beziehungen zwischen der BRD und Israel. Dieser Prozeß ging nur langsam voran. 1960 kam es auf neutralem Boden, in New York, zur ersten Begegnung Konrad Adenauers mit Israels Ministerpräsident David Ben Gurion, der sich von Anfang an für positive Beziehungen mit einem »anderen« Deutschland einsetzte (**253**); 1965 nahmen die Bundesrepublik und Israel volle diplomatische Beziehungen auf.

schen traumatische Erinnerungen aus, da Saddam Hussein mehrfach die Vernichtung Israels mit Giftgas angedroht hatte. In diesem Zusammenhang kam es in Israel zu einer erheblichen Verstimmung über die BRD, da deutsches Know-how den Irak in die Lage versetzt hatte, Giftgas zu produzieren.

253 Bundeskanzler Konrad Adenauer und Ministerpräsident Ben Gurion bei ihrem historischen Zusammentreffen am 14. März 1960 in New York

252 Niederschläge in Israel

Der schwierige Weg zum Frieden

Unmittelbar vor den tödlichen Schüssen am 4. November 1995 hat sich der israelische Ministerpräsident Jizchak Rabin auf einer Friedensdemonstration vor etwa 100 000 Teilnehmern ein letztes Mal in eindringlichen Worten für den Friedensprozeß im Nahen Osten stark gemacht (**254**). Rabins Ermordung ist das Ergebnis einer dramatischen

MITTEL-
MEER   Haifa

Tel Aviv

Jerusalem

Gaza

Niederschlag:
mm/Jahr
850
700
550
400
250
100

»Ich war 27 Jahre lang ein Mann des Militärs. Ich habe Krieg geführt, solange es keine Chance auf Frieden gab. Ich glaube, jetzt gibt es diese Chance, und wir müssen sie ausnutzen für diejenigen, die heute hier sind und für die, die nicht gekommen sind – und davon gibt es viele.«

Auszug aus Rabins letzter Rede am 4.11.1995

1881 – heute

254 Strahlende Gesichter am Ende der Friedensdemonstration in Tel Aviv am 4. November 1995. Die einstigen Parteirivalen Schimon Peres und Jizchak Rabin umarmten sich in Freundschaft und winkten der jubelnden Menge zu. Nur wenige Minuten später fielen die Schüsse, die Rabin töteten.

Radikalisierung, die 1992 mit dem Wahlsieg der Arbeitspartei begann. Der neue Ministerpräsident hatte schon während des Wahlkampfs Friedensverhandlungen als einzige Lösung für den Nahostkonflikt bezeichnet. Seine Gegner, die israelische Rechte und speziell der harte Kern der messianischen Siedler, mußten plötzlich feststellen, daß viele Israelis glaubten, es sei besser, nach dem Rezept »Land für Frieden« zu handeln, als die besetzten Gebiete um jeden Preis zu behalten. Als Rabin kurz nach Regierungsübernahme einen Baustop für neu zu errichtende Siedlungen in den besetzten Gebieten anordnete, packte er damit eine der empfindlichsten Fragen der israelischen Innenpolitik an: Es ging um die Sicherheit Israels und um das Schicksal der 120 000 jüdischen Siedler, die im Gazastreifen und v. a. im Westjordanland in 144 Siedlungen leben (**255**). Die Mehrheit der Siedler wurde in den Jahren der Likud-Regierungen durch niedrige Mieten, günstige Bodenpreise und gute Sozialleistungen dorthin gelockt. Aber es kamen auch militant nationalistische Siedler, die nach Schätzungen 10% der insgesamt 120 000 Siedler ausmachen. Für sie ist das Westjordanland (sie nennen es Judäa und Samaria) unverzichtbarer Teil eines Groß-Israel, wie es in der Bibel verheißen wurde und »das kein Jude jemals aufgeben darf, da der Allmächtige das Land dem jüdischen Volk gab«. Daß vielen von ihnen bei der Verteidigung dieser Position jedes Mittel recht ist, zeigten der Mordanschlag auf Rabin und das Blutbad, das der jüdische Siedler Baruch Goldstein im Februar 1994 unter betenden Moslems in der Ibrahim-Moschee in Hebron anrichtete.

Die Lösung des Siedlerproblems wird maßgeblich über den Erfolg des Friedensprozesses im Nahen Osten entscheiden. Zu diesem Problem kommt die Suche nach einem friedlichen Ausgleich mit Syrien, denn Damaskus hält den Schlüssel für eine Lösung des Konflikts zwischen Israel und allen seinen arabischen Nachbarn, v. a. aber dem Libanon, in Händen.

Chronik des Friedens 1991–95

Am 30. Oktober 1991 begann in Madrid unter der Schirmherrschaft der USA und der Sowjetunion eine Nahost-Friedenskonferenz. Erstmals saßen Syrer, Jordanier, Libanesen und Palästinenser (im Rahmen einer jordanisch-palästinensischen Delegation) mit Israelis an einem Tisch. Eine sensationelle Wende brachte das Jahr 1993. Am 13. September unterzeichneten PLO-Chef Yassir Arafat und Ministerpräsident Rabin in Washington das sogenannte Osloer Abkommen. Nach Jahrzehnten erbitterter Feindschaft erkannten sie einander offiziell an und unterschrieben eine »Prinzipienerklärung über die vorübergehende Selbstverwaltung« für die Palästinenser im Gazastreifen und in Jericho. Im Mai 1994 wurde der Autonomievertrag für Gaza und Jericho in Kairo unterzeichnet. Damit war ein Kernpunkt der Washingtoner Grundlagenvereinbarung erfüllt.

Am 26. Oktober 1994 schlossen Israel und Jordanien Frieden. Damit ist Jordanien nach Ägypten der zweite arabische Staat, der durch einen Vertrag gesicherte, geregelte Beziehungen mit Israel unterhält. Am 28. September 1995 unterzeichneten Rabin und Arafat ein erweitertes Autonomie-Abkommen (Oslo II) für das Westjordanland, das die *Knesset* am 6. Oktober 1995 mit einer hauchdünnen Mehrheit ratifizierte. Nach der Ermordung Rabins hat sein Nachfolger Schimon Peres das Festhalten an der Friedenspolitik bekräftigt: Am 13. November 1995 verließen die israelischen Truppen nach 28 Jahren Okkupation die Stadt Dschenin im Westjordanland und übergaben sie der palästinensischen Autonomiebehörde.

Israelische Bevölkerung 1992:

▢ überwiegend/jüdisch
▢ überwiegend arabisch

255 Israel und besetzte Gebiete 1992. Jüdische und arabische Bevölkerung.

1881 – heute

Glossar

Glossar

Ansiedlungsrayon: Die zaristische Regierung erließ seit 1791 eine Reihe von Dekreten, die das Wohnrecht der Juden auf ein bestimmtes Gebiet im Westen Rußlands beschränkten. Diese Regelung behielt mit wenigen Änderungen bis zum Ersten Weltkrieg Gültigkeit. Im Ansiedlungsrayon machten die Juden im 19. Jh. ein Neuntel der Bevölkerung aus.

Aron ha-Kodesch: Siehe Tora-Schrein

Aschkenas, aschkenasisch, Aschkenasim: Aschkenas ist ursprünglich der Name eines in Genesis 10,3 erwähnten Volks. Im Mittelalter wurde Aschkenas die geläufige hebräische Bezeichnung für Deutschland und Nordostfrankreich. Von der Zeit der Kreuzzüge an umfaßte der Begriff auch die nach Rußland und Polen geflohenen Juden und ihre Nachfahren.

Bar Mizwa: Wörtl. »Sohn des Gebots«. Bezeichnung eines Knaben, der mit Vollendung des 13. Lebensjahrs die religiöse Volljährigkeit erreicht. Er ist nun ein vollwertiges Mitglied der Gemeinde mit allen Rechten und Pflichten, die das Religionsgesetz festlegt. Der Beginn der religiösen Mündigkeit wird mit der Bar-Mizwa-Feier festlich begangen.

Bat Mizwa: Wörtl. »Tochter des Gebots«. Bezeichnung eines Mädchens, das mit Vollendung des zwölften Lebensjahrs religiös volljährig wird. Bat-Mizwa-Feiern sind erst im 19. Jh. entstanden und werden v. a. im Reformjudentum begangen.

Bet Din: Wörtl. »Haus des Gerichts«. Rabbinisches Gericht, das aus mindestens drei rabbinischen Richtern bestehen muß.

Bet ha-Knesset: Wörtl. »Haus der Versammlung«. Hebräische Bezeichnung für Synagoge (s. u.).

Bima: Wörtl. »Pult, Podium«. Lesepult in der Synagoge, von dem die Tora-Lesung erfolgt.

Brit Mila: Wörtl. »Bund der Beschneidung«. Die Beschneidung wird am 8. Tag nach der Geburt eines Jungen durch den Mohel vollzogen. Sie wird auf Abraham zurückgeführt (Gen 17, 9–14) und ist das äußere Zeichen für den Bund Gottes mit dem jüdischen Volk.

Challa, pl. Challot: Weißbrot in Zopfform, das am Schabbat gegessen wird.

Chanukka: Wörtl. »Einweihung«. Achttägiges Lichterfest, beginnend am 25. Kislew (Nov./Dez.), das an die Wiedereinweihung des Tempels in Jerusalem durch Juda Makkabi im Jahr 164 v. d. Z. erinnert. Nach einer talmudischen Legende reichte das Fläschchen mit reinem Öl, das die Makkabäer im Tempel vorfanden, in wunderbarer Weise acht Tage lang. In Erinnerung daran wird an der Chanukkia (s. u.) acht Tage lang erst ein, dann jeden Tag jeweils ein weiteres Licht angezündet.

Chanukkia, pl. Chanukkiot (Chanukka-Leuchter): Der beim achttägigen Chanukka-Fest verwendete besondere Leuchter mit acht Brennstellen und einer neunten (genannt *Schammasch*, »Diener«), die nur zum Anzünden der Lichter dient.

Chassid, pl. Chassidim: Wörtl. »Fromme«. Schon zur Zeit der Makkabäer im 2./1. Jh. v. d. Z. nannte sich eine religiöse Richtung »Chassidim«. Auf deren Tradition berief sich im Mittelalter die Bewegung der »Frommen von Aschkenas«. Im 18 Jh. bezeichnete der Chassidismus eine religiöse Erneuerungsbewegung, die in Osteuropa entstand und eine volkstümliche, verinnerlichte Frömmigkeit vertrat.

Chuppa: Traubaldachin, unter dem die Hochzeitszeremonie vollzogen wird.

Dhimma, Dhimmi: Die Rechtsstellung der Juden in den islamischen Ländern war in einem Pakt, der sogenannten Dhimma, geregelt. Die Nutznießer dieses Pakts nannte man Dhimmi. Als Dhimmi werden alle Nichtmuslime eingestuft, die Anhänger einer monotheistischen, auf Offenbarung gegründeten Religion sind, also v. a. Juden und Christen.

Glossar

Dönmeh: Wörtl. »Abtrünnige«. Die Dönmeh waren Anhänger des Pseudo-Messias Sabbatai Zwi und traten mit ihm zum Islam über. Sie führten ein Doppelleben als Muslime und Juden; die wenigen Dönmeh, die heute noch in der Türkei leben, sind weitgehend assimiliert.

Frankisten: Jüdische Sekte, die im 18. Jh. mit ihrem Gründer Jakob L. Frank zum Christentum übertrat.

Gemara: Wörtl. »Vollendung«. Die Gemara ist die Erläuterung und Erörterung der Mischna, wie sie in den Lehrhäusern Palästinas und Babyloniens stattfand. Mischna und Gemara zusammen bilden den Talmud.

Haggada: Wörtl. »Erzählung«. Im engeren Sinn die Erzählung vom Auszug aus Ägypten und der Befreiung aus der ägyptischen Knechtschaft. Die Haggada wird am Seder-Abend, dem Vorabend des Pessach-Fests, vorgelesen.

Haskala: Hebräischer Begriff für »Aufklärung«. Die im letzten Drittel des 18. Jh. aufkommende Haskala ist eine auf die religiöse, kulturelle und soziale Emanzipation der Juden ausgerichtete Bewegung. Sie entstand zwar mit Moses Mendelssohn in Deutschland, erreichte aber in Osteuropa mit beträchtlicher zeitlicher Verzögerung im 19. Jh. als eigenständige Bewegung großen Einfluß.

Hawdala: Wörtl. »Unterscheidung, Trennung«. Der Begriff bezeichnet die Zeremonie am Ende des Schabbats oder eines Festtags, um die »Unterscheidung« zwischen dem heiligen Festtag und dem profanen Werktag bewußt zu machen. Man spricht den Segen über Wein und wohlriechenden Kräutern. Die Kräuter werden in besonderen Büchsen, den Bessamim-Büchsen aufbewahrt.

Holocaust: Wörtl. »Brandopfer, Ganzopfer«. Der überwiegend im angelsächsischen verwendete Begriff Holocaust bezeichnet die ideologisch vorbereitete und systematisch durchgeführte Ermordung von 6 Mio. Juden im nationalsozialistischen Machtbereich 1933–45.

Israel: In der vorexilischen Zeit wird die Gemeinschaft, von der die hebräische Bibel spricht, insgesamt als Israel bezeichnet. Seit der Reichstrennung nach Salomos Tod bekommt der Begriff Israel eine doppelte Bedeutung: Einerseits bezeichnet er in einem engeren politischen Sinn das Nordreich, dem das Südreich Juda gegenübersteht; andererseits bleibt Israel aber stets auch die Gesamtbezeichnung für das Volk, das unter David und Salomo eine politische und staatliche Einheit gebildet hat. Dies gilt v. a. im religiösen Sprachgebrauch: die Gemeinschaft, die in einer besonderen Beziehung zu Gott steht, das Gottesvolk, heißt Israel, unabhängig von Territorium oder Staatsform. So sollte die Wahl des Namens »Israel« für den modernen jüdischen Staat auch einen über das Politische hinausgehenden Anspruch signalisieren.

Iwrit: Das in Israel gesprochene und geschriebene Neu-Hebräisch.

Jiddisch: Die vor Verfolgung und Vertreibung nach Osteuropa fliehenden *Aschkenasim* bewahrten in der neuen Heimat ihre mittelhochdeutsche Umgangssprache, die – speziell im religiösen und kultischen Bereich – mit hebräischen und aramäischen Begriffen durchsetzt war. Durch die Ostwanderung der *Aschkenasim* kam das Jiddische in den Einflußbereich der baltischen und slawischen Sprachen und entwickelte sich durch Aufnahme neuer sprachlicher Elemente weiter; es wurde die Alltagssprache des Schtetls. Das Jiddische wird wie das Ladino der *Sefardim* mit hebräischen Buchstaben geschrieben.

Jischuw: Wörtl. »bewohnter Ort, Ansiedlung«. Die jüdische Bevölkerung Palästinas vor Gründung des Staats Israel.

Jom Kippur: Wörtl. »Versöhnungstag«. Der Versöhnungstag ist der höchste jüdische Feiertag, Höhepunkt und Abschluß der zehn Bußtage vom 1. bis 10. Tischri. Er wird mit

Glossar

Fasten und Gebet in der Synagoge verbracht. Im Schlußgottesdienst wird das Schofar geblasen.

Kabbala: Wörtl. »Überlieferung, Tradition«. Jüdische Mystik und Geheimlehre, die im 12. Jh. in der Provence entstand, sich in Spanien (v. a. Gerona) weiterentwickelte und mit dem Buch *Sohar* (»Buch des Glanzes«) des Moses de Leon zur ersten Blüte gelangte. Von dort verbreitete sich die Kabbala rasch in der ganzen Judenheit. Im 16. Jh. war Safed in Galiläa ihr neues Zentrum. Die Kabbala hatte großen Einfluß auf den Chassidismus.

Kaddisch: Altes aramäisches Gebet, in dem die Heiligkeit Gottes gepriesen wird. Es ist Bestandteil des täglichen Gottesdienstes und Trauergebet, das am Grab und in der Trauerzeit von den nächsten Angehörigen gesprochen wird.

Kascher, jidd. koscher: Wörtl. »rein, erlaubt, tauglich«

Kaschrut: Wörtl. »rituelle Tauglichkeit/Eignung«. Die Kaschrut spielt v. a. bei der Ernährung im Blick auf reine und unreine Lebensmittel und deren Zubereitung unter Beachtung der Speisegesetze eine große Rolle.

Ketubba: Heiratsurkunde, Ehevertrag. Bis auf den heutigen Tag wird die Ketubba in Aramäisch, der Sprache des Talmud, geschrieben.

Kibbuz, pl. Kibbuzim: Wörtl. »Sammlung«. Auf sozialistischen Prinzipien beruhende Siedlung mit gemeinsamem Eigentum, gemeinsamer Produktion und gemeinsamer Arbeit. Der Kibbuz sorgt für Wohnung, Nahrung, Kleidung, Kinderbetreuung und andere private Bedürfnisse der Kibbuzniks. Der älteste Kibbuz (Deganya) wurde 1909 gegründet.

Kiddusch: Wörtl. »Heiligung«. Segensspruch über einem mit Wein gefüllten Becher, der am Schabbat und anderen Feiertagen vor der Mahlzeit gesprochen wird.

Klesmer, pl. Klesmorim: Verballhornt aus dem Hebräischen *Kle Semer* (»Musikinstrumente«). Bei den osteuropäischen Juden Bezeichnung für eine volkstümliche Musikkapelle (aber auch für das einzelne Mitglied). Typische Instrumente einer Klesmer-Kapelle sind Cymbal (eine Art Hackbrett), Geige, Flöte, Klarinette und Kontrabaß.

Knesset: Wörtl. »Versammlung«. Israelisches Parlament mit Sitz in Jerusalem.

Ladino: Auch als »Spaniolisch« oder »Judäospanisch« bezeichnete Sprache der iberischen Juden und ihrer vertriebenen Nachfahren. Ladino wird wie das Jiddische mit hebräischen Schriftzeichen geschrieben.

Lulaw: Feststrauß für Sukkot (Laubhüttenfest). Er besteht aus vier Pflanzen: einer Zitrusfrucht, Myrtenzweigen, Bachweidenzweigen und einem Palmzweig (*Lulaw*). Da der Palmzweig größer als die übrigen Pflanzen ist, hat er dem Strauß seinen Namen gegeben.

Machsor: Wörtl. »Kreislauf, Zyklus«. Gebetbuch für die Feiertage.

Mazza, pl. Mazzot: Ungesäuertes Brot, das während der acht Tage des Pessach-Fests gegessen wird, um an den eiligen Auszug aus Ägypten zu erinnern, als keine Zeit blieb, den Teig säuern zu lassen.

Megilla, pl. Megillot: Wörtl. »Rolle«. Bezeichnung der fünf biblischen Bücher Ruth, Hoheslied, Klagelieder, Prediger und Esther. Wird der Terminus Megilla ohne nähere Erläuterung verwendet, ist in der Regel das Buch Esther gemeint, das an Purim gelesen wird.

Minjan: Wörtl. »Zahl«. Erst durch die vorgeschriebene Zahl von zehn jüdischen Männern über 13 Jahre wird eine Gemeinde konstituiert. Sie ist daher für die Abhaltung eines öffentlichen Gemeindegottesdienstes erforderlich.

Mischna: Wörtl. »Wiederholung, Lehre«. Die Mischna ist eine Sammlung von religionsgesetzlichen Vorschriften, die um 200 n. d. Z. von Rabbi Jehuda ha-Nassi geordnet und schriftlich niedergelegt wurde. Mischna und Gemara zusammen bilden den Talmud.

Glossar

Mischne Tora: Wörtl. »Wiederholung der Tora«. Der von Maimonides verfaßte systematische Kodex der gesamten Halacha in 14 Büchern (1180), auch *Jad Chasaka* (»starke Hand«) genannt, weil hier ein Systematiker mit »starker Hand« den religionsgesetzlichen Stoff ordnete.

Mikwe: Rituelles Tauchbad

Mizwa, pl. Mizwot: Wörtl. »Gebot, gute Tat«

Mohel: Der Vollzieher der Beschneidung (siehe Brit Mila)

More Newuchim: Wörtl. »Führer der Verwirrten/ Unschlüssigen«. Religionsphilosophisches Hauptwerk des Maimonides (um 1190).

Moschaw, pl. Moschawim: Wörtl. »Siedlung«. Genossenschaftlich organisierte Siedlung in Israel. Die Siedler verpflichten sich zu gegenseitiger Hilfe sowie zu Einkauf und Vermarktung auf genossenschaftlicher Basis. Im Unterschied zum Kibbuz führt jedoch jeder Siedler seinen eigenen Betrieb und bewohnt ein eigenes Haus.

Pentateuch: Wörtl. »Fünfrollenbuch«. Griechische Bezeichnung für die Fünf Bücher Mose, die Tora.

Pessach: Wörtl. »Überschreitung«, denn Gott »überschritt« – d. h. verschonte – die Häuser der Israeliten, als er die Erstgeborenen Ägyptens tötete. Achttägiges Fest vom 14. bis 21. Nissan (März/ April) zur Erinnerung an die Befreiung des Volks Israel aus der ägyptischen Knechtschaft. Charakteristisch für das Pessach-Fest ist das häusliche Festmahl (*Seder*), bei dem die *Haggada* gelesen und symbolische Speisen (z. B. Mazzot) verzehrt werden.

Pilpul: Abgeleitet vom hebräischen *pilpel* (»Pfeffer«). Bezeichnung der scharfsinnigen talmudischen Dialektik zur Klärung von Widersprüchen und Vertiefung des Verständnisses in halachischen Fragen.

Pogrom: Wörtl. »Massaker, Verwüstung«. Russische Bezeichnung für eine mit Plünderungen und Mord verbundene Judenverfolgung.

Purim: Ausgelassenes Freudenfest am 14./15. Adar zur Erinnerung an die Errettung der persischen Juden durch Königin Esther (siehe auch *Megilla*).

Rabbi/Raw, pl. Rabbinen – Rabbiner: Rabbi (wörtl. »mein Meister, mein Lehrer«) war der Titel der Gelehrten in Palästina in talmudischer Zeit, die die Vorschriften der Tora in verbindlicher Weise festlegten. Dem entsprach in Babylonien der Titel Raw. Der im Deutschen verwendete Plural für diese Gelehrten Rabbinen ist von der mittelalterlichen und neuzeitlichen Berufsbezeichnung Rabbiner zu unterscheiden.

Rosch ha-Schana: Wörtl. »Kopf des Jahres«. Das jüdische Neujahrsfest. Rosch ha-Schana wird am 1./2. Tischri gefeiert und leitet die zehn Bußtage ein, die mit Jom Kippur ihren Höhepunkt erreichen.

Schabbat: Abgeleitet vom hebräischen *schawat* (»ruhen«). Siebter Wochentag, an dem die Juden ruhen und keinerlei Arbeit verrichten sollen. Der Schabbat erinnert an das Ruhen Gottes nach Erschaffung der Welt (Ex 20,11) und an den Auszug aus Ägypten (Dt 5,12–15). Er beginnt am Freitagabend und endet am Samstagabend nach Eintritt der Dunkelheit und soll nur der Erholung und dem Gebet gewidmet werden.

Schächten: Schlachten reiner, gesunder Tiere gemäß den religiösen Vorschriften. Das Schächten erfolgt durch einen Fachmann, den Schochet.

Schawuot, pl. von Schawua: Wörtl. »Woche«. Das »Wochenfest« wird sieben Wochen nach Pessach gefeiert. Es erinnert an die göttliche Offenbarung am Sinai (daher Lesung der Zehn Gebote) und ist zugleich das Fest der Erstlingsfrüchte.

Schoa: Wörtl. »Vernichtung«. Das hebräische Wort Schoa ist der in der jüdischen Welt gebräuchliche Begriff für den Holocaust (siehe oben).

Schofar: Widderhorn, das am Neujahrsfest sowie zum Abschluß von Jom Kippur geblasen wird.

Schtetl: Kleinstadt-Gemeinde in Osteuropa, in der die Juden die Mehrheit der Bevölkerung bildeten. Die Schtetl waren die Zentren der ostjüdischen Kultur, in der die Juden in relativer Isolation von der nichtjüdischen Umwelt ihre Identität, Tradition und Gesetze pflegten. Der Alltag war durch den mühseligen Erwerb des Lebensunterhalts, ständig drohende Angriffe von außen und restriktive Maßnahmen der Obrigkeit bestimmt. Die Revolution in Rußland und der Holocaust löschten das Schtetl-Leben mit seiner spezifischen Kultur aus.

Seder: Wörtl. »Ordnung, Reihenfolge«. Bei der häuslichen Seder-Feier am Vorabend des Pessach-Fests wird an den Auszug aus Ägypten erinnert. Der Ablauf der Feier orientiert sich an der in der Haggada vorgegebenen »Reihenfolge«.

Sefarad, sefardisch, Sefardim: Sefarad ist ursprünglich eine Länderbezeichnung in der Bibel (Obadia 20), wurde aber bald die geläufige hebräische Bezeichnung für die Iberische Halbinsel. Als sefardisch bezeichnet man die vom spanischen und portugiesischen Judentum geprägte Kultur und Tradition. Die Nachkommen der vertriebenen spanischen Juden nennt man in der ganzen Welt bis heute *Sefardim*.

Siddur: Wörtl. »Ordnen, Regelung«. Gebetbuch

Simchat Tora: Wörtl. »Tora-Freude«. Fest, an dem der letzte Abschnitt der Tora (Dt 24) nach dem einjähri-

gen Zyklus im Gottesdienst gelesen und sofort der neue Zyklus mit Genesis 1 begonnen wird. Charakteristisch sind fröhliche Umzüge mit den Tora-Rollen, die die Freude an der Tora zum Ausdruck bringen.

Sukkot, pl. von Sukka: Wörtl. »Laubhütte«. An Sukkot soll das siebentägige Wohnen in der Laubhütte jeden Juden daran erinnern, daß seine Vorfahren einst aus der Sklaverei in die Freiheit geführt wurden und dabei 40 Jahre lang in provisorischen Hütten wohnten.

Synagoge: Die Synagoge (wörtl. »Versammlungshaus, Gemeinde«) wurde nach der Zerstörung des Tempels wichtigster religiöser und gesellschaftlicher Mittelpunkt des jüdischen Gemeindelebens. Dem griechischen Wort Synagoge entspricht die hebräische Bezeichnung *Bet ha-Knesset* (»Haus der Versammlung«).

Tallit: Gebetsmantel, der vom Tag der Bar-Mizwa an von den Männern beim Morgengebet getragen wird.

Talmud: Wörtl. »Lehre, Lernen, Studium«. Der Talmud ist das Hauptwerk des rabbinischen Judentums, das aus der mündlichen Überlieferung entstanden ist und bis heute als die autoritative Quelle der Religionslehre und des Religionsgesetzes gilt. Er besteht aus zwei Teilen, der Mischna und der Gemara. Entsprechend den beiden

Zentren der rabbinischen Gelehrsamkeit in Palästina und Babylonien entstand der Talmud in zweifacher Form: als palästinischer oder Jerusalemer Talmud (um 425 n. d. Z.) und als babylonischer Talmud (6. Jh.). Der umfangreichere babylonische Talmud erlangte bald kanonische Geltung und verdrängte den älteren palästinischen.

Tefillin: Lederne Gebetsriemen mit zwei Kapseln, die der erwachsene Jude an Werktagen, jedoch nicht am Schabbat und an Feiertagen, anlegt. Ein Junge darf an seinem 13. Geburtstag zum ersten Mal das Morgengebet mit Tefillin sprechen.

Tik: In orientalischen Ländern übliches festes Behältnis für die Tora-Rolle, anstelle des bei den *Aschkenasim* gebräuchlichen Tora-Mantels.

Tora: Wörtl. »Lehre, Unterweisung«. Im engeren Sinn wird der Begriff Tora für die ersten fünf Bücher der Bibel verwendet, also Genesis, Exodus, Leviticus, Numeri und Deuteronomium, die nach der jüdischen Überlieferung Moses am Sinai durch Gott offenbart wurden. Für den Gebrauch im Gottesdienst sind diese »Fünf Bücher Moses« auf eine Pergamentrolle, die Tora-Rolle, geschrieben. In einem weiteren Sinn wird der Begriff für die ganze Bibel mit den prophetischen und historischen Büchern und schließlich für das ganze

Korpus der religiösen Traditionsliteratur verwendet. So wird ein Kundiger der Heiligen Schriften als Tora-Gelehrter bezeichnet. Die Tora bildet mit den prophetischen und historischen Büchern der Bibel die sogenannte »schriftliche« Lehre, während der Talmud und andere rabbinische Texte als »mündliche« Lehre gelten.

Tora-Rolle: Für die liturgische Lesung in der Synagoge wird der Text der Tora in hebräischer Quadratschrift auf Pergament geschrieben, die aneinandergenähten Pergamentstücke werden als Rolle auf zwei Holzstäbe aufgewickelt.

Tora-Schrein: Schrein oder Schrank, in dem die Tora-Rollen aufbewahrt werden. Der Tora-Schrein wird in Anlehnung an die biblische Bundeslade *Aron ha-Kodesch* (»Heilige Lade«) genannt. Er befindet sich in der Regel an der Jerusalem zugekehrten Wand, d. h. in der westlichen Diaspora an der Ost-Wand. Die Tora-Rollen werden nur zur Lesung herausgehoben.

Versöhnungstag: Siehe Jom Kippur

Kurzer Überblick über die Geschichte des Judentums

Der Alte Orient
Erste Hälfte des 2. Jt. v. d. Z.
Die Erzväter
1290-24 Herrschaft des Pharaos Ramses II., Auszug aus Ägypten
13./12. Jh. Landnahme
12./11. Jh. Zeit der Richter
Letztes Viertel des 11. Jh.
Saul wird zum König gesalbt.
Um 1007 David wird König von Juda.
Um 1000 David wird König über ganz Israel; Jerusalem wird Hauptstadt wie auch religiöses Zentrum seines Reichs.
Um 967 König David stirbt. Salomo vernichtet seine Rivalen.
Um 965 Salomo beginnt den Bau des Ersten Tempels.
928 Salomo stirbt. Teilung des Königreichs
622 Religiöse Reformen durch König Josia
597 Jojachin, König von Juda, und ein Teil der Bevölkerung werden nach Babylonien ins Exil gebracht.
586 Nebukadnezar, König von Babylon, zerstört Jerusalem und den Salomonischen Tempel.
538 Kyros-Erklärung
515 Einweihung des Zweiten Tempels in Jerusalem

458 Esra kommt nach Jerusalem.
Hellenistisch-römische Welt
445 Nehemia kommt nach Jerusalem.
332 Alexander der Große erobert Palästina.
301 Ptolemaios I. erobert Palästina.
Um 250 Übersetzung der Bibel ins Griechische (*Septuaginta*)
198 Der Seleukide Antiochos III. wird Herrscher über Juda.
167 Beginn des Makkabäer-Aufstands
164 Wiedereinweihung des Tempels. Erste »Chanukka«-Feier
140 Unter Simeon wird das Amt des Hohenpriesters und Fürsten erblich. Beginn der Dynastie der Hasmonäer
63 Pompeius erobert Palästina.
37-4 v. d. Z. Der Idumäer Herodes ist König von Juda.
37-100 n. d. Z. Flavius Josephus, jüdisch-römischer Geschichtsschreiber
66-70 Jüdischer Krieg. Eroberung Jerusalems und Zerstörung des Tempels durch den Sohn Kaiser Vespasians, Titus
um 70-85 (95?) Jochanan ben Zakkai wirkt in Jawne.
um 85 (95?)-110 Rabban Gamaliel in Jawne
117-138 Regierungszeit des römischen Kaisers Hadrian
132-135 Bar Kochba-Aufstand

Geschichte des Judentums

ca. 200 Schlußredaktion der Mischna durch Rabbi Jehuda ha-Nassi

219 Gründung der zwei berühmten babylonischen *Jeschiwot* in Nehardea und Sura

321/331 Erste Erwähnung einer jüdischen Gemeinde in Köln

425 Abschaffung des Amts des Patriarchen (*Nassi*) in Palästina

um 425 Abschluß des Jerusalemer Talmud in Tiberias

474 Arianische Westgoten erobern Spanien.

6./7. Jh. Abschluß des Babylonischen Talmud

7. Jh. Verfolgung und Zwangsmissionierung der Juden im westgotischen Spanien

638 Die Muslime erobern Jerusalem.

711 Islamische Eroberung Spaniens

Mittelalter

9.-11. Jh. Entwicklung und Blüte der rheinischen Judengemeinden

9. Jh.-1146 Blütezeit des nordafrikanischen und spanischen Judentums unter islamischer Herrschaft

915-976 Chasdai ibn Schaprut

um 960-1028 (oder 1040) Gerschom ben Jehuda, genannt die »Leuchte des Exils«

1040-1105 Rabbi Salomo ben Isaak, genannt Raschi

1090 Privilegien Kaiser Heinrichs IV. für die Juden in Speyer und Worms

27.11.1095 Kreuzzugsaufruf Papst Urbans II. in Clermont, Frankreich

1096-99 Vernichtung zahlreicher jüdischer Gemeinden während des 1. Kreuzzugs

11. Jh. Im Zusammenhang mit den Kreuzzügen Beginn der jüdischen Wanderungsbewegung von Westen nach Osten

1135-1204 Rabbi Moses ben Maimon, genannt Maimonides

1146 Machtübernahme der Almohaden auf der Iberischen Halbinsel; Beginn der jüdischen Massenauswanderung

1146-1300 Goldenes Zeitalter des spanischen Judentums unter christlicher Herrschaft

um 1150-1217 Jehuda ben Samuel he-Chassid, wichtigste Persönlichkeit der ethisch-mystischen Frömmigkeitsbewegung in Deutschland

Um 1165 Zwangsbekehrung zum Islam. Auftreten eines Pseudo-Messias im Jemen

1172 Trostbrief des Maimonides an die Juden des Jemen

1195-1270 Rabbi Moses ben Nachman

13.-15. Jh. Bildung von größeren jüdischen Gemeinden in Nord- und Mittelitalien durch Flüchtlinge aus Süditalien, Deutschland, Frankreich, Spanien, Portugal und der Levante

1215 Viertes Laterankonzil unter Innozenz III. Erneuerung und Verschärfung der kirchlichen antijüdischen Gesetzgebung

1235 Erste Ritualmordbeschuldigung in Deutschland (Fulda)

1236 Ein Privileg Kaiser Friedrichs II. bezeichnet die Juden erstmals als »Kammerknechte«.

1240/42 Disputation und Talmudverbrennung in Paris

1263 Disputation von Barcelona

1264 Generalprivileg Boleslaws des Frommen für die polnischen Juden: Statut von Kalisch

um 1280 Das Buch Sohar

1282/97 Sizilien (1282) und Sardinien (1297) kommen unter die Herrschaft des spanischen Königreichs Aragon.

1290 Vertreibung der Juden aus England durch König Eduard I.

1348-50 Pestpogrome in ganz Europa

1391 Ausgehend von Sevilla Verfolgungen in Kastilien und Aragon

1391-1496/97 Einwanderung spanischer und portugiesischer Flüchtlinge in den Maghreb

1394 Vertreibung der Juden aus Frankreich

15./16. Jh. Vertreibung der Juden aus den meisten deutschen Städten; Herausbildung des Landjudentums in Deutschland; Auswan-

Geschichte des Judentums

derung nach Polen, Litauen und Ober-italien.

1413/14 Disputation von Tortosa

1438 In Fez, Marokko, wird die erste *Mellah*, ein obligatorisches jüdisches Viertel, eingerichtet.

1453 Eroberung Konstantinopels durch Sultan Mehmet II.

1475 Trienter Ritualmordaffäre

1484–1527 Die Soncinos drucken in verschiedenen italienischen Städten

31.3.1492 Das spanische Austreibungsedikt zwingt alle Juden, das Reich bis zum 31.7. 1492 zu verlassen.

1492/93 Vertreibung von ca. 40 000 Juden von den unter spanischer Herrschaft stehenden Inseln Sizilien und Sardinien

1496/97 Vertreibung der Juden aus Portugal

Neuzeit

16./17. Jh. Nach der Vertreibung der Juden aus Spanien (1492) und Portugal (1496/97) bedeutete die Inquisition mit ihren Scheiterhaufen für die verbliebenen »Neuchristen« oder Marranen eine ständige Gefahr, besonders wenn sie im Verborgenen an jüdischen Gebräuchen festhielten. Daher wandern viele im 16./17. Jh. in Länder aus, in denen sie ohne Ge-

fahr leben und sogar zum Judentum zurückkehren können, z. B. ins Osmanische Reich oder in die Niederlande. Amsterdam wird zum »Jerusalem des Westens«.

ca. 1500–1648 Höhepunkt der Einwanderung nach Osteuropa und Blütezeit des polnisch-litauischen Judentums

1516 Einrichtung des ersten »Ghettos« in Venedig

1516–48 Daniel Bomberg druckt in Venedig.

1516–1917 Das Heilige Land unter osmanischer Herrschaft

um 1525–72 Moses (ben Israel) Isserles

1527/30 Gerschom Soncino eröffnet Druckhäuser in Saloniki und Konstantinopel.

1553 Talmud-Verbrennungen in Rom und Venedig

1555 Die kirchlich-antijüdische Politik erreicht mit der Bulle *Cum nimis absurdum* Papst Pauls IV. ihren Höhepunkt. Sie ordnet die Ghettoisierung der Juden an.

1564 Sultan Süleyman überläßt Don Joseph Nassi Tiberias zur Gründung einer jüdischen Siedlung.

1568 Bücherverbrennung in Venedig

1578 Der *Schulchan Aruch* wird erstmals mit den Glossen von Moses Isserles in Krakau gedruckt.

1580–1764 Vierländersynode als Organ der

Selbstverwaltung in Polen

17./18. Jh. Der Niedergang des Osmanischen Reichs führt auch zur Verschlechterung der jüdischen Lebensbedingungen.

1602 Gründung der ersten sefardischen Gemeinde in Amsterdam

1604–57 Manasse ben Israel

ab 1623 Selbständige litauische Synode

1626 Menasse ben Israel gründet in Amsterdam die erste hebräische Druckerei.

1626–76 Der »falsche Messias« Sabbatai Zwi

1635 Gründung der aschkenasischen Gemeinde in Amsterdam

Seit 1648 Aufstieg der »Hofjuden« in den absolutistischen Fürstentümern

1648/49 Chmielnicki-Pogrome in der Ukraine, Weißrußland, Podolien und Wohynien. Beginn der Rückwanderung nach Westen

1630–54 Im brasilianischen Pernambuco entwickelt sich unter niederländischer Herrschaft eine blühende jüdische Gemeinde.

1654 Die Portugiesen erobern Pernambuco zurück und führen die Inquisition ein. 23 jüdische Flüchtlinge aus Pernambuco erreichen Neu-Amsterdam (seit 1664 New York).

1655/56 Manasse ben Israel aus Amsterdam

verhandelt mit Oliver Cromwell über die Wiederzulassung der Juden in England.

1656 Bann über den Philosophen Baruch de Spinoza

1671 50 aus Wien vertriebene jüdische Familien dürfen sich in Berlin und der Mark Brandenburg niederlassen.

1698-1738 Josef Süß Oppenheimer

1700-60 Rabbi Israel ben Elieser, genannt Baal Schem Tow (»Meister des göttlichen Namens«), Begründer des osteuropäischen Chassidismus

1729-86 Moses Mendelssohn

1743/44-1812 Meyer Amschel Rothschild, Gründer des weltberühmten Bankhauses Rothschild

1772-1793-1795 Die drei polnischen Teilungen

1778 Gründung der »Jüdischen Freischule« in Berlin

1780-83 Moses Mendelssohns Bibelübersetzung ins Deutsche wird gedruckt.

1781 Christian Wilhelm von Dohm: *Über die bürgerliche Verbesserung der Juden*

1782 »Toleranzpatent« von Kaiser Josef II. für die österreichischen Juden

1791 Staatsbürgerliche Gleichstellung der französischen Juden; Katharina II. verfügt die Einrichtung des Ansiedlungsrayons.

1796 Volle bürgerliche Gleichstellung der holländischen Juden

1796-99 In den von Frankreich besetzten Gebieten erfolgt mit der bürgerlichen Gleichstellung die Abschaffung der Ghettos.

1801-75 Zacharias Frankel, Theoretiker des konservativen Judentums

1804 Gründung des »Philanthropin« in Frankfurt

1808-88 Samson Raphael Hirsch, Begründer der Neo-Orthodoxie

ab 1810 Erste reformierte Gottesdienste in Seesen 1810, Berlin 1815 und Hamburg 1818

1810-74 Abraham Geiger, Verfechter des Reformjudentums

1812 Preußisches Emanzipationsedikt

1814/15 Wiener Kongreß; Restauration diskriminierender Judenordnungen

1819 Hepp-Hepp-Krawalle in Deutschland; Gründung des »Vereins für Kultur und Wissenschaft der Juden« in Berlin

ab 1820 Masseneinwanderung mitteleuropäischer, ab 1880 osteuropäischer Juden in die USA

1827 Zar Nikolaus I. führt die 25jährige Wehrpflicht für Juden ein.

1840 Damaskus-Affäre. Danach häufen sich Ritualmordbeschuldigungen im Osmanischen Reich.

1844-46 Versammlungen reformgeneigter Rabbiner in Braunschweig, Frankfurt am Main und Breslau

1848 Bürgerliche Gleichstellung der Juden durch die Frankfurter Nationalversammlung, die nach dem Scheitern der 48er Revolution wieder aufgehoben wird.

1851-1939 *Monatsschrift für die Geschichte und Wissenschaft des Judentums* (MGWJ)

1854 Gründung des ersten modernen Rabbinerseminars in Deutschland: das konservative »Jüdisch-Theologische Seminar« in Breslau

1856 Die Juden im Osmanischen Reich erhalten volle Bürgerrechte.

1860 Gründung der »Alliance Israélite Universelle«

1862 Moses Hess: *Rom und Jerusalem*

1869/71 Staatsbürgerliche Gleichstellung im Norddeutschen Bund bzw. im Deutschen Kaiserreich

1872 Gründung der liberal ausgerichteten »Hochschule für die Wissenschaft des Judentums« in Berlin

1873 Gründung des »Rabbinerseminars für das orthodoxe Judentum« in Berlin

1876 Das preußische »Austrittsgesetz«

1878 Gründung der antisemitischen »Christlich-Soziale Arbeiterpar-

Geschichte des Judentums

tei« durch Adolph Stoecker, Beginn des modernen Antisemitismus

1880–86 Im Verlag Witwe Romm erscheint die erste Auflage der berühmten Wilnaer Talmud-Ausgabe.

1881/82 Pogrome in Rußland und der Ukraine; Beginn der Massenauswanderung

Seit 1881 In russischen Städten bilden sich Vereine, die die Kolonisierung Palästinas propagieren.

1882/1908 Erste Auswanderungswellen nach Palästina

1882 Russische Juden gründen die erste jüdische Kolonie »Rischon le Zion« (hebr. »Erste in Zion«) in Palästina.

1893 Nathan Birnbaum prägt den Begriff »Zionismus« für die nationaljüdische Bewegung. Gründung des »Central-Vereins Deutscher Staatsbürger Jüdischen Glaubens« (CV)

1894–1906 Dreyfus-Affäre in Frankreich

1896 Theodor Herzl: *Der Judenstaat*

1897 Erster Zionisten-Kongreß in Basel; Gründung des BUND, der ersten sozialistischen (nichtzionistischen) Partei in Osteuropa

1905 Erste Veröffentlichung der Protokolle der Weisen von Zion

1909 Gründung von Tel Aviv

um 1910 Die Lower East Side, das Viertel der jüdischen Einwanderer in New York, ist nach Bombay die am dichtesten besiedelte städtische Ansiedlung der Welt.

1917 Balfour-Deklaration

4/1920 Die Konferenz von San Remo gibt Großbritannien das Mandat über Palästina.

1929–48 Der Imam Yahya verbietet den jemenitischen Juden auszuwandern.

1/1933 Adolf Hitler wird deutscher Reichskanzler, Beginn der NS-Herrschaft

4/1933 Boykott jüdischer Geschäfte, Arztpraxen und Anwaltskanzleien; Gesetz zur »Wiederherstellung des Berufsbeamtentums«

9/1933 Gründung der »Reichsvertretung der deutschen Juden«

9/1935 »Nürnberger Gesetze«: Die Juden verlieren die Bürgerrechte.

3/1938 »Anschluß« Österreichs an das Deutsche Reich

8/1938 Beschluß über die Einführung der Zwangsvornamen »Sara« bzw. »Israel« ab Januar 1939

10/1938 20000 polnische Juden werden aus dem Deutschen Reich zur Grenzstation Zbaszyn deportiert (»Polenaktion«).

7.11.1938 Attentat von Herschel Grynszpan auf den Gesandtschaftsse-

kretär Ernst vom Rath in Paris

9./10.11.1938 Pogrome in ganz Deutschland (»Reichskristallnacht«)

17.5.1939 Die britische Regierung beschränkt in einem Weißbuch die jüdische Einwanderung nach Palästina.

1.9.1939 Mit dem deutschen Überfall auf Polen beginnt der Zweite Weltkrieg.

9/1941 Juden im deutschen Reichsgebiet müssen den »Gelben Stern« tragen.

20.1.1942 Wannseekonferenz

1943 Etwa 44000 Juden aus Saloniki in Griechenland werden nach Auschwitz deportiert.

19.4.1943 Beginn des Aufstands im Warschauer Ghetto

1944/45 Anne Frank und ihre Familie werden in ihrem Versteck entdeckt und in Bergen-Belsen ermordet.

27.1.1945 Die Rote Armee befreit Auschwitz.

8.5.1945 Kapitulation Deutschlands, Ende des Zweiten Weltkriegs in Europa

11/1945–10/1946 Nürnberger Prozesse

29.11.1947 UN-Vollversammlung stimmt für die Teilung Palästinas.

14.5.1948 David Ben Gurion proklamiert den Staat Israel; Beginn des Unabhängigkeitskriegs

1948–73 Nach der Entstehung des Staats Israel kommt es zu Massenauswanderungen von Juden aus islamischen Ländern.

1949/50 In der Aktion »Fliegender Teppich« werden ca. 50 000 jemenitische Juden nach Israel ausgeflogen.

1950 Gründung des »Zentralrates der Juden in Deutschland«

10/11 1956 Suez-Krise

1965 Aufnahme diplomatischer Beziehungen zwischen der Bundesrepublik Deutschand und Israel

5.–10.6.1967 Sechs-Tage-Krieg

10/1973 Jom-Kippur-Krieg

9/1978 In Camp David kommt es durch Vermittlung des amerikanischen Präsidenten Jimmy Carter zu einem Rahmenabkommen für den Frieden zwischen Israel und Ägypten.

1979 Gründung der »Hochschule für Jüdische Studien« in Heidelberg

26.3.1979 Friedensvertrag zwischen Israel und Ägypten

6.10.1981 Der ägypytische Präsident Sadat wird von islamischen Fundamentalisten ermordet.

6/1982 Libanon-Krieg

12/1987 Beginn der »Intifada«

8/1990–2/1991 Golfkrieg

13.9.1993 Washingtoner Rahmenabkommen zwischen Israel und der PLO für eine eingeschränkte Autonomie in Jericho und Gaza

1994 Einrichtung eines Bet Din (»Haus des Gerichts«) in Deutschland

25.2.1994 Der jüdische Siedler Baruch Goldstein erschießt in der Ibrahim-Moschee in Hebron 29 betende Muslime.

4.5.1994 Rabin und Arafat unterzeichnen das Gaza-Jericho-Abkommen.

26.10.1994 Friedensvertrag zwischen Israel und Jordanien

1995 Die jüdischen Gemeinden in Deutschland zählen rund 50 000 Mitglieder.

4.11.1995 Ermordung des israelischen Ministerpräsidenten Jizchak Rabin bei einer Friedensdemonstration in Tel Aviv durch den jüdischen Studenten Yigal Amir

Jüdische Museen in Deutschland (Auswahl)

Augsburg
Jüdisches Kulturmuseum Augsburg-Schwaben
Halderstraße 8
86150 Augsburg
Tel. 0821/51 36 58

Berlin
Jüdisches Museum
(Abteilung des Berlin Museums)
Lindenstraße 14
10117 Berlin
Tel. 030/25 86 28 39

Braunschweig
Braunschweigisches Landesmuseum
Jüdische Abteilung
Hinter Aegidien
38100 Braunschweig
Tel. 05 31/484 26 25
oder 484 26 02

Dorsten
Jüdisches Museum Westfalen
Dokumentationszentrum für jüdische Geschichte und Religion
Julius-Ambrunn-Straße 1
46282 Dorsten
Tel. 0 23 62/4 52 79

Essen
Alte Synagoge
Steeler Straße 29
45127 Essen
Tel. 0201/88 46 43

Frankfurt
Jüdisches Museum
Untermainkai 14–15
60311 Frankfurt
Tel. 0 69/2 12–3 50 00

Jüdische Museen

Museum Judengasse
Dependance des Jüdischen
Museums
Börneplatz
60311 Frankfurt
Tel. 069/297 74 19

Hamburg
Museum für Hamburgische
Geschichte
Jüdische Abteilung
Holstenwall 24
20355 Hamburg
Tel. 040/350 423 60

Köln
Kölnisches Stadtmuseum
Jüdische Abteilung
Zeughausstraße 1-3
50667 Köln
Tel. 0221/23 52

Schnaittach
Jüdisches Museum in der
ehemaligen Synagoge
Museumsgasse 12–14
91220 Schnaittach
Tel. 09153/74 34

Veitshöchheim
Jüdisches Kulturmuseum und
Synagoge
Thüngersheimer Straße 17
97209 Veitshöchheim
Tel. 0931/900 96 21

Worms
Jüdisches Museum Raschi-
Haus
Hintere Judengasse 6
67547 Worms
Tel. 0 62 41/85 33 45
oder 85 33 70

Internationale Jüdische
Museen (Auswahl)

Amsterdam
Joods Historisch Museum
Jonas Daniel Meijerplein 2–4
NL–1001 RE Amsterdam
Tel. 00 31/20/26 99 45

Basel
Jüdisches Museum der
Schweiz
Kornhausgasse 8
CH–4051 Basel
Tel. 00 41/61/261 95 14

Berkeley
Judah L. Magnes Memorial
Museum
2911 Russell Street
Berkeley, CA 94705
USA
Tel. 001/510/84 92 710

Budapest
Zsidó Múzeum
Dohany utca 2
H–1075 Budapest
Tel. 0036/1/42 13 50

Eisenstadt
Österreichisches Jüdisches
Museum
Wertheimerhaus
Unterbergstraße 6
A–7000 Eisenstadt
Tel. 00 43/26 82/51 45

Hohenems
Jüdisches Museum
Villa Heimann-Rosenthal
Schweizer Straße 5
A–6845 Hohenems
Tel. 00 43/55 76/39 89

Jerusalem
Israel Museum
Rechov Ruppin
P.O.B. 71117
IL–Jerusalem 9170
Tel. 00 972/2/ 69 82 11

Krakau
Museum Judaistyczne
Stara Synagoga (Alte Syna-
goge)
ul. Szeroka 24
PL–31-053 Krakau
Tel. 00 48/12/ 66 05 34

Ghetto Museum
Apteka Pod Orlem
pl. Bohaterów Getta 13
PL–Krakau
Tel. 00 48/12/56 56 25

London
The Jewish Museum
129 Albert Street
GB–London NW 1
Tel. 00 44/171/2 84 19 97

New York
The Jewish Museum
1109 Fifth Avenue
New York, NY 10128
USA
Tel. 001/212/42 33 200

Paris
Musée d'Art Juif
42, Rue des Saules
F–75018 Paris
Tel. 00 33/1/42 57 84 15

Prag
Statni Zidovské muzeum
Jáchymova 3
CZ–11001 Prag
Tel. 0042/2/231 06 81

Tel Aviv

Beth Hatefutsoth Museum
of the Jewish Diaspora
Rehov Klausner, Ramat Aviv
P.O.B. 39359
IL–Tel Aviv 61392
Tel. 00 972/3/6 46 20 20

Venedig

Museo d'Arte Ebraica
Campo di Ghetto Nuovo
I–Venedig
Tel. 00 39/41/71 53 59

Washington

United States Holocaust
Memorial Museum
2000 L Street, NW
Washington, D.C. 20036
USA
Tel. 001/202/48 80 400
Fax 001/202/48 82 690

Wien

Jüdisches Museum der Stadt
Wien
Palais Eskeles
Dorotheergasse 11
A–1150 Wien 1
Tel. 00 43/1/53 50 43 10

Kleine weiterführende Bibliographie

Diese Liste mit Literaturangaben ist keine komplette Bibliographie zum Judentum. Aufgeführt sind neben den Nachschlagewerken und Lexika Titel, die als Einstieg oder zur Vertiefung einzelner Fragestellungen dienen können.

Lexika und Nachschlagewerke

Encyclopedia Judaica (engl.), 16 Bde., Jerusalem 1971

Jüdisches Lexikon, 4 Bde., Berlin 1927 (Reprint Frankfurt [2]1987)

Maier, Johann und Schäfer, Peter: Kleines Lexikon des Judentums, Stuttgart/ Koblenz [2]1987

Schoeps, Julius H.: Neues Lexikon des Judentums, München 1992

Gesamtdarstellungen

Nachama, Andreas und Sievernich, Gereon: Jüdische Lebenswelten, Ausstellungskatalog, Berlin 1991

Maier, Johann: Das Judentum, Bindlach [3]1988

Jüdische Religion

Lau, Israel M.: Wie Juden leben. Glaube, Alltag, Feste, Gütersloh [3]1993

Maier, Johann: Geschichte der jüdischen Religion, Freiburg 1992

Stemberger, Günter: Jüdische Religion, München 1995

Jüdische Geschichte

Barnavi, Eli (Hrsg.): Universalgeschichte der Juden von den Ursprüngen bis zur Gegenwart, Wien 1993

Battenberg, Friedrich: Das europäische Zeitalter der Juden, 2 Bde., Darmstadt 1990

Bautz, Franz J. (Hrsg.): Geschichte der Juden, München [4]1992

Ben-Sasson, Haim Hillel: Geschichte des jüdischen Volkes, München [3]1994

Greive, Herrmann: Die Juden, Darmstadt [4]1992

Romero Castello, Elena und Macias Kapón, Uriel: Die Juden in Europa. Geschichte und Vermächtnis aus zwei Jahrtausenden, München 1994

Jüdische Kunst und Architektur

Künzl, Hannelore: Jüdische Kunst, München 1992

Magall, Miriam: Kleine Geschichte der jüdischen Kunst, Köln 1984

Schwarz, H. P. (Hrsg.): Die Architektur der Synagoge, Ausstellungskatalog, Frankfurt/Main 1988

Die Anfänge Israels

Fohrer, Georg: Geschichte Israels, Heidelberg/Wiesbaden [6]1995

Rendtorff, Rolf: Das Alte Testament. Eine Einführung, Neukirchen-Vluyn [4]1992

Bibliographie

**Der jüdische Kalender:
Fest- und Trauertage**
Ouaknin, Marc-Alain und
Hamani, Laziz: Symbole
des Judentums, Wien
1995

**Rückkehr nach Jerusalem
und Zerstörung des
Zweiten Tempels**
Maier, Johann: Geschichte
des Judentums im Altertum,
Darmstadt ²1989

**Sadduzäer – Pharisäer –
Essener – Zeloten**
Fitzmyer, Joseph A.:
Qumran: Die Antwort.
101 Fragen zu den
Schriften vom Toten Meer,
Stuttgart 1993

Das Rabbinische Zeitalter
Stemberger, Günter: Ein-
leitung in Talmud und
Midrasch, München
⁸1992
Urbach, E. E.: The Sages,
Jerusalem 1975

Spanien – Sefarad
Leroy, Béatrice: Die
Sephardim. Die Ge-
schichte des iberischen
Judentums. Berlin
1991
Kamen, Henry: Die spani-
sche Inquisition. München
1969

Aschkenas
Elbogen, Ismar und Sterling,
Eleonore: Die Geschichte
der Juden in Deutschland,
Hamburg 1993

Gay, Ruth: Geschichte der
Juden in Deutschland,
München 1993
Metzger, T. und M.: Jüdi-
sches Leben im Mittelalter,
Fribourg 1982

Die Mikwe, das Ritualbad
Heuberger, Georg (Hrsg.):
Mikwe. Geschichte und
Architektur jüdischer
Ritualbäder in Deutsch-
land. Ausstellungskatalog,
Frankfurt 1992

Osteuropa
Zborowski, Mark und Her-
zog, Elizabeth: Das
Schtetl. Die untergegan-
gene Welt der osteuro-
päischen Juden, München
²1991
Leben im russischen Schtetl.
Auf den Spuren von An-
Ski. Ausstellungskatalog,
Köln/Frankfurt 1993

**Kleine jiddische Literatur-
geschichte**
du. Die Zeitschrift der Kultur.
Zürich (erscheint monat-
lich). Besonders Heft 10,
Oktober 1990
Landmann, Salcia: Jiddisch.
Das Abenteuer einer Spra-
che, Berlin 1986
Lötzsch, Ronald: Jiddisches
Wörterbuch, Mannheim
²1992

Juden in Italien
Calimani, Riccardo: Die Kaufleute von Venedig. Die
Geschichte der Juden in
der Löwenrepublik, Mün-
chen 1990

Juden unter dem Islam
Lewis, Bernard: Die Juden in
der islamischen Welt,
München 1987

**Die sefardische
Zerstreuung**
Trepp, Leo: Die amerikani-
schen Juden. Profil einer
Gemeinschaft, Stuttgart/
Berlin/Köln 1991

**Aufklärung und Emanzi-
pation / Innerjüdische
Strömungen**
Deutsch-jüdische Geschichte
in der Neuzeit. Hrsg. im
Auftrag des Leo Baeck
Instituts von Michael A.
Meyer. 4 Bde, München
1995ff.
Hertz, Deborah: Die jüdi-
schen Salons im alten Berlin, München 1995
Katz, Jacob: Aus dem Ghetto
in die bürgerliche Gesellschaft, Frankfurt/Main
1988
Richarz, Monika: Bürger auf
Widerruf. Lebenszeugnisse
deutscher Juden 1780–
1945, München 1989

**Antisemitismus und
Zionismus**
Benz, Wolfgang (Hrsg.):
Antisemitismus in
Deutschland. Zur Aktua-
lität eines Vorurteils,
München 1995
Boehlich, Walter: Der Berli-
ner Antisemitismus-Streit,
Frankfurt 1965
Brenner, Michael: Nach dem
Holocaust. Juden in
Deutschland 1945–1950,
München 1995

Bibliographie ... Abkürzungen ... Sachregister

Brumlik, Micha (Hrsg): Jüdisches Leben in Deutschland seit 1945, Frankfurt 1988

Eloni, Yehuda: Zionismus in Deutschland, Gerlingen 1987

Kaufmann, Uri R.: Jüdisches Leben heute in Deutschland, Bonn 1993

Poliakov, Léon: Geschichte des Antisemitismus, 8 Bde., Frankfurt 1977–88

Rürup, Reinhard: Emanzipation und Antisemitismus, Göttingen 1975

Volkov, Shulamit: Jüdisches Leben und Antisemitismus im 19. und 20. Jh., München 1990

Der Holocaust

Hilberg, Raul: Die Vernichtung der europäischen Juden. Die Gesamtgeschichte des Holocaust, 3 Bde., Frankfurt/Main ⁶1994

Lustiger, Arno: Zum Kampf auf Leben und Tod. Das Buch vom Widerstand der Juden 1933–45, Köln 1994

Israel

Israel. Geschichte, Wirtschaft, Gesellschaft. Informationen zur politischen Bildung Nr. 247, Bonn 1995

Wolffsohn, Michael und Bokovoy, Douglas: Israel. Grundwissen-Länderkunde, Opladen ⁴1995

Im Text verwendete Abkürzungen

Dt   Deuteronomium, Fünftes Buch Moses
Ex   Exodus, Zweites Buch Moses
Gen   Genesis, Erstes Buch Moses
Kön   Könige, Buch des Alten Testaments
Lev   Leviticus, Drittes Buch Moses
Makk   Makkabäer, Buch des Alten Testaments
n. d. Z.   nach der Zeitwende
Num   Numeri, Viertes Buch Moses
Ps   Buch der Psalmen
RaMBaM   Maimonides (Moses ben Maimon)
RaMBaN   Nachmanides (Moses ben Nachman)
Sam   Samuel, Buch des Alten Testaments
s. S.   siehe Seite
s. u.   siehe unten
v. a.   vor allem
v. d. Z.   vor der Zeitwende

Sachregister

Sachregister

Personenregister

Personenregister

Personenregister

Bildnachweise

Die Rechte für alle nicht aufgeführten Abbildungen liegen bei der Autorin, beim Verlag oder konnten nicht ausfindig gemacht werden.